rororo panther
herausgegeben von Jutta Lieck und Eberhard Naumann

Originalausgabe
Umschlagentwurf Dieter Wiesmüller
Veröffentlicht im Rowohlt Taschenbuch Verlag GmbH,
Reinbek bei Hamburg, November 1986
Copyright © 1986 by Rowohlt Taschenbuch Verlag GmbH,
Reinbek bei Hamburg
Alle Rechte vorbehalten
Gesetzt aus der Times (Linotron 202)
Gesamtherstellung Clausen & Bosse, Leck
Printed in Germany
980-ISBN 3 499 15884 1

Thomas Grossmann

Beziehungsweise andersrum
schwul – und dann?

Rowohlt

Thomas Grossmann, geb. 1951 in Hamburg; üblicher Weg zum Abitur mit einer Ehrenrunde; Studium der Psychologie und Betriebswirtschaft; arbeitet nach diversen Jobs nun als freier Therapeut und Autor in Hamburg. Seit 1972 in Schwulengruppen engagiert, inzwischen mehr in der AIDS-Hilfe.

Veröffentlichungen: «schwul – na und?» (panther-Band 4866, 1981); «Eine Liebe wie jede andere. Mit homosexuellen Jugendlichen leben und umgehen» (rororo sachbuch-Band 7834, 1984) sowie zahlreiche Artikel in der Schwulenpresse.

Inhalt

1. Kapitel

Die unsichtbaren Schwulen

Es ist Sonntag nachmittag an der Elbe. Familienausgehzeit. Papa, Mama und die Kinder, hier und da ein Hund. Mittendrin spazieren zwei Männer, unauffällig, dezent gekleidet. Sie gehen nebeneinander, als wären sie gute Bekannte. Sie sind weit mehr. Martin und Bernd sind seit über 20 Jahren zusammen, leben in einer Wohnung, teilen ihr Bett miteinander.

Nur nach außen hin, da merkt es keiner. Niemals in all den Jahren wäre einer von den beiden so kühn gewesen, in der Öffentlichkeit seinen Arm um den anderen zu legen. Oder gar einen Kuß zu wagen. «Das muß ja nicht sein», pflegt Martin immer zu sagen. Und er wird nicht mal traurig dabei ...

Schwule Paare leben versteckt, geheim, in ihren vier Wänden. Wären nicht die wenigen jüngeren Homosexuellen, die das Versteckspiel hassen, man müßte immer noch höllisch aufpassen, um jemals zwei Schwule in offen zärtlichem Verhalten auf der Straße beobachten zu können. Bis auf wenige Ausnahmen trauen sich schwule Paare nicht heraus aus der kleinen, sicheren Welt, die sie sich gemeinsam aufgebaut haben. Nicht mal in der schwulen Szene, wo Mann einen Mann ohne Hemmungen umarmen und küssen könnte, tauchen sie auf.

So nähren sie mit ihrem Versteckspiel den Mythos vom Homosexuellen, der kein Interesse an einer festen Freundschaft hat.

Es gibt kaum ein dooferes Wort als «Schwule wollen keine festen Beziehungen»! Das ist genauso bescheuert wie «Die Türken nehmen uns die Arbeit weg» oder «Die SPD verkauft uns an Moskau».

Homosexuelle wollen genauso viel und genauso wenig eine enge Partnerschaft wie alle anderen auch. Vielleicht sogar noch mehr – wer allein ist, sieht selten die Vorzüge des Ungebundenseins. Selbst jener Schwule, der sagt: «Wieso soll ich mich binden? Ich kriege auch so, was ich brauche!», mag sich insgeheim vor Sehnsucht nach einem Partner verzehren. Aber diese Sehnsucht liegt tief verborgen, verschüttet unter einem Haufen von Resignation, von Angst vor Nähe – und auch von der Furcht, sich endgültig eingestehen zu müssen, schwul zu sein.

Meist kriegte ich allerdings eine deutliche Antwort auf meine Frage an Schwule, ob sie gern eine feste Freundschaft hätten. «Seit ich alt genug bin, um mir so was vorstellen zu können, habe ich den Wunsch nach einem Freund. Es ist bloß schwer, eine dauerhafte Partnerschaft aufzubauen und zu halten.» (Karl, 21)

Ich denke, es sollte endlich Schluß sein mit dem Gerede von Schwulen, die sich nicht auf feste Bindungen einlassen wollen und die angeblich Verantwortung scheuen. Alles Humbug. Wer hinter die Kulissen schaut, wer sich nicht blenden läßt von vordergründigen Erscheinungen, wird das schnell begreifen. Leider machen sich zu wenige diese Mühe, und auch Schwule selbst fallen immer wieder auf diese Vorurteile rein.

Warum auch sollten wir nicht den Wunsch nach einem anderen Menschen haben, der einen mag und respektiert? Geliebt zu werden bedeutet Bestätigung, Geborgenheit, Anerkennung. Und das alles sollte für Schwule nicht erstrebenswert sein? Lachhaft! Vertrauen und Nähe, Gemeinschaft und Liebe – glaubt jemand ernsthaft, Schwule hätten kein Bedürfnis danach?

Da unterscheiden sich Homosexuelle nur wenig von Heterosexuellen. Erstaunt sein darüber kann nur der, der glaubt, ein Mann, der Männer begehrt und liebt, sei völlig anders als ein Mann, der Frauen begehrt und liebt.

Mal ganz abgesehen davon, daß wir alle – ob schwul oder hetero – von klein auf lernen, daß man nur in einer Paarbeziehung glücklich werden kann: Sieh zu, daß du einen abkriegst, sonst kannst du einpacken!

Kurzum: «Erstens will es so der Brauch, zweitens will man's selber auch» (Wilhelm Busch).

Wenn Schwule also feste Beziehungen haben wollen, wieso finden dann so viele keinen Partner? Warum scheitern die meisten Beziehungen nach kurzer Zeit? Was läuft schief, was hindert uns daran, etwas zu haben, was wir uns so sehr wünschen?

Mit Ratgebern für Hetero-Ehen könnte man ganze Bibliotheken füllen – Homosexuelle müssen mit ihren Partnerschaftsproblemen allein fertig werden. Genauso wie schwule Paare im Verborgenen blühen, wird auch über ihre Probleme kaum gesprochen.

Die Beschäftigung mit Partnerschaften schwuler Männer gleicht deshalb dem Stochern mit einer Stange im Nebel. Vorurteile und Illusionen beherrschen die Szene. Keiner weiß Genaues, jeder hat seine eigenen Vermutungen. Aufgeklärte Heterosexuelle bedauern die «unglücklichen Schwulen, die allein bleiben müssen», unwissende Spießbürger mutmaßen über Rollenverteilungen bei homosexuellen Paaren, und Schwule selbst äußern die absonderlichsten Vorstellungen über gleichgeschlechtliche Partnerschaften.

Dieses Gestrüpp zu durchforsten ist keine leichte Aufgabe. Auch ich habe garantiert nicht den Stein der Weisen gefressen. Ich möchte auf den folgenden Seiten nur versuchen, so gut es geht, Antworten auf die oben formulierten Fragen zu finden. Nie zuvor berichteten junge und alte Schwule so offen und ehrlich über ihre Sehnsüchte, ihre Freundschaften, über Konflikte mit dem Partner und ihre Einstellungen zu Treue, Zusammenleben, Sexualität und Eifersucht.

Dies ist beileibe kein leichtes Thema. Beziehungen und Freundschaften sind nichts, was ich selbst schon «hinter mir habe» oder was für mich endgültig abgeklärt ist. Ich lerne ständig dazu, und auch die Arbeit an diesem Buch war mit weitaus mehr Lernen und Abschiednehmen von alten Gewohnheiten und Denkweisen verbunden als alles andere, was ich bisher geschrieben habe. Ich habe selbst meine persönlichen Schwierigkeiten im Zusammenleben mit Freunden – das muß und wird sich auf das auswirken, was ich schreibe.

Deshalb möchte ich noch stärker als in meinen früheren Büchern andere zu Wort kommen lassen, Schwule, die schon lange oder auch erst seit zwei Jahren befreundet sind und dabei wahrlich unterschiedliche Erfahrungen gemacht haben.

Kein Wunder: Es gibt eben nicht «den Schwulen» oder «die

schwule Beziehung»; wir sind in vielen Punkten sehr verschieden. Diese Verschiedenartigkeit möchte ich genausowenig unter den Tisch kehren wie unsere Gemeinsamkeiten.

Es gibt inzwischen viele Geschichten über schwules Leben, sehr realistische und sehr dumme. Letztere entspringen meist nur der Phantasie des Schreibers, wo dann stets ein junger Blonder sich unsterblich in einen älteren Daddy verknallt und sie glücklich im Bett landen. Derartige Geschichtchen, Spiegelbild unerfüllter Sehnsüchte, mögen Labsal in einsamen Stunden sein – eine Hilfe sind sie nicht.

Sind es doch gerade unsere heimlichen und unheimlichen Sehnsüchte, die es so verdammt schwer machen, einen Freund zu finden – und zu behalten.

Bevor ich also ausführlicher auf die unterschiedlichen Probleme eingehe, mit denen sich schwule Paare konfrontiert sehen, will ich zuerst auf jene Dinge eingehen, die schon vor einer Beziehung schieflaufen oder die dafür sorgen, daß eine solche überhaupt nicht richtig beginnen kann.

2. Kapitel

Wie finde ich (k)einen Freund?

Was ist zermürbender als die große Sehnsucht nach etwas, von dem man nicht weiß, wie man es kriegen soll? Jede zweite Frage von Schwulen im oder nach dem Coming Out lautet: Wie finde ich einen Freund?

Das Hauptproblem ist damit anscheinend benannt – alles weitere wird schon irgendwie klappen. Also in etwa so wie im Märchen, wo die abenteuerlichsten Geschichten bereits passieren, bevor sich der schöne Prinz und die arme Müllerstochter kriegen. Dann heiraten sie, alle Probleme haben ein Ende, und sie leben glücklich bis zum Tod.

Bevor sie aber zueinander finden, muß der Prinz Drachen töten oder wer weiß was für Abenteuer bestehen. Erst dann bekommt er die Hand (und natürlich auch den Rest) der wundervollen Angebeteten.

So sieht es also aus, wenn sich im Märchen Liebespaare finden. Aber Märchen sind nicht gerade die besten Ratgeber fürs wirkliche Leben.

Auch Opernstories oder Schlager nicht, in denen es hübsch naiv heißt: «Es kommt einmal der Mann, der Mann für mich. Es fällt kein einziges Wort, und doch verstehen wir uns sofort.» (Originalton Zarah Leander)

Ich gebe zu: Einen Menschen zu finden, mit dem man eine befriedigende schwule Partnerschaft eingehen kann, ist nicht einfach. Aber es ist weiß Gott nicht *das* große Problem, zu dem es manch einer aufbläst. Keiner muß tödliche Gefahren bestehen oder drei unlösbare Rätsel aufklären. Nicht mal einen Frosch küssen, um zu sehen, ob er sich in einen Prinz verwandelt. Es ist viel einfacher.

Beschäftigen wir uns also mal mit dem Wo, dem WIE und dem WEN, denn zu allen drei Punkten gibt es massenweise irrtümliche Meinungen und abstruse Vorstellungen, die einer erfolgreichen Suche zumeist im Wege stehen (Ausnahmen bestätigen die Regel).

Frag einmal deine Bekannten, wo man wohl nach ihrer Meinung am besten den «Freund fürs Leben» kennenlernen kann. Wahrscheinlich kriegst du eine ähnlich bunte Mischung zu hören wie bei der folgenden kleinen Umfrage:

Bestimmt nicht in der Sauna oder auf Toiletten! Da würde ich nie hingehen! Die wollen doch alle nur Sex da, ganz anonym. (Patrick, 24)

Ich nehme an, man lernt sich am besten über das persönliche Gespräch kennen. Dadurch relativiert sich der äußere Eindruck, und man merkt, mit was für einem Mensch man es zu tun hat. Deshalb erscheint mir das Kennenlernen im privaten Kreis am vielversprechendsten. (Karl, 29)

Am liebsten wäre es mir, wenn ich auf der Arbeit andere Schwule kennenlernen könnte. Da hat man dann gleich etwas Gemeinsames, worauf man aufbauen kann.
(Michael, 22)

Und was denkst du selbst? Bist du ebenfalls felsenfest davon überzeugt, daß man andere Schwule nur (oder niemals) in Diskotheken – in Emanzipationsgruppen – auf der Straße – in Klappen (Toiletten) – im privaten Kreis – in der Sauna – über Anzeigen kennenlernen kann?

Die vielen Paare, mit denen ich gesprochen habe, haben die unterschiedlichsten Erfahrungen gemacht. Hier eine Auswahl:

Vor ca. zweieinhalb Jahren haben wir uns auf einer Klappe bei McDonald's kennengelernt, und seitdem sind wir zusammen. (Ralf, 18)

Es war auf einer privaten Feier. Mein Freund war alleine da und alle anderen pärchenweise. Da bin ich halt mal rübergegangen und habe ein Gespräch angefangen. (Volker, 34)

Das war bei unserem Schrebergarten, wo wir jedes Wochenende hingefahren sind. Seine Eltern hatten das Grundstück an der Ecke, und da haben wir uns öfter gesehen. Dabei sind wir eines Tages ins Gespräch gekommen, und so fing alles an. (Werner, 21)

Ich habe ihn öfters im Park getroffen. Er hat immer geguckt. Bloß hab ich mich nie getraut, zurückzugucken, obwohl er mir gleich sympathisch war. In einer Homosexuellen-Bar sind wir uns dann wiederbegegnet. (Sönke, 21)

Ein dunkler Dampfraum in einer schwulen Sauna hat sicher nicht den romantischen Touch einer lauwarmen Sommernacht am Meer, und kein Roman würde je eine Liebesgeschichte an solch ordinären Schauplätzen beginnen lassen, aber für ein Paar, mit dem ich sprach, war so ein Dampfraum der Ort, an dem vor 15 Jahren «alles» begann.

Mit wem ich auch sprach, solange ich auch forschte, ich konnte nie einen Zusammenhang herstellen zwischen dem Ort, an dem sich zwei Männer begegnet sind, und der Chance für ihre Beziehung. Auch wenn ich darüber nachdenke, wo ich meine Freunde getroffen habe, ergibt das einen sehr bunten Querschnitt. Peter durch einen Bekannten, Günter in der Disco, Willi in der Schwulengruppe und Marian in der Sauna. Nicht der Ort war entscheidend, sondern wir zwei beide, die miteinander in Kontakt gekommen sind und anschließend beschlossen haben, zusammenzubleiben. Das Besondere lag nicht im Ort begründet, sondern in der Person des anderen!

Überlege ich andererseits, wie viele Männer ich schon an den ‹vielversprechendsten› Plätzen kennengelernt habe, ohne daß je was Dauerhaftes daraus wurde, erscheint mir nur ein Schluß möglich: Es gibt nicht ‹den› richtigen Ort, um seinen Partner zu finden – überall kann der richtige Ort sein! Überall, wo man anderen Menschen begegnen kann, überall, wo Schwule sich aufhalten.

Der einzige Ort, der ausscheidet, ist die eigene Wohnung. Es hat also keinen Sinn, traurig und allein zu Hause zu hocken und auf den Traumprinzen zu hoffen, der urplötzlich auftaucht. Zu Hause gibt es zwar Fernsehen und ein kuscheliges Bett, Süßigkeiten für deine Depressionen und Krimis gegen Langeweile, aber einen Freund findest du so nie.

Raustrauen und die Augen aufsperren – das ist also die Devise! Es laufen so viele interessante Männer durch die Gegend – warum soll nicht einer für dich dabeisein?

Und damit sind wir bereits bei Fehler Nr. 1 der Abteilung ‹Wie finde ich (k)einen Freund?›: dem **Abwarten**.

Abwarten können sich Prinzessinnen im Märchen und Walküren in Wagners Opern leisten (obwohl, bei denen dauert es manchmal auch 100 Jahre …), aber nicht ein einsamer Schwuler in seiner Wohnung. Da kommt nämlich höchstens der Briefträger oder ein Versicherungsvertreter, und die sind – anders als bei Pornofilmen – in aller Regel nicht schwul.

Durch Warten vergrößert sich vielleicht dein Selbstmitleid, aber nicht dein Freundeskreis. Warten auf das Ende der Einsamkeit ändert nichts. Im Gegenteil: Je länger du untätig wartest, desto größer wird die Verzweiflung und desto schlechter geht es dir. Beweg deinen müden Hintern und verlaß deine vier Wände! Wohin? Das ist, wie oben zu lesen steht, gar nicht so wichtig. Es gibt so viele Orte, die alle ihr Für und Wider haben!

Reine Platzverschwendung wäre es, wollte ich hier all das wiederholen, was ich schon in ‹Schwul – na und?› über Treffpunkte von Schwulen geschrieben habe. Darum nur ein paar Kurztips für diejenigen, denen es ein wenig an Phantasie mangelt:

- In schwulen Cafés, Kommunikationszentren sowie in den wenigen schwulen Buchläden kommt man leicht in Kontakt, sofern man sich dort nicht darauf beschränkt, schön in der Gegend rumzustehen oder zu sitzen.
- In schwulen Discos ist es schon schwieriger, weil es zum Reden zu laut ist. Für Anfänger nicht so geeignet.

- Ein Park, wo sich Schwule treffen, ist besser als gar nichts, zumal heutzutage an manchen Orten auch tagsüber was los ist und man sich dort einfach auch nur zum lockeren Plausch trifft.
- An Arbeitsplatz, Schule und Uni: Hervorragend, sofern du dich traust, offen als Schwuler aufzutreten. Dasselbe gilt für die Straße.
- In Schwulengruppen haben schon viele einen Freund gefunden. Durch die Gruppe hat man einen Anknüpfungspunkt.
- In einer Schwulensauna und auf der Klappe: Möglich, denn viele schwule Freundschaften beginnen genauso wie ein kurzes sexuelles Abenteuer. Mach mehr draus!
- Durch Anzeigen kann man durchaus einen Partner finden, aber nicht wenige benutzen diesen Weg auch für reine Sexkontakte, obwohl sie etwas anderes schreiben.

Zum Schluß dieser Aufzählung möchte ich noch die große Ausnahme erwähnen, bei der du sogar in deiner Wohnung einen Freund fürs Leben finden kannst: Veranstalte eine Fete!

Lade alle dir bekannten (und sympathischen) Schwulen ein und fordere sie auf, ruhig noch jemanden mitzubringen. Du wirst dich wundern, wen du auf diese Weise alles kennenlernst! Wenn du kein Geld für Feiern hast, laß halt alle was zum Trinken mitbringen. Salzstangen und so'n Zeugs wirst du wohl finanzieren können. Ein paar dieser netten Feste, und du wirst bald in deinem Terminkalender kaum noch Platz haben. Denn wenn du Leute einlädst, wirst du natürlich auch bei ihnen eingeladen.

Aber jetzt mal zurück zu unserem Thema «Fehler bei der Suche nach einem Freund». Fehler Nr. 2 ist das exakte Gegenteil von Nr. 1: **die dauernde Suche**.

Manche Schwule sind ständig auf Partnersuche. Wo sie auch sind und wann das auch ist, immer schweifen ihre Augen herum und spähen die Umgebung aus, um ja nicht den Traumprinzen zu verpassen. Eine heftige innere Unruhe treibt sie herum, rein in die Bar, rüber zum Park, vom Bahnhof zur Klappe, vom Sexkino zur Fußgängerzone.

Sexuelle Erlebnisse können sie auf diese Weise sicher massenhaft haben, aber um einen Freund zu finden, fehlt ihnen die Muße. Sie laufen an den meisten Chancen vorbei. Folglich finden sie genausowenig einen Partner wie jene, die aus lauter Bequemlichkeit gleich zu Hause bleiben.

Partner kann man eh nicht gezielt ‹suchen› – höchstens finden. Die laufen einem über den Weg, wenn man vielleicht gerade an was ganz anderes denkt. Die stolpern einem ins Leben, während man am wenigsten damit rechnet.

Bloß keinen Erfolgszwang! Je verkrampfter du suchst, desto mehr ziehen sich die anderen zurück, je lockerer du das Kennenlernen angehst, desto interessanter wirst du. Vielleicht hängt das damit zusammen, daß etwas, was leicht zu haben ist, uns weniger reizt als etwas, bei dem wir uns ein wenig bemühen müssen.

Also kann es ratsamer sein, erst mal nicht auf die Suche nach ‹dem Einen› zu gehen, sondern sich nach und nach einen Freundeskreis aufzubauen – selbstverständlich auch aus Schwulen! Damit schlägst du zwei Fliegen mit einer Klappe: Du hast Menschen, mit denen du über Probleme und über deinen Ärger reden kannst, und du lernst über diese Freunde weitere Menschen kennen, unter denen sich womöglich mit etwas Glück ‹der Eine› befindet.

Die Nummer 3 bei den Fehlern: Nicht bei sich selbst anfangen, **die Ursachen für Mißerfolge nur bei anderen suchen**.

Wie sollen andere dich liebenswert finden, solange du dich selbst nicht ausstehen kannst? Wie willst du mit Menschen in Kontakt kommen, wenn dir vor lauter Schiß in der passenden Situation das Herz in die Hose rutscht? Und wie willst du auf andere reizvoll wirken, wenn dir dein Äußeres egal ist? Schau dich an, am besten im Spiegel, und sage, ob du den da so interessant findest, daß du ihn kennenlernen möchtest. Und sei um Gottes willen ehrlich!

Dies soll keine Werbung für modische Kleidung, teure Kosmetik und breit zur Schau getragenes Selbstbewußtsein werden. Ganz im Gegenteil. Nicht die neueste Mode macht dich interessant, sondern der Eindruck: Ich habe Freude an meinem Körper und an dem, was an ihm und um ihn ist. Nicht die arrogant in die Luft gestreckte Nase schafft dir Sympathie, sondern eine gesunde Portion Selbstvertrauen.

Wenn du von vornherein daran zweifelst, daß es dir gelingt, einen netten, interessanten Mann kennenzulernen, dann würde es deine Chance weitaus erhöhen, wenn du in eine Selbsterfahrungsgruppe gehst und dort lernst, dich mit deinen Schwächen und Eigenheiten zu versöhnen. Dich so zu akzeptieren, wie du nun mal bist, und das Beste draus zu machen. Nebenbei sind schwule Selbsterfahrungsgruppen gar nicht mal die schlechteste Gelegenheit, mit anderen Homosexuellen in Kontakt zu kommen und dadurch Freunde zu finden.

In der Gruppe wirst du vielleicht auch Fehler Nr. 4 vermeiden lernen: **Zuviel Angst** zu haben. Es ist unglaublich, wieviel Angst die allermeisten zum Beispiel haben, sobald sie eine schwule Bar betreten.

> Ich rauche jedesmal wie ein Schlot, wenn ich im «Sir» bin, einfach bloß, um irgendwas in den Fingern zu haben. Ich weiß immer nicht, wie ich mich verhalten soll, und aus lauter Angst hab ich mir schon mehrmals eine gute Chance, jemand kennenzulernen, vermiest. (Wolfgang, 23)

> Als ich anfing, in die Sub zu gehen, setzte ich mich stets sehr arrogant an die Bar, den Hocker umgedreht und sah zur Tanzfläche hin. Beine auseinander, die Flasche Bier so in der Hand. Nach dem Motto: Mir kann keiner was.
>
> Eines Abends kam ein Mann zur Tür rein, blieb einen Moment dort stehen, guckte und kam schnurstracks auf mich zu. Hat mich nur ganz kurz angesehen, stellte sich direkt zwischen meine Beine und guckte auch zur Tanzfläche. Ich hatte unmittelbar den Rücken vor mir.
>
> Zuerst dachte ich, is ja unerhört! Hättste bloß die Beine zusammen gehabt ... Nicht nur das! Er rückte mit seinem Hintern immer näher und ich rückte immer mehr an die Bar. Schließlich saß er halb auf meinem Hocker drauf, hatte aber noch keinen Ton gesagt.
>
> Auf einmal drehte er sich um und sagte: Mein Gott, du brauchst gar nicht soviel Angst zu haben! Hab ich gesagt: Wieso habe ich denn Angst? Sagt er: Das hab ich doch schon an der Tür gesehen, so arrogant, wie du da sitzt!
>
> Der hatte das gleich durchschaut, und wir kamen darüber ins Gespräch. Dadurch haben wir uns kennengelernt, und dann waren wir dreieinhalb Jahre zusammen. (Michael, 45)

Meist ist es die Angst davor, sich eine Abfuhr zu holen, oder der Wunsch, auch ja gut auf die anderen zu wirken, die uns in den Bars zu stumm herumstehenden Statuen, überschwenglich herumalbernden Grüppchen oder verkrampften grauen Mäusen werden läßt. Am Ende schleichst du frustriert nach Hause – wieder nix! Wieder hat dich keiner angesprochen. Außer so einem doofen, besoffenen Typ ...

Selbst schuld! Auch hier gilt: Abwarten macht sich nicht bezahlt. Es ist deine Zeit, die du verplemperst, wenn du dir still in einer Ecke deine Beine in den Bauch stehst und auf einen Traumprinzen wartest. Er kommt nicht. Auch nicht eine Stunde später, selbst wenn du noch so sehnsüchtig jedesmal zur Tür starrst, sobald sie aufklappt.

Es hilft alles nichts, du mußt aktiv werden. Frag jetzt bitte nicht nach schlauen Anmachersprüchen – die klingen zwar hübsch, aber im rechten Moment hat man sie doch nicht im Kopf. Laß dir selbst was einfallen. Und wenn es so ein schlichter Satz ist wie «Ich möchte dich gerne kennenlernen» oder die abgegriffene Frage «Hättest du eventuell eine Zigarette für mich?».

Guckt dich daraufhin dein Gegenüber hochnäsig von oben bis unten an, hast du Pech gehabt. Hast dich halt getäuscht. Der Mann ist es nicht wert. Lächelt er dich jedoch an, dann ist die wichtigste Hürde genommen. Nun kannst du versuchen, diesen liebenswürdigen Menschen in ein Gespräch zu verwickeln, und dabei abchecken, ob du Lust hast (und er natürlich auch), den Kontakt zu vertiefen. Alles weitere mußt du schon selbst hinkriegen, da gibt es nun mal keine Regeln.

Vielleicht ist es ganz gut, nicht gleich aufs Ganze zu gehen. Du willst ja jemanden für länger kennenlernen – warum dann nicht ein wenig Gelassenheit an den Tag legen? Man kann sich ja wiedertreffen, du kannst ihn zum Tee einladen oder ihn besuchen. Nur fragen mußt du! Wenn er nein sagt, kann man nichts machen, aber du hast ein schönes Gespräch gehabt. Ist doch auch was wert, oder?

Laß dir nur keine Minderwertigkeitsgefühle einimpfen, bloß weil es nicht immer klappt. Oder sogar nur selten. Womöglich ist der betreffende Mann mit seinem furchtbar eifersüchtigen Freund da. Oder er hat gerade eine unglückliche Liebe hinter sich und hat Angst vor neuen Reinfällen. Oder er hat einen Tripper. Oder, oder, oder.

Es gibt zu viele Gründe, als daß man sich wegen eines Korbes graue Haare wachsen lassen sollte. Es gibt noch genug andere Männer. Womit wir beim 5. Fehler wären: der **Suche nach dem «Traumprinzen», nach dem «Richtigen».**

> Mein Freund sollte schlank sein, er sollte blond sein, und blauäugig sollte er sein – das wär so mein Traumprinz. Auch eher jünger als ich. (Manfred, 28)

> Ich stehe auf männliche Männer. Einen Bart sollten sie haben, gut gebaut sollten sie sein, so einen männlichen Körperbau, ein bißchen Macho. (Günter, 28)

Die Hoffnung auf den Traumprinzen, der eines Tages zur Pforte hereinmarschiert kommt und mit dem ein Leben voller Glück beginnt, diese Hoffnung spukt durch viele gleichgesinnte Gehirne. Natürlich haben auch Heteros ihre süßen Träume vom vollbusigen Prachtweib oder dem schwarzgelockten Charmeur. Doch Schwule sind auf diesem Gebiet wahre Meister. Wo die Wirklichkeit der Sehnsucht so wenig bietet, hat der herbeiphantasierte Freund Hochkonjunktur. Selbst Mißerfolge ändern daran nichts.

Das Märchen vom «Richtigen», der so und so aussieht und so und so ist, und den man nur zu finden braucht, um wahrhaft glücklich zu werden, ist eines der Haupthindernisse bei der Suche nach einem Partner. Es ist unglaublich, wie oft gerade einsame Schwule an «den Falschen» geraten, ohne sich zu fragen, ob da nicht was schiefläuft – und zwar bei ihnen selbst!

> Ich hatte in all den Jahren mindestens zwölf oder sogar noch mehr Versuche einer Beziehung. Es hat nie lange gehalten, weil die Partner nicht meinen Vorstellungen entsprachen. Manche meiner Freunde sagen, meine Vorstellungen wären überdreht. So sehe ich das nicht. Ich halte weiter Ausschau nach meinem «Traummenschen». Wenn ich irgendwann den richtigen Menschen finden werde, dann werden diese Träume in Erfüllung gehen. Und falls es nicht klappt, nun, dann hatte ich wenigstens einen schönen Traum, und ich werde mich mit dem Alleinsein abfinden. (Bernd, 28)

Dabei sind es beileibe nicht bloß Äußerlichkeiten wie blond und blauäugig oder dunkel und behaart, nein, der Auserwählte muß verständnisvoll, charakterfest, ehrlich, offen, vielseitig interessiert, kurzum: *großartig* muß er sein!

Mit diesen ‹inneren› und ‹äußeren› Idealen marschieren wir durch die Welt. Und bleiben lieber allein, als Abstriche an diesem Ideal zu machen. Mit dem Bild vom Ideal-Typ im Kopf durchsieben wir die vorhandenen Männer – und die allermeisten fallen durch. Je genauer die Vorstellung über den ‹Traummenschen›, desto mehr Männer werden ausgesiebt. Nix für mich! Muß ich gar nicht erst ausprobieren, das wird eh nichts. Ist nicht «der Richtige».

Man erspart sich damit die Mühe, genauer hinzugucken, ihn kennenzulernen, um die Idealvorstellungen an der Wirklichkeit zu überprüfen. Statt dessen liegen wir allein im Bett, phantasieren uns den heißen Typ von vorhin aus der U-Bahn ins Kissen, basteln uns in mühseliger, aber lustvoller Kleinarbeit unseren Traum-Mann bis in die exakte Form der Brustwarzen und der Form seines Schwanzes zusammen, stellen uns vor, was der alles Tolles mit uns macht, bis kein Mensch aus Fleisch und Blut mit seinen Eigenheiten und individuellen Merkmalen da mehr ranreicht. Die Gedanken sind frei!

Und so verpassen wir tagtäglich mögliche Partner, weisen sie zurück, bloß weil sie äußerlich bzw. innerlich scheinbar nicht zu uns passen. Oder verlassen leichtfertig einen Freund, bei dem sich die Abstände zum Ideal nur allzu schnell im harten Alltag herausstellen. Hinter der nächsten Ecke könnte ja der Traumprinz, der nun endlich alle Ideale in sich vereinigt, auf uns warten!

Wer so denkt, hat eigentlich gar nichts Besseres verdient, als allein zu bleiben. Er sollte sich seinen ‹Traumprinzen› in Öl malen lassen und kann ihn dann neben sich ins Doppelbett legen. Nur Vorsicht beim Aufwachen!

Freundespaare, mit denen ich sprach, waren übrigens in den seltensten Fällen gegenseitige Traumprinzen. Manchmal gerade das Gegenteil!

> Über die Gruppe lernte ich Klaus kennen. Er ist mir gleich sehr negativ aufgefallen. Ich mochte ihn nicht, von seinem Auftreten nicht, von seinem Äußeren nicht. Er wirkte auf mich wie ein braver, biederer Angestellter. (Andreas, 28)

Inzwischen sind sie drei Jahre zusammen ... Andererseits haben viele mit ihrem «Traumprinzen» weniger gute Erfahrungen gesammelt. Das folgende Zitat ist durchaus typisch dafür:

Mit meinen Traumprinzen bin ich jedesmal auf den Bauch
gefallen. Irgendwie hat es nie geklappt, obwohl ich mich
jedesmal wahnsinnig verliebt habe in die. Die waren ganz
anders, als ich mir das vorgestellt habe. Spätestens nach
einem Monat kam der große Katzenjammer. (Berthold, 20)

Traumprinzen sind eben schön zum Träumen und Angucken. Der erste Schein trügt zu oft, um sich darauf verlassen zu können. Auch
wenn viele Leute sich eine Menge darauf einbilden, wie flink sie einen
zukünftigen Partner aussortieren könnten.

Ob einer zu mir paßt oder nicht, das seh ich immer gleich,
wenn ich Leuten begegne. Das läuft innerhalb von Sekun-
den ab. Da ist es schon klar, ob das theoretisch was werden
könnte oder nicht. (Rolf, 25)

Das ist dann Fehler Nr. 6 bei der Partnersuche. Wohl aus dem Bedürfnis heraus, sich möglichst schnell ein festes Bild vom anderen machen
und ihn dann entweder ins Körbchen «Der wäre was für mich» oder in
die Ablage befördern zu können, **traut man sich zu, der superschnelle
Menschenkenner zu sein**.

Ein krasser Irrtum! Gute Menschenkenner verhalten sich genau
umgekehrt. Sie beobachten lange und exakt, sie hören genau hin, wä-
gen alles gut gegeneinander ab und urteilen selbst dann noch äußerst
vorsichtig. Das braucht vor allem Zeit und Ruhe.

Beides nehmen sich die meisten bei der Partnersuche viel zuwenig.
Hopplahopp muß das gehen. «Ich will einen Freund, am besten noch
heute!» Sie sehen jemanden, und in kürzester Zeit fällt die Klappe.
Wissenschaftler haben festgestellt, daß wir meist beim ersten Eindruck von einem anderen Menschen bleiben. Schublade auf, Typ
rein, Schublade zu. Bloß nicht zugeben, daß wir uns geirrt haben!
Man hat ein fixes Ideal, und jeder neue Freund wird mit großer Sicherheit bald an dieser Schallmauer scheitern. Dann geht das Gejam-
mere los: «Wieder der Falsche!»

Es ist wie verhext, aber ich gerate immer an den Falschen.
Ich suche einen selbstbewußten, lebenslustigen Partner,
aber wen auch immer ich kennenlerne, bald zeigt sich, daß

sie nicht so sind, wenn man erst mal hinter die Kulisse schaut. (Karl-Heinz, 30)

‹Den Richtigen› und ‹den Falschen› gibt es nicht. Sicher gibt es Menschen, die besser zu einem passen, und solche, mit denen man wohl nie klarkommen würde. Natürlich kann es sinnvoll sein, Ausschau nach jemandem zu halten, der ähnliche Bedürfnisse und Vorstellungen hat.

Viel bedeutsamer aber ist, daß wir offen sind selbst für absolute ‹Nicht-Traumtypen›, uns mit ihnen befassen, vielleicht sogar feststellen, daß man auch auf Dauer wenig miteinander anfangen kann. Dann hast du es wenigstens versucht. Oder eben zu spüren: Mensch, der wird mir ja immer sympathischer! Warum sollen wir nicht zusammenbleiben? Er ist zwar nicht so, wie ich mir meinen Partner vorgestellt habe, aber so wie er ist, gefällt er mir eigentlich auch ganz gut. Oder: Er ist, obwohl ich das anfänglich gar nicht vermutet habe, ganz genauso, wie ich es mir wünsche.

Bei all dem gilt wie bereits oben gesagt: Je mehr Zeit ich mir lasse, jemanden genauer kennenzulernen, um zu erfahren, wie er wirklich ist (und nicht, wie ich mir denke, wie er ist), desto mehr verliert die Faszination des ‹Traumprinzen› an Wirkung. Und meine Chance wächst, einen Partner zu finden, mit dem sich eine länger dauernde Freundschaft auf die Beine stellen läßt.

Vielleicht werden beide ganz allmählich füreinander doch ‹der Richtige›!

Ralf und Thorsten

16 Jahre alt war Ralf, als ihm Thorsten über den Weg lief. Er geht noch zur Schule und wohnt bei seinen Eltern, während der 25jährige Thorsten in einer Wohngemeinschaft lebt.

Wo habt ihr euch kennengelernt?

Ralf: Auf der Klappe*. Ich kannte ja niemanden, der schwul ist. Die Klappe war da der einzige Kontakt. Natürlich kein menschlicher Kontakt, ab und zu mal sexuell eben. Das war auch immer ziemlich deprimierend und frustrierend, aber es war eben die einzige Möglichkeit.
Ich hab früh angefangen, da hinzugehen. Mit 13 oder 14. Später wurde es regelmäßig. Einmal in der Woche habe ich es immer geschafft, nach Frankfurt zu fahren und hinzugehen. Ich habe auch mal Leute kennengelernt und mich tierisch in die verknallt, aber ich hab mich nie getraut, meinen Namen zu sagen und wo ich wohne, und die wollten's auch nicht. Es hieß bloß, man sieht sich

---

* Szene-Jargon für Toilette, wo sich Schwule treffen.

23

mal wieder, und man hat sich natürlich nicht wiedergesehen. Das war dann besonders schlimm.

Ich hatte den Traum, da meinen Freund kennenzulernen, eben so'n richtigen Freund, große Liebe und so. Ich hatte auch sonst, zu Hause, keine richtigen Freunde, ich war praktisch immer allein. Auch mit meinen Eltern hatte ich ein schlechtes Verhältnis, weil ich ständig deprimiert war. Die hatten das als schlechte Laune aufgefaßt und mich immer ziemlich fertiggemacht. Ich wäre redefaul oder so. Auf die Klappe zu gehen war keine so belanglose Sache, das war für mich schon was Wichtiges! Aber ich habe das nie mit Schwulsein in Verbindung gebracht. Ich habe tausend Erklärungen dafür gehabt, wieso ich da hingeh, aber schwul war ich natürlich nicht!

Das waren ja die anderen, die ich da getroffen habe. Aber ich bin auch nie auf die Idee gekommen, jemanden anzusprechen und zu fragen, wie das ist, wenn man schwul ist. Und was man so machen kann.

Ich bin immer zu McDonald's gegangen. Das ist recht ideal von den Möglichkeiten her. Zwei Kabinen und ein Loch, oben, in Augenhöhe.

An der Decke hing ein Aufkleber von Thorstens Coming Out-Gruppe. Den hab ich natürlich oft angeguckt, aber ich habe mich nicht getraut, da anzurufen. Ich dachte, das wäre einer, der mir nur ausreden will, auf Klappen zu gehen. Außerdem, ich hätte nicht sagen können, daß ich auf die Klappe gehe, ich habe mich deswegen unheimlich geschämt. Ich hatte überhaupt Hemmungen, in so eine fremde Gruppe zu gehen, klar.

Dann kam der gewisse Tag. Ich habe Tagebuch geführt, weil ich gemerkt habe, daß mit mir was nicht stimmte und ich das genau festhalten wollte.

Ich stehe auf Bärte, und Thorsten hatte damals noch einen Vollbart. Es war mein Glückstag, es waren vier Männer mit Bärten da! Ganz toll! Und Thorsten war das Größte, ich habe noch nie so einen tollen Mann gesehen!

Wir haben uns so durchs Loch angeguckt, aber er hatte immer so einen brutalen Ausdruck im Gesicht, und da hatte ich Angst. Er schob einen Zettel rüber, auf dem stand: Kommst Du mit zu mir? Ich hab einen wahnsinnigen Schreck gekriegt und gedacht, was machst du jetzt? Ich hatte mir zwar gewünscht, richtig mit einem Mann im Bett, gemütlich und so. Aber ich wußte nicht, soll der das jetzt sein? Und jetzt schon? Na ja, kannst ja mal rausgehen und mit ihm reden. Ich bin raus und runter ins Restaurant.

Da hat mich jemand angesprochen, der mich vorher schon gesehen hatte. Der hatte da auf mich gewartet. Den wurde ich nicht wieder los, er war auch ganz nett. Schließlich ist Thorsten die Treppe runtergekommen und stellte sich an die Wand und tat, als ob er uns nicht sieht. Ich habe immer zu ihm rübergeguckt, bin aber doch mit dem anderen mitgegangen, weil der auch unheimlich lieb war.

Einen Monat später war ich durch Zufall auf der Klappe, weil meine Eltern auch in Frankfurt waren. Ich habe mich abgesetzt, um zu Mc Donald's zu gehen. Das Loch war von der anderen Seite zugehängt, und ich habe mich tierisch geärgert, weil ich den Typ da nicht sehen konnte. Ich habe unten bloß immer so blöde Turnschuhe gesehen, rot und blau und weiß durcheinander. Dachte ich, wer solche Turnschuhe trägt, da kann nicht viel dahinterstecken. Ätzend. Und das Papier vorm Loch habe ich nicht weggekriegt. Irgendwann kam dann aber ein Zettel rüber. Er hatte mich erkannt, er hatte einen Spiegel dabeigehabt. Auf dem Klopapier stand: Ruf mich mal an, meine Nummer ist soundso. Und dann stand da noch: Rein privat! Mit großem Ausrufezeichen. Hab ich geguckt, hö? Gleiche Nummer wie auf dem Aufkleber – jetzt hat er mich erwischt! Hab ich einen Riesenschreck gekriegt. Aber rein privat? Irgendwie hat das doch nix mit der Gruppe zu tun . . . Jedenfalls war ich reichlich durcheinander. Aber ich habe mich auch gefreut, daß ich jetzt jemanden hatte, wo ich anrufen konnte. Wenn man so direkt angesprochen wird, hat man auch mehr Mut. Am nächsten Tag habe ich einfach mal die Nummer gewählt. Er hat sich gemeldet: «Ja, hallo?» Ich habe natürlich gleich wieder aufgelegt. Die ganze Art, wie er sich gemeldet hat, hatte mir unheimlich viel Vertrauen gegeben, weiterzureden. Dadurch hatte ich mehr Mut, da richtig anzurufen. Hab mich ganz groß vorbereitet, alles überlegt, Text ausgedacht, was ich sage, weil es so fürchterlich aufregend war. Einen Mittag habe ich es schließlich geschafft, anzurufen.

Ich hab gesagt, ich soll anrufen, «rein privat», damit er wußte, wer es ist. Dann sagte er, ja, ich bin auch schwul, und das fand ich unheimlich toll! Ich hatte das nie gehört, daß jemand sagt:

Ich bin schwul. Das war der schönste Satz meines Lebens!

Mit den anderen Leuten auf der Klappe habe ich nie über Schwulsein geredet, sondern irgendwie drum herum. Es hat einfach niemand das Wort schwul benutzt, sondern immer nur ‹Ich bin halt so› oder ‹Wenn man so ist›, immer drum herum geredet. Daß jemand das so offen frei heraus sagt, fand ich ganz toll.

Er hat mir dann erzählt, daß er mich schon öfters gesehen hat, auch in der Badeanstalt.

Das Witzige war ja, daß ich gar nicht wußte, wer das war. Ich wußte ja nicht, daß das der tolle Typ war, den ich das eine Mal getroffen habe. Das habe ich erst nach und nach rausgekriegt, als er erzählt hat, wann er mich getroffen hat. Und wie er aussieht. Da wußte ich: Der mußte es sein!

Wir haben uns für ein paar Tage später verabredet, um 16 Uhr auf dem Opernplatz. Ich war natürlich früher da und habe ihn schon von weitem gesehen. Er ist aber woanders hingegangen, und ich dachte schon, er kommt nicht wieder. Ich bin hinterhergelaufen und habe ihn beobachtet. Aber er wollte bloß einen großen Umweg machen und hat sich gegenüber auf die Bank gesetzt, bis er mich gesehen hat.

Ich fand ihn gleich unheimlich sympathisch und hatte mich schon am Telefon in ihn verknallt, dachte aber, daß es nichts werden wird, weil ich noch so jung bin. Ich konnte mir einfach nicht vorstellen, daß jemand auf Jüngere scharf ist. Ich dachte, daß ich da nix zu melden habe.

Weil ich ihn so sympathisch fand, hatte ich keine Angst, zu ihm zu gehen. Aber wie die Tür zuging, habe ich doch einen Schreck gekriegt. Jetzt biste allein mit ihm! Das war ich ja noch nie. Ich hatte Angst, jetzt fällt der gleich über mich her.

Im Gegenteil, wir haben uns den ganzen Nachmittag über unterhalten!

Thorsten: Wir haben uns wirklich nur unterhalten, als er das erste Mal bei mir war. Da ist wirklich nichts gelaufen, und irgendwann mußte er nach Hause.

Ich bin unheimlich oft auf die Klappe gegangen, und es ist so gut wie nie was passiert. Ich mag das nicht, jemanden kennenlernen, mit dem ins Bett und dann ist's vorbei.

Ihn hatte ich ja schon in der Badeanstalt gesehen und fand ihn unheimlich toll. Als ich ihn in der Wohnung hatte, hatte ich wahrhaftig Besseres zu tun, als mit ihm ins Bett zu gehen. Ich wollte ihn erst mal kennenlernen, was das für ein Typ ist.

Ralf: Und ich habe mich total in eine passive Rolle gedrängt – mal sehen, was er mit mir macht. Ich habe mich nur hingesetzt. Mal sehen, was passiert.
Erst hat er Tee gemacht. Dann hat er sich hingesetzt und gefragt, warum gehst du denn auf die Klappe, und alles mögliche andere. Das hat mir unheimlich gut getan, mich mal auszusprechen. Mit jemandem darüber zu reden.
Die ganze Zeit habe ich überlegt, ob er nun wirklich was von mir will oder nicht. Ich war mir unsicher, ob das was werden könnte zwischen uns, und wie es weitergeht. Irgendwann sagte er, mit dir kann man ganz toll reden. Und daß er mich mag und auf jeden Fall auch gern mit mir ins Bett gehen will. Bloß nicht sofort. Ich habe gesagt, ja, das finde ich auch. Da war ein bißchen das Eis gebrochen.
Ich habe ihn gefragt, ob ich ihm meine Telefonnummer und meine Adresse geben soll, und er meinte, ob ich denn soviel Vertrauen zu ihm hätte? Dann habe ich mich hingesetzt, um beides aufzuschreiben, und er hat sich neben mich gesetzt und den Arm um mich gelegt. Das war nicht einfach eine Berührung, sondern wie ein elektrischer Schlag, so durch und durch – kann man gar nicht beschreiben! Das war ein ganz besonderes Gefühl, obwohl er einfach nur den Arm um mich gelegt hat!
Ich war unheimlich glücklich, daß ich jemanden zum Reden hatte und jemanden zum Schmusen, praktisch beides, was ich mir so sehr gewünscht hatte. Und das hat sich so an einem Tag erfüllt! Das war ein wahnsinniges Gefühl!!!
Zwei Tage darauf war Weihnachten, das ist aber an mir vorbeigegangen, ich habe gar nicht gemerkt, daß Weihnachten war, ich habe immer nur an Thorsten gedacht. Ich habe ihm einen Brief geschrieben, wir haben telefoniert und uns dann auch wieder getroffen.

Ralf: Ja, über zweieinhalb Jahre. Ein Jahr zusammen, das war für uns schon was ganz Tolles! Wir haben das auch gefeiert und mit Spannung erwartet. Schon ein halbes Jahr vorher ...
Am Anfang, das war ja im Winter, da haben wir gesagt, im Sommer gehen wir zusammen ins Freibad – das war für mich Utopie! Das war einfach nicht vorstellbar, daß wir so lange zusammen sind. Und jetzt planen wir schon für die nächsten Jahre!
Obwohl, die erste Zeit war es irgendwie ... na, sag mal ...

Thorsten: Beschissen! Es gab Schwierigkeiten, von seinen Eltern loszukommen, weil die ja nicht Bescheid wußten. Er wohnt 25 km von hier und, na ja, er hat ein Fahrrad. Da hieß es: Wieso fährt er denn jetzt so oft nach Frankfurt rein? Was will er denn immer da? Das war das große Problem. Ich konnte da ja sowieso nicht hinkommen, sondern wir mußten uns bei mir treffen.

Ralf: Ich wollte ihn immer, immer sehen! Die Woche war endlos lang. Ich wollte mit ihm telefonieren, aber er hatte meist keine Zeit oder war nicht da. Irgendwie hatte ich die Vorstellung von einem Liebespaar, das jeden Tag miteinander telefoniert ...
Und wenn wir uns samstags gesehen haben, dann war es praktisch so: Die erste Stunde haben wir Tee getrunken und über meine Eltern geredet, und Probleme, Probleme, Probleme. Was mach ich jetzt, und wie kann man was ändern. Dann sind wir ins Bett gegangen. Dann war's so schön, und auf einmal war es halb sechs, schon viel zu spät, und ich mußte total schnell los. Es war jedesmal so ein gewaltsamer Abriß, das war ganz schrecklich. Ich habe eigentlich in der ersten Zeit mehr gelitten, als daß ich was davon gehabt habe, und war sehr depressiv deswegen. Es machte einfach keinen Spaß, und ich konnte mich gar nicht richtig darüber freuen, weil soviel im Wege war.

Thorsten: Es macht einen aber auch wesentlich depressiver, wenn man ein bißchen Freiheit hat, aber das nicht ausleben kann. Mir ging das damals genauso. Bevor ich mein Coming Out hatte, habe ich so vor mich hin vegetiert. Ich war schwul, okay, war halt so.

Und dann lernt man jemanden kennen, und alles ist so schwierig, weil man viel stärker spürt, was man vermißt. Dann wird man wirklich depressiv.

Ralf: Dazu kam, weil wir immer nur so wenig Zeit hatten, haben wir nie was anderes gemacht, als miteinander ins Bett zu gehen. Irgendwann haben wir gemerkt, das bringt's nicht, das ist nicht alles. Man muß auch mal was anderes machen.

Aber es ist eben schwierig, eine Beziehung aufzubauen, wenn man sich gerade am Anfang so selten sehen kann. Jedesmal ist man sich wieder fremd, man muß jedesmal wieder neu anfangen. Eine Beziehung entwickelt sich ja auch, und diese Entwicklung ging unheimlich langsam.

Ungefähr drei Monate haben wir es ausgehalten, dieses Versteckspielen mit meinen Eltern. Mir war klar, ich muß ihnen das erzählen, sonst ändert sich nie was an der beschissenen Situation.

Eine große Hilfe war, daß ich es gleich nach unserem zweiten Treffen, einen Tag vor Silvester, meiner Schwester erzählt habe, weil ich mich mit ihr sehr gut verstehe. Sie ist sieben Jahre älter als ich. Von der wußte ich überhaupt erst, was schwul ist. Sie hat das vor vielen Jahren erzählt, so als ob das was ganz Normales wäre. Daher hatte ich zu ihr in dieser Hinsicht mehr Vertrauen. Ich habe mir gedacht, jetzt habe ich ja einen Freund, jetzt erzähle ich es ihr, jetzt habe ich ja jemanden im Rücken.

Sie hat ganz toll reagiert. Zuerst war sie ziemlich traurig darüber und hat sich Gedanken darüber gemacht, wie es mit mir weitergeht. Dann hat sie auch das ‹Schwul – na und?› gelesen und hat gemerkt, daß es eben doch nicht so wild ist. Wir haben uns ein paarmal mit ihr getroffen, und haben darüber diskutiert, wie wir es meinen Eltern beibringen.

Zuerst haben wir gesagt, wir sagen es überhaupt nicht. Meine Mutter hat ein Magengeschwür und hohen Blutdruck, die verkraftet das gesundheitlich nicht, und mein Vater würde Thorsten bestimmt sofort anzeigen, weil ich noch minderjährig bin.

Aber mit der Zeit wurde das so schlimm, ich habe es einfach nicht mehr ausgehalten. Ich habe gesagt, die müssen das wissen! So kann es nicht weitergehen.

Meiner Mutter habe ich es dann zuerst erzählt. Sie hat genauso reagiert wie die Frau in deinem Elternbuch, zuerst war sie wie in Trance, konnte das gar nicht begreifen, und dann hat sie die ganze Nacht geheult. Mal kam sie ganz gut damit zurecht und mal ganz schlecht. Sie hat auch versucht, mir das auszureden. Hätte ich nicht meine Schwester gehabt, wäre es ganz schön schwer geworden. Aber meine Mutter hat zu meiner Schwester ein gutes Verhältnis, und meine Schwester sieht das sehr locker. Sie haben ganz viel darüber geredet.

Meine Eltern haben auch mit einer Anzeige gedroht, so ungefähr: Treibt es nicht zu weit! Wenn es hart auf hart kommt, können wir Thorsten immer noch anzeigen!

Aber das hätten die nie gewagt. Vor allen Dingen konnte ich ihnen mit der Zeit klarmachen, daß Thorsten für mich unwahrscheinlich wichtig ist. Total wichtig. Und daß sie mit einer Anzeige auch mich zerstören würden. Das haben sie schnell eingesehen.

Zuerst haben sie sich ja auch ein ganz schlechtes Bild von ihm gemacht, rein vom Hörensagen und so. Wie sie ihn schließlich kennengelernt haben, fanden sie ihn sehr nett. Meine Mutter sagte, wie gut, daß du mit Thorsten zusammen bist und nicht mit irgend so einem Dahergelaufenen . . .

Vorher war schon mal was ungeheuer Witziges passiert. Thorsten und ich hatten uns in einer Disco getroffen, und Thorsten hat mich nach Hause gebracht. Ich hab dann gesagt, das wäre ein Bekannter von meiner Schwester gewesen, den wir getroffen haben und der sowieso in die Richtung fuhr. Meine Mutter war total besorgt: Mann, du bist einfach so mit dem mitgefahren? Den hast du doch gerade erst kennengelernt! Wenn das so ein Homo-Bubi gewesen wäre, der dich dann vergewaltigt!

Ich bin da schnell rausgelaufen, weil ich einen knallroten Kopf gekriegt habe. Meine Mutter fand das im nachhinein auch sehr witzig, daß sie das gesagt hat. Allein schon der Ausdruck . . .!

Thorsten: Zu seinen Eltern habe ich jetzt ein besseres Verhältnis als zu meinen. Sie sind mir wesentlich sympathischer als meine Eltern, nicht zuletzt, weil sie es halt akzeptieren, daß wir zusammen sind. Weihnachten letztes Jahr war ich eigentlich bei meinen Eltern am ersten Weihnachtstag eingeladen, aber seine Eltern haben mich gefragt, ob ich Lust habe, vorbeizukommen, seine Schwester und ihr

Freund kämen auch. Da habe ich meinen Eltern wieder abgesagt und bin zu denen gefahren. Ich meine, wenn die Eltern Geburtstag feiern und die ganze Verwandtschaft ist da, dann fahr ich natürlich nicht hin, denn die wissen das nicht. Nur die beiden und seine Schwester.

Könnt ihr euch durch diese Umstände inzwischen öfter treffen?

Ralf: Nein, wir sehen uns auch jetzt meist nur einmal die Woche. Aber das reicht auch für mich. Innerhalb der Woche habe ich mit der Schule so wahnsinnig viel zu tun und bin auch mit vielen anderen Leuten zusammen. Da brauche ich es gar nicht, daß ich Thorsten jeden Tag sehe. Ich freue mich die ganze Woche auf Samstag, wenn wir uns sehen.

Thorsten: Und ich habe im Augenblick unheimlich viel Ablenkung, weil ich arbeite und zusätzlich die Abendschule mache. Dadurch kann ich auch fast sagen, mir reicht das Wochenende. Ich fände es aber ganz gut, wenn Ralf Freitag abend kommen und bis Sonntag abend bleiben würde. Meistens sehen wir uns nämlich nur einen Tag, und er bleibt nicht mal über Nacht.

Habt ihr mal überlegt, zusammenzuziehen?

Ralf: Wenn ich zum Beispiel hier bei Thorsten einziehen würde, würde ich mich nicht wohl fühlen. Ich müßte erst mal alles umändern, und damit würde ich Thorsten total einengen. Selbst wenn wir gemeinsam eine Wohnung nehmen würden, müßte ich zu viel von mir aufgeben, weil wir zu verschieden sind. Ich brauche es auch einfach, ab und zu allein zu sein. Dann will ich mich zurückziehen und da sein, wo ich wirklich alles selbst gemacht habe, selbst eingerichtet, und wo nur meine persönlichen Sachen sind. Das brauche ich einfach.
In einer Wohnung kann man nicht sagen, ej, geh mal eben raus! Weil der andere das gleiche Recht hat, sich in dem Zimmer aufzuhalten. Irgendwie geht man sich, wenn man zusammen wohnt, bestimmt ganz schön auf die Nerven mit manchen Sachen, kann ich mir jedenfalls gut vorstellen. Zum Beispiel meine Mutter liest un-

heimlich gern im Bett; das kann sie aber nicht, weil mein Vater schlafen will. Und meine Mutter kann nicht schlafen, weil mein Vater anfängt zu schnarchen. So was könnte ich nicht mitmachen, das machen die schon 25 Jahre! Das würde ich nicht aushalten. Das sind Sachen, die man vermeiden kann, indem man getrennt wohnt. Man kann trotzdem noch eine Beziehung haben, und wenn man Lust hat, dann verbringt man die Nacht miteinander, aber wenn man keine Lust hat, dann muß man auch die Möglichkeit haben, getrennt zu schlafen.

Schön wäre allerdings, wenn ich nicht so weit draußen wohnen würde und ihn dann sehen könnte, wann ich will. Manchmal in der Woche habe ich Lust, mal zu Thorsten zu fahren, eine halbe Stunde zu reden, und wieder weg. Das können wir eben nicht.

Seid ihr noch nie länger zusammengewesen?

Ralf: Doch! Wir sind zum Beispiel nach einiger Zeit zusammen für ein paar Tage weggefahren. Das war für uns eine Probe, ob wir überhaupt zusammenpassen.

Thorsten: Mein Vater hatte mir früher mal den Tip gegeben: Wenn du eine Freundin hast, dann fahr erst mal mit der in Urlaub! Dann wirst du sehen, ob du mit der zusammenpaßt. Na, und für schwule Paare müßte das ja auch stimmen, oder?

Ralf: Eigentlich wollten wir nach Amsterdam, aber dazu hat das Geld nicht gereicht. Wir sind deshalb bloß mit dem Camping-Bus von meiner Schwester in die Rhön gefahren.

Thorsten: Wir haben vier Tage lang nur aufeinandergehockt.

Ralf: Ein Camping-Bus ist eben ziemlich eng, und dann drei, vier Tage so zusammenwohnen ... Und da hab ich gemerkt, daß wir unheimlich gut zusammenpassen. Wir haben uns überhaupt nicht gestritten, sondern haben alles miteinander gemacht. Dadurch wurde unsere Beziehung gefestigt, denn sie hatte mal Zeit, sich vier Tage lang ununterbrochen zu entwickeln. Sonst waren wir nur drei Stunden zusammen und dann wieder eine ganze Woche gar nicht.

Da konnte ich auch viel besser merken, welche Gefühle ich Thorsten gegenüber habe. Das war nämlich in der ersten Zeit vollkommen verwirrend für mich.

Am Anfang war das so, daß ich mich total in ihn verlieben *wollte* und wollte, daß ich *ganz total* in ihn verliebt bin. Und das war ich eigentlich nicht. Ich war unzufrieden mit meinen Gefühlen, ich wollte auf Krampf in ihn verliebt sein. Dadurch ist alles weggewesen.

Wir haben dann darüber gesprochen, und Thorsten hat gesagt, ist doch egal, wir versuchen es einmal und bleiben einfach mal zusammen. Da habe ich nicht mehr über meine Gefühle nachgedacht, sondern mich einfach dem hingegeben, was gekommen ist.

Und nach unserem gemeinsamen Urlaub, nach diesem intensiven Zusammensein, habe ich erst gemerkt: Liebe ist ein Gefühl, was in jedem Augenblick neu entsteht – man kann es nicht festhalten oder herbeiwünschen.

Thorsten: Aber wenn es da ist, ist es unheimlich schön!

3. Kapitel

Lauter kaputte Träume

Ich erinnere mich noch gut an meinen ersten Freund Peter in Berlin. Heinz – ich hatte ihn im Herbst '71 in der Badeanstalt kennengelernt – nahm mich Silvester mit zu einem Besuch bei besagtem Peter.

Er war schlank, blond und hatte wunderschöne blaue Augen. Und ich war auf der Suche. Abends in der Bar managte ich es, neben ihm auf'm Hocker sitzen zu können. Allerdings brachte ich kaum ein vernünftiges Wort raus. Einiger Alkohol war nötig, ehe eine recht mühsame Unterhaltung in Gang kam. Aber bald war klar, wo ich die angebrochene Nacht verbringen würde.

Es war eine der schlaflosesten Nächte meines Lebens! Nicht etwa, weil wir es pausenlos getrieben haben, sondern weil Peter sterbensübel war vom Saufen, sein Bett viel zu eng und meine Aufregung viel zu groß, als daß ich auch nur eine Minute zum Schlafen kommen konnte. Hat mich aber alles nicht gestört – ich war selig! Endlich nicht mehr allein! Ich mochte ihn gar nicht mehr loslassen. Wenn dies ein Traum war, wollte ich nie wieder aufwachen!

Ich wollte ihn nur dauernd im Arm halten, küssen, streicheln (mehr wäre gar nicht drin gewesen, ob ich gewollt hätte oder nicht). All die Zärtlichkeit, die ich schon oft einem Menschen gegenüber verspürt hatte, ohne sie an den Mann bringen zu können, all die Bedürfnisse nach Aneinanderdrücken, Berühren, sich am anderen freuen, Glück

34

in Händen halten – es war unglaublich. Der arme Peter mußte einiges mitmachen, hundsmiserabel, wie es ihm ging!

Krieg das nun der siebente Himmel? Mußte ja wohl, nur fehlten mir Vergleichsmöglichkeiten. Endlich der Mann, mit dem du zusammensein kannst, der dein Freund sein will.

Den meisten geht es ähnlich in dieser Situation. Ganz oft hörte ich in den Gesprächen und Interviews über schwule Partnerschaften dasselbe. Diese unbändige Freude darüber, einen Freund gefunden zu haben. Manuel und Werner, die seit drei Jahren zusammen sind, beschreiben ihre erste Nacht so:

> Das Gefühl war einfach überwältigend. Ich glaube, so glücklich war ich noch nie gewesen! Ich kann mich nur erinnern, daß wir uns immer total fest umarmt haben, immer wieder aneinander gepreßt. Die Hälfte der Zeit hab ich immer nur vor Glück gelacht. (Manuel, 22)
>
> Ich hatte sogar Tränen in den Augen. Das klingt vielleicht ein bißchen schnulzig, aber so war's einfach! (Werner, 20)

Ich hatte das Gefühl, jetzt ist genau das passiert, was ich in Romanen gelesen, von Eltern gehört und des Nachts im Bett geträumt habe. Alles war toll, alles war schön, wir liebten uns – was sollte da schiefgehen?

> Das war 'ne richtige Beziehung, drei Monate lang. Wir haben von der großen Liebe bis ans Lebensende geträumt. Zwei Monate war ich total auf 'n Wolken. Wir sind auch sofort total offen miteinander umgegangen, in der ganzen Stadt, und das war in Krefeld wirklich revolutionär.
>
> Nachdem mir klar war, daß ich schwul bin, hatte ich mir sehr eine Beziehung gewünscht. Das Glücklichsein darüber, daß die Einsamkeit aufgehört hatte, war, glaub ich, viel wichtiger und größer als die Beziehung, die wir wirklich zueinander hatten. Wir waren beide so glücklich . . . Er hatte sein Coming Out schon viel früher gehabt und hatte nie 'ne Beziehung gehabt. Er war noch viel glücklicher, daß die Einsamkeit endlich vorbei war!
>
> Wir haben Pläne geschmiedet für die Zukunft. Ich weiß

noch, wie wir darüber geredet haben, daß wir später mal zusammen 'ne Kneipe aufmachen wollen. Wir haben wirklich rumgesponnen.

Ich hab mir vorgestellt, daß es überhaupt kein Problem wäre, wenn man immer zu zweit wäre. Wir haben zusammen den Tag verbracht, lange im Bett gelegen, zusammen Essen gemacht. Das fand ich alles 'ne kurze Zeit lang das Schönste auf der Welt. Ich konnte mir damals noch nicht vorstellen, daß mir das sehr bald überhaupt nicht reichen würde, was da ablief. (Thomas, 23)

Eine Zeitlang geht das gut. Nur selten lange. Da lernen sich zwei Menschen kennen, vollgestopft mit Sehnsüchten und lang angesammelten Vorstellungen darüber, wie ihr Freund und eine Freundschaft aussehen soll. Anfänglich will man vor allem zusammensein. Den anderen spüren, ganz körperlich mitbekommen, daß die Einsamkeit ein Ende hat. Wer wird da so kleinlich sein, Fragen zu stellen? Die will ich bei so einer einmaligen Gelegenheit weiß Gott nicht hören.

Na, und was weiß man schon über den anderen? Ich hatte gerade mitgekriegt, daß Peter äußerlich voll meinem Ideal entsprach, daß er sanft und lieb zu sein schien, und daß er mir gefiel. Und Gefühle kann man nicht erklären, basta! Wir hatten viele Gemeinsamkeiten! Beide hörten wir gern Cat Stevens und die Beatles, über Gott und die Welt dachten wir sehr ähnlich. Seine kleine, gemütliche Wohnung war ganz nach meinem Geschmack, oder besser, sein Geschmack gefiel mir. Sogar mein Hobby, das Fotografieren, teilte er mit mir. Und wir wollten beide eine feste Beziehung. Und im Bett war es sowieso Spitze – bis auf die erste Nacht, aber das hatten wir schon.

Warum nicht nach Berlin ziehen, sagte ich mir. Das Abitur war gerade vorbei, studieren wollte ich sowieso nicht, und eine Banklehre konnte ich schließlich auch gut hier machen. Dann könnten wir uns viel öfter sehen, vielleicht sogar zusammenziehen, sobald wir eine größere Wohnung gekriegt hätten.

Ich hatte schon ein Vorstellungsgespräch bei der Commerzbank ausgemacht, da war plötzlich Schluß. Peter wollte nicht mehr. Ich sehe mich noch am Bahnhof sitzen, auf den Zug zurück nach Hamburg wartend, bodenlos enttäuscht und verwirrt.

Hatten wir uns derart im anderen vertan? Was hatte ich falsch gemacht, daß er mich nicht mehr liebte? Tausend Fragen schwirrten mir durch den Kopf, ich war total verzweifelt. Dabei war dieser Schluß keineswegs erstaunlich. Peter war ein ganz anderer Mensch, als ich gedacht hatte. Genauer gesagt: Als ich sehen wollte! Die Beatles und Cat Stevens – wer stand damals nicht auf diese Musik! Seine Wohnung erschien mir nur deshalb gemütlich und vertraut, weil ‹er› dort lebte, es ‹sein› Wohnzimmer, ‹seine› Schlafecke war.

Politisch und sonst trafen wir uns sicherlich auf ganz allgemeinen Standpunkten, aber sobald wir tiefer drangen, wurden die Differenzen so sichtbar, daß ich schleunigst das Thema wechselte. Ich wollte mir meinen Traum nicht kaputtmachen lassen. Na, und für Fotografie interessiert sich ja fast jeder!

Alles nichtssagende Gemeinsamkeiten, gefunden, weil wir sie finden wollten. In Wirklichkeit war unsere gemeinsame Basis minimal. Ich war bloß zu blind, um das rechtzeitig zu merken. Ich war der einsame Schwule, der all seine Sehnsüchte auf den anderen warf und anschließend verwundert guckte, als ihm die Last zu schwer wurde.

Mit riesengroßen Erwartungen gehen wir in eine Beziehung. All unsere Träume sollen sich endlich erfüllen!

> Ich hatte den Wunsch nach einem total engen Zusammensein. Nach einer monogamen Beziehung, wo man zusammen wohnt und alles zusammen macht. So richtig eine Einheit bildet, eins ist. Die romantische Liebe im besten Sinne: Wir lieben uns, es gibt keinen Streit und Zank. Da war immer die Vorstellung, gemeinsam ein Haus zu kaufen, wo wir uns zurückziehen können vom Rest der Welt, schöne Musik hören, lesen und so weiter. Ein ganz normales Leben.
> (Klaus, 29)

Je nachdem, wie krampfhaft wir unsere Augen vor der Wirklichkeit verschließen, und je nachdem, wie sehr der Auserwählte unseren Traum teilt, dauert es kürzer oder länger, bis wir erkennen: Die Wirklichkeit sieht ganz anders aus.

> David kam mit meinen riesengroßen Erwartungen nicht klar. Ich hatte mir alles ganz genau ausgemalt, wie es sein sollte, aber er konnte das unmöglich alles erfüllen! Er sollte

immer für mich da sein, bloß nie schlechte Laune haben, dieselben Dinge tun wollen, zur selben Zeit wie ich selbstverständlich. Wenn ich depressiv war, sollte er mich trösten, und wenn ich mit ihm ins Bett wollte, sollte er auch wollen. Andernfalls vermutete ich, er würde mich nicht mehr lieben oder gar einen anderen. (Martin, 19)

Ein anderer ist enttäuscht, weil sein Freund völlig anders ist, als er ursprünglich dachte:

Seine Überlegenheit, Unerschütterlichkeit – alles nur Fassade nach außen hin. Ein ganz anderer Ulli wurde sichtbar, weich und sensibel. Ich fühlte mich überfordert. Er kam zu mir mit seinen Problemen, sprach mit mir über seine Kindheit. Manchmal fing er an zu weinen und klammerte sich fest an mich. Ich wußte dann gar nicht, wie ich mich verhalten sollte. Ich wollte in Ulli jemanden haben, der stark war und keine Schwächen hat! (Georg, 29)

Dazu kommen – gerade in den ersten Beziehungen – immer wieder Unerfahrenheit und zerstörte Illusionen.

Ich wußte nicht, was ich für ihn empfand. Liebte ich ihn wirklich, oder war ich nur von seinem Rat und seiner Hilfe und auch sexuell von ihm abhängig? Am Anfang war das so, daß ich mich total in ihn verlieben *wollte* und wollte, daß ich *total* in ihn verliebt bin. Ich dachte, das muß so sein.

Und ich war das eigentlich nicht. Ich war unzufrieden mit meinen Gefühlen, ich wollte auf Krampf in ihn verliebt sein. Dadurch ist alles weggewesen. Ich mag ihn ja gar nicht so! Deshalb meinte ich, daß es gemein ist, mit Thorsten zusammenzubleiben, wo er mich liebt und ich ihn nicht. (Ralf, 18)

Meist kommt dazu über kurz oder lang die erschreckende Erfahrung: Manches von dem, was ich mal wollte, ist viel schwerer zu verwirklichen, als ich dachte!

Vorher, allein für dich und voller unerfüllter Bedürfnisse, bist du absolut sicher: Ich möchte all meine Zeit mit meinem Freund verbringen. Nie wieder allein sein, alles zusammen tun. Oder du wünschst dir nichts sehnlicher, als endlich mit einem lieben Menschen ins Bett gehen und deine sexuellen Bedürfnisse ausleben zu können.

Dann ist die Freundschaft da, und du merkst, es kommen ganz viele Ängste hoch. Mach ich was falsch? Wie macht man es eigentlich richtig? Wäre es vielleicht besser, mich nicht so festzulegen und gleich eine Freundschaft einzugehen? Alles ist so ungewohnt und neu, du mußt mit völlig neuen Situationen fertig werden, die du dir vorher gar nicht überlegt hast. Es gibt so höllisch viele Gelegenheiten, komplett durcheinander zu sein.

Wenn du Pech hast, kommen zudem uralte, längst überwunden geglaubte Gedanken wieder hoch.

> Ich dachte damals, daß ich mir alles vielleicht nur einrede, weil ich Angst vor Frauen habe. Mit Frauen wäre es bestimmt viel einfacher. Ich wollte mich am liebsten in mein Bett verkriechen und alles vergessen. (Daniel, 28)

Diese Mischung aus Ängsten und verqueren Gedanken macht alles kaputt, sofern man nicht offen darüber sprechen kann. Zudem sind unsere Bedürfnisse nun mal nicht so einfach gestrickt, wie wir gern glauben. Solange wir uns etwas nur in unserer Phantasie ausmalen, ist alles ganz klar.

> Ich habe mir beinahe jeden Abend vorgestellt, wie ich mit meinem Freund Arm in Arm liege und wir uns andauernd streicheln. Richtig süchtig war ich nach Zärtlichkeit! (Martin, 22)

Als Martin seinen ersten Freund kennenlernt, ist er wahnsinnig glücklich. Endlich kann er soviel schmusen und rummachen und zusammenliegen und kuscheln, wie er will. Weil es dem anderen, Bernd, genauso geht, liegen sie die meiste Zeit im Bett, solange sie beieinander sind.

Nur, nach einiger Zeit reagiert Martin manchmal genervt, sobald Bernd, kaum daß er in der Wohnung ist, ihm um den Hals fällt und ihn zum Bett hinzerrt.

Das war ganz komisch, wo ich doch immer selbst so drauf aus war! Irgendwie konnte ich es auf Dauer doch nicht; es war auch nicht mehr so schön wie am Anfang. Beinahe lästig.

Erst innerhalb einer Beziehung hat man die Chance, seine Sehnsüchte darauf zu testen, was es mit ihnen auf sich hat. Ja sicher, Martin hatte, solange er allein war, den Wunsch, immer und immer mit einem anderen Mann zusammenzuliegen und zu schmusen.

Jetzt, wo er sich diesen Wunsch ständig erfüllen konnte, merkte er: Irgendwann ist es genug, dann brauche ich wieder etwas Abstand. Entsprechend läuft es auch im folgenden Fall:

> Ich habe, solange ich keine Beziehung hatte, immer was ganz Festes gewollt. Eine Art Ehe mit Treu-Sein und Zusammenwohnen, ganz wie ein Hetero-Paar. Seit ich befreundet bin, ist viel passiert. Ich habe mich manchmal eingeengt gefühlt und habe festgestellt, dieser Wunsch nach einer ganz festen Freundschaft ist nur eine Seite von mir. Es gibt Zeiten, da will ich gar nicht befreundet sein, sondern rausgehen, neue Leute kennenlernen. Auch mal mit einem anderen schlafen. (Paul, 25)

Eigentlich nichts Ungewöhnliches. Jeder kennt diese Situation aus dem Alltag: Du freust dich riesig auf den Urlaub, endlich geht es ab in die Ferne, und nach 14 Tagen kriegst du Heimweh. Oder du schlägst eine Einladung zum Essen aus, weil du unbedingt «Denver Clan» sehen möchtest, und dann ist das wieder mal eine so doofe Folge, daß du dich nachträglich über deine Entscheidung ärgerst. Mal ganz abgesehen davon, daß sowieso das, was man nicht hat, allemal reizvoller ist, als das, was man hat ...

Unsere Bedürfnisse liegen im Wettstreit miteinander. Wir wollen – und wir wollen nicht. Nichts ist nur positiv oder nur negativ, es hat immer zwei Seiten. Solange du allein bist, siehst du nur die positiven Seiten des Zusammenseins. Das ist so, wie wenn Städter vom «einfachen Leben» auf dem Lande schwärmen, und nach wenigen Tagen das Generve mit den schlechten Verkehrsverbindungen, die ungewohnte

Stille oder den Dorftratsch nicht mehr aushalten und schleunigst in die Stadt zurückwollen.

Erst nachdem die gewünschte Situation da ist, spürt man die Widersprüche in den Gefühlen und Wünschen, merkt man, daß alles viel komplizierter ist als gedacht.

Dieselbe Erfahrung machen heterosexuelle Jugendliche auch: all die großartigen Hoffnungen, gefolgt von Frust und Trennung. Kurzes ‹Gehen› miteinander, und schon ist es wieder vorbei. Das alles haben Schwule nicht gepachtet. Schließlich bringt einem keiner bei, wie eine Beziehung laufen kann; man muß es sich mühsam selbst erarbeiten. Schritt für Schritt. Heterosexuelle haben jedoch einen entscheidenden Vorteil: Sie fangen in aller Regel viel früher an, Erfahrungen zu sammeln!

Man braucht bloß auf die Straße zu gehen, überall sieht man junge Pärchen. Als Schwuler kann man richtig neidisch werden ... Manch 11jähriges Mädchen hat ihren ‹festen› Freund, wobei der Junge kaum viel älter ist. Wer diese Partnerschaften beobachtet, kann einen Großteil der Schwierigkeiten wiederfinden, vor denen Schwule in ihren Beziehungen stecken. Schaut man sich die Problem-Ecken homosexueller Magazine an, findet man nur wenig Unterschiede zu den Fragen und beschriebenen Konflikten, die bei ‹Dr. Sommer› und in der ‹Bravo› behandelt werden.

Nur mit dem Unterschied, daß wir Schwule schon 18 oder noch älter sind, bis wir es das erste Mal ‹ausprobieren› können! Je älter wir werden, desto schwerer fällt uns die Anpassung an neue Situationen und andere Menschen. Und ausgerechnet die brauchen wir dringend für eine dauerhafte Partnerschaft.

Hier haben wir es also mit einem ‹schwulenspezifischen› Beziehungsproblem zu tun, einer besonderen Klippe, die Homosexuelle umschiffen müssen, wollen sie eine Freundschaft aufbauen.

So enden die meisten schwulen Beziehungen, bevor sie richtig begonnen haben. Statt Illusionen abzubauen, halten wir an unseren Träumen fest, die ein Produkt viel zu langer Einsamkeit und des Sichausgeschlossenfühlens in einer schwulenfeindlichen Umwelt sind. Die Trennung fällt schwer, aber viel schwerer noch wäre, sich zu ändern. Die Erklärung «Er war eben nicht der Richtige, ich muß weiter suchen» ist billige Tünche für den Schmerz, gescheitert zu sein. Mit solchen Sprüchen machen wir es uns zu einfach. Die Suche wird auch in Zukunft immer wieder scheitern, solange wir nicht begreifen, daß Lieben und Eine-Beziehung-haben-Können eine Fähigkeit ist, die völlig unabhängig vom Partner bei uns entwickelt sein muß. Sie fällt nicht vom Himmel, sondern muß gegen viele innere Widerstände entstehen.

Dietrich

Bei einem Besuch im ‹SCHULZ›, dem Kölner Schwulen- und Lesbenzentrum, kam ich mit Dietrich ins Gespräch. Er ist 23 Jahre alt, lebt im Haus seiner Eltern in einer eigenen Wohnung und hat seit 5 Jahren eine feste Beziehung.

Ist das jetzt deine erste Beziehung?

Dietrich: Ja. Ich bin damals das zweite Mal in der Schwulengruppe in Münster gewesen und habe ihn da kennengelernt.
Es ist zwar die erste Beziehung, aber sie hat sich soweit verändert, daß ich sagen kann, daß ich schon ziemlich viele Erfahrungen gemacht habe. In dieser Beziehung.

Vorher hattest du keinerlei schwule Kontakte?

Doch, sicher. Von 'ner Beziehung kann man vorher aber nicht reden. Ich hab etwas Ähnliches gehabt mit einem Älteren, der bei mir in der Nähe wohnt, der war etwa 30. Das war so ein Hineinschauen ins bewußte Schwulsein. Er hatte das Interesse, mit mir 'ne Beziehung einzugehen, 'ne sexuelle natürlich, aber ich hab das nicht mitgemacht. Meine Vorstellung war schon, eine Beziehung mit 'nem Gleichaltrigen aufzubauen.

Welche Vorstellungen von einer Beziehung hattest du damals?

43

Zunächst hatte ich überhaupt keine Vorstellungen. Ich hatte den
 Frank kennengelernt, und das war eine so unheimliche Anziehung,
 daß ich jemand Gleichaltrigen kannte, der auch schwul ist. Münster ist nicht sehr groß, und ich habe einfach die Idealvorstellung
 gehabt, jemanden zu kennen, der schwul ist und mit dem man was
 unternehmen kann, so 'ne Freundschaft einfach nur. So mit durch
 dick und dünn gehen, alles gemeinsam. Wir waren verliebt, und ich
 hatte mir wirklich keine Gedanken darüber gemacht, wie lange das
 hält. Das war im Anfangsstadium eine Sache, die nur was mit 'm
 Augenblick zu tun hatte.
Als wir uns mit der Zeit richtig kennengelernt haben, da hab ich mir
 Gedanken gemacht, daß ich mit ihm zusammenbleiben will, ganz
 definitiv.
Meine Vorstellung war die von einer sehr engen Beziehung, ich
 wollte auch mit ihm zusammenziehen, alles zusammen machen,
 auch sexuell sehr treu sein – das war vielleicht so 'n bißchen Klam-
 mern, Festklammern. Sicher wollte ich auch 'ne Beruhigung auf
 der sexuellen Ebene, daß ich also nicht ständig versuche, meine
 Sexualität mit anderen Personen zu befriedigen.
Das war eine Idealvorstellung, die ich irgendwann aufgegeben
 habe, weil die Erfahrungen gezeigt haben, daß es erstens nicht
 funktioniert und zweitens sich meine Bedürfnisse auch geändert
 haben.
Ich habe gemerkt, daß er an einigen Stellen sehr anders ist als ich,
 und es war dann sehr schwierig, uns erst mal so zu akzeptieren, wie
 wir sind, um irgendwann von einem anderen Ansatz wieder aufeinander zuzugehen.

Wo seid ihr ähnlich und wo unterschiedlich?

Er ist ruhig, hat eine eher zurückhaltende Art, er ist auch ein bißchen
 schüchtern. Ich habe mit ihm noch heute Schwierigkeiten, daß er
 mal sagt, was er möchte. Ich bin offensiver, unternehm sehr viel,
 bin viel zugänglicher vielleicht.
Aber das hat sich zwischen uns zumindest nicht als so 'n Störpunkt
 entwickelt, sondern das ist jetzt harmonisch geworden.
Problem war eher, daß ich eine Idealvorstellung hatte von einem
 Typ, so äußerlich und vom Charakter, und die paßte nicht.

Wie war die?

Vom Typ her männlicher, der große dunkle Mann, irgendwas in der
Richtung. Schnäuzer. Gleichaltrig, im Grunde so wie ich. Etwas
narzißtisch, würde ich sagen.

Und dein Typ war er nicht . . .

Nein, damals nicht. Aber mit Glück habe ich es geschafft, heute in
ihm den auch zu sehen, den ich mir wünsche. Damals war es schon
für mich ziemlich schwer, den Traumprinzen in ihm zu finden. Jetzt
ist er es. Nicht 100 %, aber er kommt dem nahe. Ich weiß nicht, ob
das jetzt viele Kompromisse sind, oder ob man sich nur dran gewöhnt, daß man nicht das kriegt, was man möchte. Aber ich fühle
mich im Moment halt sehr wohl – das ist das Wichtigste.

Warst du denn sein Traumprinz?

Eher, würde ich sagen. Äußerlich zumal. Ich war auch offener, spontaner, kreativer. Das hat ihn, glaube ich, beeindruckt. Er fühlte
sich da zunächst wohler als ich.
Ich hatte das Gefühl, da sind so viele Unterschiede, so viele andere
Vorstellungen, daß ich auch raus wollte.
Es hat bei mir in den ersten zwei Jahren ziemlich viele Ausbruchsversuche gegeben. Das hört sich jetzt fast wie im Gefängnis an. So
'n bißchen hab ich mich auch gefühlt . . . Ich habe irgendwelche
Leute kennengelernt, die mir spontan gefallen haben.

*Aber wieso Ausbruchsversuche? Was hat dir denn damals an ihm ge-
fehlt?*

Ich glaub gar nicht mal, daß das mit ihm zu tun hatte. Ich war im
Grunde unzufrieden mit mir selber und hab das abgewälzt auf ihn.
Ich hab die Lösung in anderen Personen oder anderen Kontakten
zu finden versucht. Jemanden kennenlernen, auszubrechen in die
weite Welt, so 'n Freiheitsbedürfnis.
Bis ich das abgestellt hab, bis ich ruhiger geworden bin, das hat drei
Jahre gedauert.

Aber im Grunde hat das mit ihm gar nicht viel zu tun gehabt. Ich war unruhig und unzufrieden und habe in der Beziehung den Grund dafür gesucht. Weil sie mir nicht hundertprozentig alles gegeben hat, was ich mir mal gewünscht hab. Es hat lange gedauert, bis ich begriffen habe, daß das was mit mir zu tun hat.

Du hast also damals mehrere Leute kennengelernt, mit denen du glaubtest, mehr Gemeinsamkeiten zu haben.

Ja. Ich glaube, das war verbunden mit dem Coming Out. Man will das Schwulsein ausleben, mit anderen Leuten ins Bett gehen. Man geht in Diskotheken, lernt jemand kennen – das geht dann ziemlich schnell. Ich hab da auch nie Schwierigkeiten gehabt, hab auch viele Leute auf die Art kennengelernt, und man probiert es aus, man testet es. Das hat lange angehalten.
Ich bin dann ruhiger geworden und hab es irgendwann angenommen, daß wir nun mal zusammen sind.
Ich glaube, wenn man älter wird, wird man ruhiger. Auf Grund der Beziehung, der Erfahrungen, der Gefühle. Weil sich da was anderes entwickelt, als wenn man mit jemandem nur zwei Wochen zusammen ist. Ich bin aber froh, daß ich das alles durchgemacht habe. Viele Schwule sind nicht in der Lage, Kompromisse zu schließen oder da zurückzustecken.
Vielleicht war es auch die Nähe, wir wohnen sehr nahe zusammen, oder die Gewohnheit, die uns in manchen Konfliktsituationen zusammengehalten hat. Die Zusammengehörigkeit und das Mögen, das habe ich ziemlich früh gespürt, nur die volle Motivation, Kompromisse zu schließen und auch auf was zu verzichten, die entwikkelt sich erst, wenn man sich mit der Beziehung langsam auseinandersetzt und merkt, daß man die Idealvorstellungen nicht erreichen kann und man deshalb auf einer anderen Ebene ansetzt.

Du sprachst vorhin von einer Vorstellung, treu zu sein ...

Ich habe wohl diese Vorstellung als einen Halt empfunden. Ich hab mir gewünscht, daß mein Freund mir treu ist. Obwohl ich es selber nicht einhalten konnte und immer mal wieder mein eigenes Ideal durchbrochen habe. Die Beziehung lief aber trotzdem.

Inzwischen hab ich das Bedürfnis nach einer absoluten Treue schon stärker. Bei ihm ist das nicht so, aber ich glaub, daß da eine Tendenz ist, daß sich das entwickelt. Da will ich ihn auch nicht einengen oder das von ihm verlangen.

Jedenfalls glaube ich, daß die Tendenz zu mehr Treue bei uns beiden da ist, weil wir auch sexuell wirklich gut zusammen klarkommen. Und wenn wir mal zusammen wohnen werden – was ich wünsche –, dann glaube ich, daß sich das noch entwickelt, die Treue ‹rund um die Uhr›.

Ich weiß inzwischen einfach, daß mit einem anderen auf der sexuellen Ebene nichts läuft. Abreagieren ja, aber da ich mit meinem Freund auch sehr häufig zusammen bin, reicht das im Grunde. Mir reicht das. Aber ich wünsche mir diese Treue wirklich ohne Zwänge. Ich kenne Beziehungen, die sich das als Halt auferlegen, und das geht immer nur schief.

Nun wollen ja viele Schwule gern treu sein . . .

Ja, die Wunschvorstellung haben viele. Nur das wirklich zu empfinden und zu praktizieren, das ist ein sehr langer Prozeß, das braucht wirklich eine lange Zeit. Da bin ich unheimlich froh, daß ich das geschafft habe.

Gab es da ein besonderes Erlebnis?

Mein Freund hat jemanden kennengelernt, der ihm sehr ähnlich sieht, der viel ruhiger ist als ich, der ihm mehr gleichkommt. Sie haben sich sehr lange Zeit heimlich getroffen. Das ging so weit, daß sie überlegten, eventuell 'ne Beziehung aufzubauen. Das war für mich schon 'ne ziemlich schlimme Sache.

War das üblich, daß ihr darüber nicht gesprochen habt?

Eigentlich nicht. Früher hab ich das leider auch so gemacht, das bereue ich sehr, und hab auch, wenn ich jemanden kennenlernte, nicht gesagt, daß ich einen Freund hab. Aber das ist lange her, das war in der Anfangsphase, wo ich sehr unzufrieden war und mir meine Freiheit nicht nehmen lassen wollte.

Mein Freund hat sich in den verliebt. Er hat auch selber mit sich gekämpft, was er denn nun will, und es war wohl nicht klar ...

Und du hast das irgendwann mitgekriegt.

Ich hab das gespürt, das war schon mal das Entscheidende. Wenn man so eng zusammen ist, dann spürt man das, wenn er mit jemandem geschlafen hat oder zärtlich mit jemandem gewesen ist. Dann hat er es auch erzählt, aber da war es schon im fortgeschrittenen Stadium.
Zuerst hab ich ihm das sehr übelgenommen. Damals hab ich versucht, die beiden auseinanderzubringen.

Und wie hat sich das aufgelöst?

Es hat keine konkrete Entscheidung gegeben. Der Junge ist nach Göttingen gezogen. Ich weiß nicht, ob es die Umstände gewesen sind oder die Gewohnheit, wir sind dann doch zusammengeblieben und da bin ich sehr froh drüber.
Das war eigentlich nicht unbedingt 'ne gefühlsmäßige Entscheidung. Ich glaub, wenn man in jemanden verknallt ist, dann bewertet man das falsch, sieht die feste langjährige Beziehung nicht so und setzt das Verliebtsein so in den Vordergrund.
So eine Phase muß man eben durchstehen, ohne daß es kaputtgeht.
Meine Erfahrung ist, daß man den Freund nicht unbedingt vor 'ne Entscheidung stellen sollte und ihm mehr oder weniger androht, ihm was wegzunehmen, sondern daß man weiter mit ihm zusammenlebt und versucht, ihm klarzumachen, daß man mit ihm zusammenbleiben will.
Für mich war das eine sehr wichtige Erfahrung, weil es das erste Mal war bei meinem Freund. Ich hatte das ja schon öfter gemacht, aber da hab ich mal an meiner eigenen Haut gespürt, wie das ist. Das hat mich ziemlich verändert. Mich in so einem Punkt anders zu verhalten.

Und daraus ist deine stärkere Ausrichtung zur Treue entstanden?

Ja, denn es kann ja immer wieder passieren, daß man sich verliebt und daß was kaputtgeht.

Wir haben alles einigermaßen überstanden, und darüber bin ich im nachhinein sehr froh. Vielleicht war es nur die räumliche Nähe oder in der Situation einfach die Gewohnheit oder gemeinsame Aufgaben, die einen zusammenhalten.

Es hat häufig auf der Kippe gestanden, nicht nur bei ihm, sondern auch bei mir, aber im nachhinein hat sich die Beziehung doch immer weiterentwickelt.

Wie ist das bei euch, wenn es Streit gibt?

Wir kriegen uns zunächst in die Wolle, haben aber gelernt, damit umzugehen. Wenn wir sauer aufeinander sind, dauert das nicht mehr sehr lange, dann reden wir darüber. Wir schmollen nicht, sondern versuchen, uns da auszusprechen. Es geht eigentlich ziemlich schnell, daß wir uns in den Arm nehmen und sagen, so, jetzt setzen wir uns hin und reden darüber.

Es hat aber lange gedauert, bis wir dahin gekommen sind. Das haben wir erst sehr spät gelernt. Wir haben uns gerade bei unserem Hauptproblem, der Eifersucht, manchmal heftig gestritten.

Es war für mich ein Schlüsselerlebnis, daß wir in den ersten Tagen ein sehr, sehr großes Streitgespräch hatten. Es ging nicht um eine wichtige Sache, irgend so eine Kleinigkeit. Aber wir haben gemerkt, daß wir ganz unterschiedlich sprechen, ganz unterschiedlich formulieren, und daß wir vielleicht auch manches ganz anders als der andere empfinden.

Deshalb haben wir lange gebraucht, bis wir uns richtig verstanden haben, also mit den Wörtern richtig umgehen konnten, so wie der andere sie benutzt.

Wie lange seid ihr zusammen?

Fünf Jahre. Es ist eine sehr ruhige Beziehung, wir haben auch nicht viel Kontakt zu anderen Leuten, es gibt kein großes Schwulenzentrum in Münster oder sonst viele Möglichkeiten.

Und euer Hauptproblem war die Eifersucht?

Ja, es hat sehr lange gedauert, bis ich mich zum Beispiel in der Diskothek oder in der Schwulengruppe mit jemandem unterhalten konnte, ohne daß mein Freund eifersüchtig wurde. Ich mußte aber auch erst lernen, wie ich ihm bei Leuten, die ich kennenlern, ganz deutlich zu verstehen gebe, daß ich eben mal mit diesem anderen reden will, ohne daß das gleich mehr bedeutet.

Inzwischen funktioniert das besser?

Ja. Es ist mehr Vertrauen und Gelassenheit da. Ich hab ihn sehr gerne, und er hat mich auch unheimlich gern, das spür ich. Das spür ich vielleicht nicht jeden Tag, man spürt es meistens erst dann, wenn es zu Problemen kommt.
Unsere Zuneigung ist immer unterschwellig vorhanden, die verschwindet nicht so auf die Schnelle. Das hat mich auch im Laufe der Zeit ruhiger gemacht, daß da so ein konstantes Gefühl da ist.
Unsere Beziehung ist jetzt ganz offen. Ich bin frei mit ihm, und frei, wenn ich nicht mit ihm zusammen bin.
Soweit ist es aber erst seit ein oder zwei Jahren. Das soll nicht heißen, daß wir uns nur noch auf uns zwei konzentrieren. Jemand anders kennenlernen, seine Gefühle für den Partner und den ‹Neuen› zu überprüfen und wieder zurückfinden oder auch die Beziehung neu zu definieren, ist ja nie falsch. Sich nicht so zuzumachen in einer Beziehung finde ich sehr wichtig. So ruhig bin ich nicht geworden, als daß ich nicht mehr die Motivation hab, noch was zu verändern.
Nur sollte man das am besten zusammen versuchen. Ich hab die Erfahrung gemacht, daß die Beziehung eher da ein Hilfsmittel ist, mich weiterzuentwickeln. Weil man sich kennt, weil man sich austauscht ...

Die Freundschaft gibt dir dabei einen Rückhalt ...

Man geht Probleme etwas gelassener an. Man weiß, man hat jemanden, wenn etwas passiert, wo man zusammen mit klarkommt. Das hört sich so 'n bißchen platt an, so wie durch dick und dünn, aber für mich ist es so. Wenn ich was hab, kann ich mit meinem Freund drüber reden.

Ich hab dieses Bedürfnis früher nicht gehabt. Ich war so selbstbewußt, daß ich diesen Ruhepunkt nicht gebraucht habe. Inzwischen
ist das für mich notwendig geworden, diesen Kontakt zu haben ...

Bist du nicht mehr so selbstbewußt?

Das war so ein etwas naives Selbstbewußtsein. Bis ich mir eingestanden habe, so eine Beziehung zu brauchen, um mich wohl zu fühlen,
das brauchte eine gewisse Zeit. Bis ich das wirklich akzeptiert hab.
Er kennt mich so gut, daß er am besten sagen kann, wo ich was
falsch mache, er kennt meine Macken und hilft mir dabei, mich
weiterzuentwickeln. Er überzeugt mich auch am meisten, von ihm
laß ich mir am ehesten was sagen.

Du lebst noch bei deinen Eltern?

Ja, wir haben ein großes Haus mit zwei Eingängen. Ich habe unten ein
sehr großes Zimmer mit Küche und Bad, kann da kommen und
gehen, wann ich will, und stör keinen. Das ist mir momentan auch
ganz lieb.
Wenn ich Besuch kriege oder mein Freund da ist, versuche ich
trotzdem, daß meine Eltern das nicht so direkt mitkriegen. Wenn
sie es wissen, wenn sie es irgendwo fühlen, daß ich schwul bin, ist
das irgendwie okay, aber wenn das auf konkrete Beispiele stößt,
dann tut es ihnen immer noch weh. Ich verhalt mich dann auch so,
daß ich das umgehe.
Man lernt ja doch als Schwuler, sich nicht als solcher zu geben und
baut das im Endeffekt nicht mehr ab. Selbst wenn man offen
schwul lebt, kennt man die «peinlichen» Stellen immer noch genau.

Wie ist das Verhältnis zu deinen Eltern?

Nicht sehr positiv. Meine Eltern sind sehr wohlhabend und haben sich
immer den Sohn gewünscht, der das Geschäft übernimmt. Mein
Vater hat viel auf mich projiziert, da habe ich sehr drunter gelitten.
Er hat viel zu brutal in meine Entwicklung eingegriffen.
Mit meinem Vater habe ich ziemlich große Schwierigkeiten, immer
noch. Er akzeptiert mein Schwulsein im Endeffekt immer noch

nicht. Meine Mutter ist etwas aufgeschlossener und hat sich auch etwas von meinem Vater distanziert. Sie hat sich mit dem Problem ein bißchen auseinandergesetzt.

Mein Vater hat die Nazizeit voll mitgekriegt, im Krieg, irgendwo im Heim. Das Ganze sieht er sehr positiv, und grundsätzlich ist er nicht gut auf Schwule zu sprechen.

Es sind sehr viele Dinge, die uns trennen. Gefühlsmäßig war da auch nie viel, kein intensiver Kontakt, immer sehr oberflächlich. Er war halt mein Vater, er ist immer dagewesen, bezahlt mir das und das – im Grunde läuft alles über meine Mutter ab.

Ich habe aber, ehrlich gesagt, auch nie den Versuch gemacht, da definitiv was zu unternehmen, ihm 'ne Veränderung beizubringen. Das liegt daran, weil er den Dingen genauso aus dem Wege geht wie ich. Die Auseinandersetzung auch nicht will. Ich glaube, er hat sich damit insofern abgefunden, daß er mein Schwulsein zumindest in so einer vorläufigen Stimmung akzeptiert.

Hat die Beziehung zwischen deinen Eltern dich beeinflußt?

Ja, auch. Zuerst hab ich mich nicht damit auseinandergesetzt, und als ich dann selber eine Beziehung hatte, hab ich natürlich meine Eltern so als Beispiel mal angeguckt. Daß da nicht alles in Ordnung ist, hab ich auch festgestellt.

Meine Eltern haben 'ne ganz normale Familie, zwei Kinder und so. Ihre Beziehung besteht sicher zum größten Teil nur aus Trott, aus Gewohnheit.

Sie haben getrennte Schlafzimmer – mehr weiß ich im Grunde nicht. Aber vom persönlichen Kontakt her, Zärtlichkeiten und so, ist es für mich nicht gerade die Idealvorstellung.

Gut fand ich, daß meine Mutter offener geworden ist. Als meine Schwester auszog, hat meine Mutter angefangen, sich damit auseinanderzusetzen, daß Kinder ihren eigenen Weg gehen wollen, daß die sich eben so entwickeln, wie sie sich halt entwickeln, und nicht, wie die Eltern es gern hätten. Das fand ich positiv.

4. Kapitel
Die Sache mit dem Unterschied

Wenn ich daran zurückdenke, kriege ich heute noch rote Ohren, so peinlich ist mir das Ganze. Es passierte im September 1976.

Sechs Monate waren Willi und ich schon befreundet, als wir zum erstenmal miteinander Urlaub machten. Für ein paar Tage, bei Geli und Georg in Berlin. Eines Abends kriegten wir uns beim Essen in die Wolle, weil ich das ganze Brot in viel zu dünne Scheiben geschnitten hatte. Verblüfft mußte ich feststellen, daß es tatsächlich Leute gibt, die gerne dickere Schnitten essen als ich!

Natürlich ging es nicht um die Brotscheiben – wie es bei ‹Ehekrach› über irgendwelche Lappalien auch stets um etwas geht, was dahintersteckt. Es ging darum, mit welcher Unverfrorenheit ich in allem meine Sicht der Dinge und meine Vorlieben als das einzig Wahre und Vernünftige hinstellte. Brot, dicker als etwa soviel geschnitten – das schmeckt doch gar nicht! Leider stand es drei zu eins, daß dicke Schnitten sehr wohl schmecken können ...

Diese Geschichte blieb mir bis heute im Gedächtnis, weil sie so banal und treffend meine damalige Ansicht widerspiegelt, andere Menschen würden genau das gleiche mögen, genau das gleiche fühlen, genau das gleiche wollen wie ich.

Aber war das nicht auch einer der Gründe, weshalb ich Willi liebte: weil wir uns ähnlich waren?

53

Wir waren uns tatsächlich ähnlich, in vielen Bereichen. Beide engagierten wir uns in einer Schwulengruppe, beide hatten wir eine deutlich linke Weltanschauung, wir fotografierten beide gern, wir lasen beide gern, wir hatten beide viel Spaß an Zärtlichkeit und Sexualität.

So doof es klingen mag, aber das Berliner Graubrotschnitten-Erlebnis inklusive Gelis Schimpfereien, ich würde Willi andauernd vorschreiben, was er wie zu machen habe, hat bei mir die bis dahin sorgsam gehätschelte Illusion von Willis und meinem ‹Gleich›-Sein zerstört.

Eine Illusion war es allemal. Willi war in den weitaus meisten Dingen völlig anders als ich, hatte andere Interessen, andere Vorlieben, andere Verhaltensweisen. Bloß wollte ich das am Anfang nicht sehen.

So geht es den meisten Menschen, die eine enge Bindung eingehen. Zuerst freut man sich über festgestellte Gemeinsamkeiten. Wie toll, er hört die gleiche Musik wie ich! Er tanzt auch so gerne! Er fühlt wie ich, denkt wie ich. Hatten wir alles schon mal im 3. Kapitel. Und was ist dran? Nichts ist dran, absolut nichts. Spätestens nach ein paar Monaten wird eine neue Platte aufgelegt: «Wir sind ja soooo verschieden!»

Ist das denn ein Wunder? Zwei Menschen, selbst eineiige Zwillinge, erleben und erfühlen die Welt um sich herum nie auf exakt dieselbe Art und Weise. Das gesamte menschliche Verhalten ist unglaublich vielfältig, und die Zahl der Kombinationen geht in die Milliarden, wie soll es da zwei übereinstimmende Kombinationen geben, die ausgerechnet auch noch beide in Deutschland leben, beide schwul sind, einander begegnen und sich dann auch noch ineinander verlieben?

Noch nie habe ich – auch bei den langandauerndsten Partnerschaften nicht – auf die Frage «Wie hast du diese Situation erlebt? Wie ist es dir dabei gegangen?» von beiden die gleiche Antwort bekommen!

> Karsten: Wenn wir Streit haben, möchte ich jedesmal am liebsten weglaufen. Ich halte das nicht aus und kriege eine wahnsinnige Angst, alles geht kaputt!
> Michael: Und ich bemühe mich immer, Konflikte gleich zu klären. Ich habe viel mehr Angst davor, daß sich das sonst unterschwellig äußert. Lieber ein reinigendes Gewitter, als Problemen aus dem Weg zu gehen.

Björn: Genaugenommen bin ich furchtbar romantisch. Ich
könnte stundenlang am Kaminfeuer sitzen und träumen.
Aber Edi hat keine Lust dazu. Der ist so schrecklich
nüchtern!
Eduard: Ich weiß halt nicht, was das soll, ich finde das langweilig. Da sehe ich mir lieber einen spannenden Film im
Fernsehen an.

Obwohl diese beiden Freundespaare seit langem zusammen sind,
stört sie diese Andersartigkeit selbst heute noch. Wieso?

Mach doch mal ein Experiment! Geh in den Park, an einen Teich,
und schau dir die Enten an. (Die Enten, sagte ich, nicht die Männer!)
Einen großen Teil des Jahres schwimmen männliche und weibliche
Enten mehr oder weniger getrennt ihres Weges. Nur zur Paarungszeit
besinnen sich die Männchen scheinbar eines Besseren, vollführen al-
lerlei eintönige Balztänze und fallen dann über diejenigen Weibchen
her, die nicht rechtzeitig Reißaus nehmen.

Solltest du zufällig einige Schwule dort im Park antreffen, die ebenfalls recht eintönige Balzversuche machen, heißt das noch lange nicht,
daß es keinen Unterschied zwischen Mensch und Tier gibt ...

Das Wesentliche ist nämlich: Tierisches Verhalten folgt vorgegebenen Instinkten. Der Erpel muß balzen, ob er will oder nicht. Und die
Ente muß sich begatten lassen, ob sie nun gerade Lust dazu hat oder
viel lieber ihre Ruhe hätte. Das ist halt der ‹Paarungstrieb›, instinkt-
mäßig einprogrammiert im Gehirn aller Enten und Erpel, um die
Fortpflanzung zu garantieren. Genauso funktioniert es bei Schwei-
nen, Ratten oder Gänsen. Außer vielleicht bei den lesbischen Gänsen, von denen die Fachpresse berichtet ...

Trotz gegenteiliger Beteuerungen mancher Familienpolitiker, es
gäbe solch einen ‹Fortpflanzungstrieb› auch beim Menschen, sind wir
‹nackten Affen› allerdings verhältnismäßig ‹instinktfrei›. Den festge-
fügten und vererbten Verhaltensweisen beim Tier steht beim Menschen die große Lernfähigkeit gegenüber. Wir können nicht nur, wir
müssen lernen! Lernen, unser Leben in den Griff zu kriegen, lernen,
uns auf andere Menschen einzustellen. Das macht das Ganze so unsicher!

Woher soll man wissen, wie andere reagieren auf das, was man tut,
woher ahnen, wie man sich ‹richtig› verhält? Wie erleichternd ist da

das Gefühl, der andere würde ähnlich fühlen und denken wie man selbst. Man könnte ihn besser verstehen und sich selbst verstanden fühlen. Außerdem scheint das Verhalten des anderen in diesem Fall der ‹Beweis› dafür zu sein, daß man selbst sich ‹richtig› verhält. Sicherheit, Vertrautheit und Nähe entstünde – und danach sehnen wir uns.

Dies ist einer der Gründe, warum wir so gerne wollen, unser Partner wäre ebenso wie wir selbst. Die wunderschönen Ideale von den ‹passenden› Partnern aus Filmen und Märchen sitzen uns ebenfalls im Nacken und blasen uns kluge Volksweisheiten ins Ohr: «Gleich und gleich gesellt sich gern!»

Minderwertigkeitsgefühle machen den dritten Grund aus. Wir tun uns schwer, anderes Verhalten als unser eigenes zu respektieren, weil wir es als Kritik an unserem Verhalten deuten. «Wenn er das anders macht als ich, muß ja eins von beidem falsch sein!» Mit einem gesunden Selbstbewußtsein könnten wir sagen: «O. K., du machst es anders, weil du eben du und ein anderer Mensch bist. Damit ist aber weder dein Verhalten noch mein Verhalten ‹richtiger›; es ist einfach anders.»

Anderssein richtet sich nicht gegen mich, sondern gehört zu diesem anderen Wesen genauso wie seine Nase und seine Füße. Aber das muß man erst mal begreifen – mit dem Kopf und mit dem Bauch.

Wenn es überhaupt ein überall anzutreffendes Partnerschaftsproblem gibt (sowohl bei Schwulen und Lesben als auch bei Heteros), dann ist es dies: Mit der Andersartigkeit des Partners (oder der Partnerin) umgehen zu lernen und sie zu akzeptieren, ob sie einem nun gefällt oder nicht.

Immer wieder glauben einige, dieses Problem ließe sich dadurch in den Griff kriegen, daß sie sich an den Freund anpassen. Also ihr Verhalten soweit ändern, bis sie ‹zusammenpassen›. Das war und ist eine bei Hetero-Ehen äußerst beliebte Art, ‹glückliche› und dauerhafte Partnerschaften zustande zu bringen.

Dummerweise funktioniert das nicht. Derjenige von beiden, der sich an die Eigenarten des anderen anpaßt, der versucht, ganz so zu sein, wie der andere ihn haben will und wie der es für richtig hält (bei heterosexuellen Ehen ist das in der Regel die Frau), zahlt fürchterlich drauf. Er zahlt mit Haß auf sich selbst – weil er pausenlos sich selbst und sein Wesen verleugnet –, und er zahlt mit Haß auf diejenige Person, derentwegen er sich anpaßt.

Habe ich erst einmal angefangen, mich anzupassen, mündet das Ganze entweder in immer weiter gehender Selbstvergewaltigung, weil schon der aufkommende Haß bedrohlich wirkt und ebenfalls verdrängt werden muß. Oder in einem explosionsartigen Ausbruch, bei dem all die so lange unterdrückten Bedürfnisse und Eigenschaften wie eine Bombe dem anderen vor die Füße geschmissen werden. Was die Freundschaft dann natürlich in Gefahr bringt, wie der Bericht von Andreas zeigen wird. Aber bei Andreas war damit wenigstens der Weg frei für mehr Freiheit im Anderssein. Klaus wußte jetzt wenigstens, daß Andreas teilweise anders war als er, und konnte versuchen, damit klarzukommen.

Weitaus bedrohlicher wird es immer, wenn die Illusion der Übereinstimmung bestehenbleibt, weil der eine sich weiter anpaßt. Je länger die Beziehung andauert, desto größer werden die Probleme. Statt Vertrauen wächst Mißtrauen. Statt Zuneigung wächst Haß.

Demgegenüber werden Partnerschaften, in denen offen und ehrlich über die unterschiedlichen Bedürfnisse und Gefühle gesprochen wird und in denen die Andersartigkeit des Freundes als Bereicherung erlebt wird, eher einfacher. Das Verständnis füreinander wächst, man kennt sich immer besser und kann deshalb immer richtiger einschätzen, wie man in positiver Form miteinander umgehen kann. Anpassung in Form von Sich-selbst-Verleugnen ist ein vollkommen untauglicher Versuch, mit bestehenden Unterschieden klarzukommen.

Kaum vielversprechender ist, den anderen ändern zu wollen. Eartha Kitt hat das in einem Fernseh-Porträt wunderschön ausgedrückt: «Ein Mann soll mich und meine Art akzeptieren, aber er muß auch Respekt vor sich selbst haben. Dann wird er verstehen, daß er mich nicht zu verändern braucht. Wir sind zwei Individuen, die etwas miteinander teilen – unsere Liebe.» Viele interviewten Paare sprachen dasselbe von sich aus an.

> Wir wissen beide, daß es völlig falsch wäre, einen Menschen umformen zu wollen. Man muß den so akzeptieren, wie er ist. Denn ich lasse mich nicht ummodeln, und ich kann meinen Partner nicht ummodeln. Natürlich muß man Kompromisse schließen, aber das ist etwas anderes, als wenn man gezwungen wird. (Wolfgang, 60)

Niemand läßt sich mit Druck ändern! Im Gegenteil: Wir alle reagieren auf Änderungsversuche eher störrisch. Versucht jemand, uns ganz bewußt nach seinem Willen zu formen, dann lehnt sich alles in uns auf. Statt nachzugeben, beharren wir erst recht auf unseren Eigenarten, ja beginnen womöglich, nach und nach denjenigen zu hassen, der uns zu ändern versucht. Nicht bloß, weil wir nun mal soundso viel Jahre auf diese Weise gelebt haben und sich ein bestimmtes Verhalten eingespielt hat. Änderungsversuche durch andere wecken in uns auch wieder die alten Ängste: «Ich bin nicht okay! Ich werde so, wie ich bin, mit all meinen Fehlern, nicht geliebt, sondern verachtet.» Derartige Ängste hat jeder, der eine mehr, der andere weniger. Und diese Ängste tun weh.

Um den Schmerz zu betäuben, wehren wir uns mit Händen und Füßen gegen Veränderungen. Etwas später vielleicht, wenn wir uns vom Partner verstanden und geliebt fühlen, können wir zugeben, daß etwas an unserem Verhalten nicht stimmt. Womöglich versuchen wir dann auch, etwas zu ändern, sofern unser Freund unter diesem Verhalten leidet. Nur tun wir es dann freiwillig und weil wir ihn gern haben, ganz allmählich und in kleinen Schritten.

Jetzt habe ich aber mal eine Frage: Warum denn ändern? Abgesehen davon, daß es nicht funktioniert – sind denn Unterschiede zwischen Partnern wirklich so schlimm? Wem auch immer ich die Frage stellte, ob er und sein Freund sich ähnlich wären, die Antwort war meist «nein».

> . . . wir sind total unterschiedlich! Ich interessiere mich sehr für politische Sachen, er mehr für Meditation und Religionen. Ich achte mehr auf Kleidung, er nicht in dem Maße. Er ist Vegetarier, ich nicht. Usw. usf. (Ingolf, 26)

> Manfred und ich haben im Lauf der Zeit gemerkt, daß unsere Interessen im Freizeit- oder Hobbybereich extrem auseinandergehen. (Volker, 35)

Meist kam gleich anschließend, wieso das keinesfalls schlimm, sondern sogar sehr gut sei.

Vielleicht war das sogar für uns die Chance, warum die Beziehung so lange dauert. Daß wir nicht aneinander kleben, manchmal ziemlich getrennte Wege gehen und dann wieder sehr schön zusammen sind. (Volker)

Wie langweilig muß das sein, wenn der andere die gleichen Vorlieben hat, sich für dasselbe interessiert – kein Geheimnis ist mehr zu ergründen, nichts Neues zu entdecken!

Ich bin, bevor ich Rüdiger kennenlernte, so 'n richtiger Schlamptyp gewesen, so vom äußeren Erscheinungsbild. Ich war gewohnt, immer nur in Jeans zu gehen. Und wie das in den 60er Jahren war, waren die auch immer eng. Dann irgendein Hemd von C & A dazu, meine Lederjacke, und dann war das geritzt. Weiteres interessierte mich nicht, im Gegenteil. Ich hab eigentlich immer ein bißchen argwöhnisch auf die geguckt, die sich so zurechtmachen.
Nun ist Rüdiger aber auch ein Typ, der sich gern ein bißchen zurechtmacht. Ich habe da von ihm gelernt. Wir sind losgegangen, und haben mir andere Sachen gekauft, schöne Hosen beispielsweise.
Er ist auch künstlerisch sehr ambitioniert, er malt selbst und erstellt Grafiken. Auf dem kulturellen Gebiet hab ich sehr viel dazugelernt.
Nun könnte man das als Mühsal bezeichnen. Aber ich finde, Freundschaft ist eine Aufgabe, weil man miteinander wachsen muß, oder sie geht auseinander. Und ich finde, es ist eine unheimlich aufregende Aufgabe! Wenn ich mir überlege, was ich von meinen Freunden alles mitbekommen habe, gerade weil die anders waren als ich – also ich hege den Verdacht, daß ich ein ganz schönes Doofi wäre! (Michael, 45)

Unterschiedlich sein, verschiedene Fähigkeiten und Verhaltensweisen haben, ist doch geradezu Voraussetzung dafür, daß wir uns gegenseitig anregen (nicht bloß im Bett). Abwechslung statt Langeweile, Entwicklung statt Stillstand ist möglich, wo bei Gleichheit bald jegliche Spannung flötengeht.

Nur wo der andere anders ist als wir selbst, können wir dazu ermuntert werden, neue Seiten an uns selbst zu entdecken und zu entwikkeln.

> Ich finde, daß ich durch die Freundschaft an Selbständigkeit gewonnen habe. Selbständigkeit kann auch abfärben. Wenn einer von beiden, wie der Martin, selbständiger ist oder wirkt, daß der andere, also ich, versucht, auch selbständig zu werden. (Walter, 42)

Solange wir das Unterschiedlichsein nicht akzeptieren, nehmen wir Unehrlichkeit in Kauf (weil beide das immer offensichtlicher zutage tretende Verschiedensein zu verbergen versuchen) und verhindern, daß wir uns zum Besseren hin verändern.

Jetzt kommt das große Aber! Alle mal herhören, denn jedes Ding hat seine zwei Seiten.

Unterschiedliche Interessen – schön und gut, verschiedene Hobbies – aufregend, kontrastierende Fähigkeiten – prima! Bloß in manchen Bereichen sind Ähnlichkeiten zweifelsfrei vorteilhaft für eine enge Freundschaft. Im Gefühlsleben etwa oder in den ganz grundsätzlichen Bedürfnissen oder der allgemeinen Lebensführung.

> Was wir gemeinsam haben, ist ein fast unendliches Bedürfnis nach Wärme. Egal, wo wir sind: Wenn ich mit Frank zusammen bin, fühle ich mich geborgen, irgendwie zu Hause. Zum anderen, daß wir beide fast immer Klartext reden, nicht um den heißen Brei rumreden ...
>
> In den grundsätzlichen Sachen haben wir viele Parallelen, nur darin, wie sich das umsetzt in bestimmte Interessen, gehen wir ziemlich getrennte Wege. (Ulli, 27)
>
> Vor allem unsere Gefühlswelt liegt sehr nahe beieinander. Viele Probleme braucht man gar nicht zu diskutieren, sondern wir haben das gegenseitig gefühlt, wie weit man gehen kann, wo ist die Grenze, was kann man dem anderen zumuten und was nicht. (Martin, 41)

Nicht, ob sich beide für die Blumenzucht interessieren oder Briefmarken sammeln oder klassische Musik hören, ist bedeutsam, sondern ob

60

sie in der Grundstimmung zusammenpassen beziehungsweise nicht allzuweit voneinander entfernt sind. Und selbst hierbei gilt es, nicht allzu vorschnell Differenzen festzuschreiben. Zwischen den meisten Menschen finden sich mehr Gemeinsamkeiten, als an der Oberfläche sichtbar wird.

Nehmen wir einmal Eberhard, der seit vier Jahren mit Leo befreundet ist. Eberhard ist äußerst liebenswürdig zu allen, sehr zuvorkommend und herzlich, während Leo eher verschlossen, distanziert und etwas egoistisch wirkt. Als ich die beiden kennenlernte, war mir Eberhard spontan sympathisch, aber gegenüber Leo blieb mein Verhältnis merkwürdig kühl.

Als ich Eberhard darauf ansprach, erzählte er mir von einer Auseinandersetzung, die sie im ersten Jahr ihrer Freundschaft hatten. Leo wollte keine allzu enge Beziehung und wie früher auch mit anderen Männern ins Bett gehen, Eberhard lehnte so was innerhalb einer Beziehung ab. Es kam zum Krach, und Eberhard weigerte sich, weiterhin mit Leo zusammenzubleiben. Lieber wollte er sich trennen, als gegen seine Gefühle handeln zu müssen.

Bis zu diesem Zeitpunkt hatte Leo vergleichsweise cool darauf reagiert. Als es aber Zeit zum Aufbruch war, blieb er einfach sitzen.

> Da habe ich zum erstenmal gesehen, daß er weinte. Das hat mich unheimlich berührt, und ich habe auch angefangen zu weinen. Wir saßen da und weinten. Er nahm mich in den Arm und sagte: Nun sehe ich, wie es wäre, wenn du nicht mehr da bist. Ich glaube, ich brauche dich. Ich will, daß du mit nach Hause kommst und wir zusammenbleiben ...
> Wenn ich ganz ehrlich bin, muß ich zugeben, daß ich doch gerne mit jemandem zusammenwohnen möchte. Aber ich wollte meine Gefühle nicht zeigen, damit sie nicht wieder verletzt werden. (Leo hatte sehr unter dem Zerbrechen seiner letzten Freundschaft gelitten; Th. Grossmann)
> Es war wie ein Damm, der gebrochen war! Alles, was ich wollte, wollte er auch, aber er wollte es nicht zeigen. Während ich alles offen sagte und meine Gefühle offen zeigte, saß er nur einfach da und hat alles für sich behalten. Auf einmal kam alles raus. Erst seit dieser Nacht sind wir wirklich zusammen. (Eberhard, 25)

Tief drin in uns allen steckt eine Anzahl von Bedürfnissen und Sehnsüchten, die man unserem oberflächlichen Verhalten oft nicht ansieht.

Ein gutes Mittel, die vorhandenen Gemeinsamkeiten ans Tageslicht zu befördern, ist größtmögliche Offenheit und die Bereitschaft, über die eigenen Ängste zu sprechen. Sobald diese Bereitschaft mit Interesse beantwortet wird, wenn du also genau hinhörst und versuchst, die Gefühle des Freundes zu verstehen, was ihm Kummer macht, was ihm weh tut, oder auch einfach, was er erlebt hat, wächst mit der Zeit das gegenseitige Vertrauen (sofern auch du offen über deine Gefühle sprichst) und das Verständnis füreinander.

Das ist doch gerade das Dilemma: Weil jeder seine Erfahrungen und Erlebnisse anders bewertet, ist das gegenseitige Verständnis schwierig. Eberhard hatte das Gefühl, Leo will überhaupt keine enge Beziehung. Anders konnte er dessen Verhalten nicht verstehen. Erst als Leo sich traute, von seiner Angst, wieder allein gelassen zu werden, zu erzählen, konnte Eberhard ihn begreifen.

Dieses offene Miteinander-Reden, sich dem anderen offenbaren, um sich gegenseitig zu verstehen, traf ich eigentlich überall an, wo zwei Schwule lange Zeit miteinander befreundet waren.

> Reinhard hatte, ähnlich wie ich, sehr schlimme Erfahrungen mit schwulen Beziehungen gemacht, wo Verletzungen und Demütigungen viel vorkamen, aber nie angesprochen wurden. Deshalb haben wir gerade im Prozeß des Kennenlernens immer sehr schnell geklärt: Wie hast du das gemeint, was hast du dabei empfunden, als ich das und das gemacht habe. Also Offenheit in einem Bereich, wo es mir bisher nicht so vertraut war.
>
> Sehr, sehr viel Vorsichtigkeit und Nachfragen. Das hat zu einer großen Vertrautheit geführt und zu dem Bedürfnis, ihn ganz stark in mein bisheriges Leben mit reinzunehmen, ihm auch Dinge zu erzählen von früher, meinen ganzen Hintergrund. (Bernd, 39)

Zuhören, am anderen Anteil nehmen und dadurch Interesse zeigen ist der beste Gemeinsamkeitenschaffer, den es gibt!

Ingolf

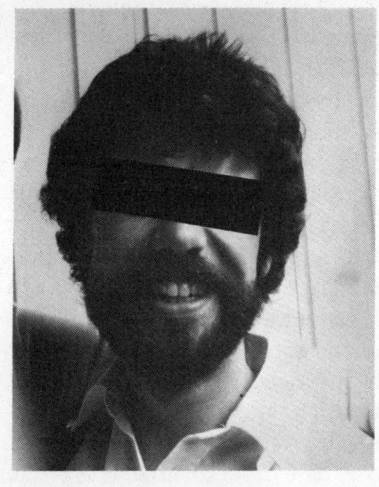

Ingolf (27) will Lehrer werden (deshalb geht es leider nicht ganz ohne Balken) und hat im letzten Jahr sein erstes Staatsexamen bestanden. Er wohnt mit Jürgen (35) zusammen, mit dem er seit einigen Jahren befreundet ist.

Wie lange bist du jetzt mit Jürgen zusammen?

Ingolf: 4 ¼ Jahre genau.

Aber du streichst nicht mehr jeden Monat im Kalender an...

Der Hochzeitstag wird schon gefeiert, sonst nichts (lacht).

Vielleicht erzählst du mal von Anfang an.

Ich hab drei oder vier Mädchenbeziehungen gehabt, allerdings nie mit Mädchen geschlafen, hatte immer so platonische Beziehungen, wollte auch nie mehr. Die haben sich dann auch abgewendet, weil ich ihnen zu langweilig war...
Das meiste war noch mit 14, 15. Danach kam gar nichts! Ich hab nur in der Stadt immer den Pärchen hinterhergeschaut; ich war immer ganz fasziniert! Im nachhinein weiß ich genau, was es war: Ich hab mir einzig und allein die Typen angeguckt!

63

Mit 19 hatte ich dann eine kurze Beziehung mit einem Schulfreund und bin dann nach Hamburg zum Zivildienst gekommen.

Da hab ich dann zwei Beziehungen auf einmal gehabt, zu einem Älteren und zu einem Gleichaltrigen. Ich habe beide innerhalb von 24 Stunden kennengelernt, den einen in der einen Nacht, den anderen am Abend drauf. Ich war völlig überfordert, zu sagen, für wen ich mehr Gefühle empfinde. Beide Beziehungen gingen nach wenigen Monaten in die Brüche, wobei die mit dem Älteren auf 'ner platonischen Ebene sehr gut weiterging und auch heute noch besteht. Ich muß dazu aber sagen, daß ich unheimlich unreif war. Aber die Erfahrungen, die ich da gemacht habe, waren einfach notwendig, um für spätere, dauerhafte Beziehungen reif zu werden.

Ich mußte wohl erst mal mein Schwulsein ausleben. D. h. also erst mal, ich mußte Typen kennenlernen, ich mußte mit denen ins Bett gehen. Ich mußte erst mal überhaupt erleben, wie ein Mann mit einem Mann zusammenleben kann. Ich hatte total verquere Vorstellungen vom Schwulsein. Meine Vorstellung war von ganz rabiat männlich, Leder – obwohl ich so was wie Lederszene nicht kannte –, peitschenknallende Ledertypen, und auf der anderen Seite dieser total feminine Typ.

Welche Vorstellungen hattest du von schwulen Beziehungen?

Ich hatte gar keine. Keine klare Vorstellung, wie eine schwule Beziehung sein könnte. Ich hatte halt gewisse Vorstellungen von Zärtlichkeit, von Harmonie, von Geborgenheit und auch schon von monogamer Beziehung. Die habe ich natürlich mitgebracht aus meiner ganzen Erziehung. Als ich glaubte, ich sei heterosexuell, hatte ich diese Vorstellung auch immer. Ich bin mit Freunden in theoretischen Gesprächen immer furchtbar aneinandergerasselt, weil es damals in der Schule modern war, zu sagen, man kann mit mehreren Partnern zusammen . . . Und ich konnte nie . . . Also, Vorstellung war: kuschelige, harmonische Zweierbeziehung mit sehr viel Zärtlichkeit. Das war mein Wunschtraum mit einem Mann.

Hast du einen Traum-Mann gehabt?

Nur äußerlich, nicht charakterlich. Ich hatte nur diese Vorstellung von strohblond und blaue Augen. Ich hab überhaupt nicht auf

dunkle Typen oder Ausländer gestanden. Obwohl, heute finde ich
die schon sehr interessant.

Und altersmäßig?

Altersmäßig gar keine Vorstellung. Ich bin da wirklich offen so reinge-
stolpert. Sicherlich, ich nehme an, er hätte nicht jünger sein dürfen.
Ich galt damals immer als etwas reifer, und ich hätte keine Lust
gehabt, mich mit 16-, 17- oder 18jährigen abzugeben. Ganz abgesehen vom Paragraphen 175, darüber machte ich mir sowieso keine
Gedanken. Nee, also gleichaltrig bis älter.

Du hast also mehr ‹rumprobiert› und Erfahrungen gesammelt?

Ja, aber nicht so ein Von-Bett-zu-Bett-Hüpfen. Eher sehr vorsichtig.
Meine Vorstellungen von Treue und Monogamie haben mich natürlich gehindert, so durch die Betten zu steigen. Oder in der Szene
rumzulaufen. Was ich aber trotzdem getan hab. Wobei Szene für
mich in der ersten Zeit immer so was von anziehend bis abstoßend
gehabt hat. Abstoßend wohl mehr aus Unsicherheit. Ich ging mit
wackligen Knien rein, weil ich wußte, jetzt war ich ’ne Schaufenster-
puppe, die sie anstarren konnten. Das hat mich immer verunsichert.
Ich war natürlich auf der Suche nach einem Partner – nicht nach einer
Wochenend-Beziehung oder so etwas –, gleichzeitig meistenteils
aber sehr zurückhaltend. Da geschah erst mal nicht viel. Es lief gar
nix, bis ich einen Typen kennenlernte, den Bernd, und das war dann
gleich die erste große Liebe.

Du hast also tapfer allen Versuchungen widerstanden?

Ich war sehr auf Zweierbeziehung aus und nicht dies abgefuckte Quick-
Fick. Da hatte ich immer etwas Hemmungen. Obwohl ich es vielleicht auf der anderen Seite sehr reizvoll gefunden hätte, ab und zu
mal . . . Und im nachhinein würde ich sogar sagen, hätte ich vielleicht
machen sollen, um zu erleben, wie das so ist . . . Aber das habe ich
abgeblockt.
Im Frühjahr ’80 hab ich eine sehr unruhige Phase gehabt, weil ich
unbedingt einen Mann kennenlernen wollte. Ich bin jeden Tag von

ziemlich weit draußen mit dem Rad in so ein schwules Café gefahren. Und da ist mir ein Typ aufgefallen, gleich am ersten Abend, blond, blaue Augen.

Ich hab ihn mehrere Abende nacheinander dort gesehen, und schließlich hat er mich angesprochen. So ein Gefühl füreinander entwickeln, rumschmusen, sich sehr liebhaben – das war innerhalb von einer Stunde entschieden. Ich bin da wirklich reingestürzt, denn ich hab da so ein Defizit gehabt, und der Typ sprach mich unheimlich an. Wir haben uns für den nächsten Tag verabredet, und dann war eigentlich alles klar. Wir merkten, daß wir uns sehr gerne mochten und gerne was miteinander machen wollten. Schon am zweiten Tag sind wir miteinander ins Bett gegangen, und von da ab lief die Beziehung zwei Monate lang. Sehr intensiv.

Er traf vom Gespräch her meine Neigungen, und sexuell stimmte das vollkommen. Ich wußte früher nicht, ob ein Mann so zärtlich sein kann wie eine Frau, aber das erlebte ich hier. Mir gefiel auch sein Aus-der-Rolle-Fallen unheimlich gut, daß er seine Kleidung selbst nähte und so.

Nachteil der Beziehung, der auch letztlich zum Scheitern geführt hat, war ein sehr äußerlicher Faktor. Ich habe, das war kurz vor Beginn meines Studiums, in einem Betrieb gearbeitet, bin immer um sechs Uhr aufgestanden und habe versucht, acht Stunden zu arbeiten, acht Stunden mit Bernd zusammenzusein und acht Stunden zu schlafen. Das war ein permanenter Reibungspunkt damals, weil er ganz anders lebte. Am Ende führte das dazu, daß ich nur noch vier Stunden schlief und permanent überfordert war. Dazu kam, daß ich von meiner Wohnung besser zur Arbeit kam, weshalb wir uns hauptsächlich bei mir getroffen haben. Das beunruhigte Bernd natürlich unheimlich, weil ich seinen Lebenskreis gar nicht so kennenlernte.

Deshalb ist die Beziehung von ihm beendet worden. Mit der Begründung, daß er mich zwar noch liebt, aber er mit mir nicht zurecht käme, weil wir zu unterschiedlich seien. Das hat mich wie ein Stoß ins kalte Wasser getroffen, weil ich bis dahin nie einen Mann so gern gehabt hatte.

Zuerst habe ich schrecklich gelitten. Ich habe versucht, das vor anderen Leuten zu vertuschen. Viele Leute hatten uns zusammen gesehen und kennengelernt, sogar meine Eltern. Selbst meine

Mutter, die unheimliche Schwierigkeiten hatte, mein Schwulsein zu akzeptieren, fand, daß wir ein ideales Paar sind.

Ich hab versucht, es zu vertuschen, weil ich erst mal selbst damit klarwerden mußte. Ich hab ganz schnell einen Urlaub gebucht und bin für 14 Tage weggefahren. Das hat mir darüber hinweggeholfen. Anschließend habe ich versucht, mich auf alles mögliche zu stürzen, mich nur nicht mit der Beziehung auseinanderzusetzen. Ich habe wie ein Wilder gearbeitet, bin nach außen unheimlich cool und diszipliniert gewesen, und hab es niemanden merken lassen. Und die, die es mitkriegten, dachten, daß ich es unheimlich gut gepackt hätte.

In Wirklichkeit, dadurch, daß ich es eben nicht aufgearbeitet hab, hat es mich fast ein ganzes Jahr gelähmt. Ich bin da eigentlich nicht mit fertig geworden.

Die Folge war ein Minderwertigkeitskomplex. Ich dachte, ich bin nicht fähig zu einer Beziehung. Und dazu kam, wenn ich danach mal einen Menschen sehr lieb hatte, daß ich es ihm nicht antun wollte, mit mir eine Beziehung einzugehen, weil ich dachte, das ist so ein lieber Mensch, den kannst du bloß enttäuschen. Weil wegen meiner Fehlleistungen die Beziehung wieder zerbrechen könnte, und dann beide darunter leiden würden.

Was für Fehlleistungen sind denn das?

Wohl in erster Linie, daß ich meinen eigenen Egoismus zu sehr durchhängen ließ. Ich hatte mir eine Idealvorstellung des Freundes gemacht. Das war z. B. bei Bernd auch, ich hatte 'ne ganz klare Vorstellung von ihm. Ich war aber gar nicht in der Lage, mir klarzumachen, daß die reale Person von diesem Traumbild abweicht. Ich fixierte ihn also auf eine ganz bestimmte Haltung oder Einstellung oder Lebensweise, die gar nicht so zutraf, und war dann enttäuscht. Versuchte ihn dann noch hinzudrängeln und ihn zu formen, anstatt daß ich mich damit auseinandergesetzt habe, wie er ist, und daß man versuchen muß, eine Beziehung zu gestalten trotz vielleicht sehr unterschiedlicher Auffassungen auf verschiedenen Gebieten. Es war dieser Wunsch, eine absolute Harmonie zu haben, daß man fast deckungsgleich ist.

Dazu kam, daß ich versucht habe, meine Vorstellungen von Partnerschaft unbedingt durchzusetzen. Auch gegen den Willen meines Freundes.

Was auch ein großes Problem ist: Ich stürze mich immer voll auf eine Sache. Wenn Examen anliegt, dann mach ich nur noch Examen. Und wenn Gefühl anliegt, dann ist nur noch Gefühl. Wenn ich 'ne Zeit habe, wo ich denke, ich muß die Wohnung desinfizieren und klinisch rein haben, dann bin ich drei Tage am Putzen, und alle Leute schütteln verwundert den Kopf. Und vier Wochen später vergammelt alles, weil ich ein ganz anderes Ding im Kopf habe.

Das macht es den Leuten sehr schwer, mit mir umzugehen, weil das sehr sprunghaft wirkt.

Wie ging es nach Bernd weiter?

Das war Sommer '80. Bis '81 lief nix mehr. Keine Beziehungen und keine sexuellen Kontakte.

Ein Jahr lang nicht? Wie bist du damit klargekommen?

Onanie war halt großgeschrieben. Ich bin da nicht in Askese umgefallen, ganz bestimmt nicht. Ich hatte vielleicht auch den einen oder anderen Bekannten, den ich umarmen konnte, den ich auch mal liebhaben konnte, aber ...

Partnerschaft mit einem Mann bedeutete für mich immer nur Geborgenheit, Kuscheln, Schmusen und dann Sexualität. Sexualität allein ging für mich nicht. Ich glaubte damals jedenfalls, daß ich sicher impotent sein würde, wenn ich es mit einem Mann nur aus Geilheit versuchen würde.

Das hat z. B. dazu geführt, daß ich bis heute noch nie in einer schwulen Sauna gewesen bin.

Da laufen doch immer dieselben Mechanismen ab. Man sieht sich, guckt sich an, findet sich sympathisch und geht an dem Abend miteinander in die Kiste. Oder macht es gleich da. Da weiß ich genau: Da läuft bei mir nichts! Ich kann mit 'nem Typen nicht ins Bett gehen, wenn ich ihn nur geil finde.

Wieso?

Es spielt sicher die Erwartung eine große Rolle. So 'ne Erwartung, daß das nun ganz toller Sex wird. Wo ich dann glaube, diese Erwartung nicht erfüllen zu können. Das läuft dann auf 'ner unbewußten Ebene ab, daß ich impotent werde, wenn ich ohne Gefühl einfach nur auf Geilheit abfahren soll. Das klappt nicht. Ich kann Sex und Gefühl nicht trennen.

Ich hatte also in diesem Jahr ein permanentes Bedürfnis nach Sex, aber eben in Verbindung mit Gefühl, und glaubte, das in den Lokalitäten nicht zu kriegen. Das hat jeden Samstag zu diesem Kampf geführt, gehst du oder gehst du nicht in die Szene. In 80 % der Fälle hab ich mich dagegen entschieden und bin zu Hause geblieben. Die anderen Male hab ich ein bißchen getanzt, geguckt, aber wenn ich merkte, daß da jemand Blickkontakt aufgenommen hat, hab ich es abgeblockt. Weil ich dachte, der kommt, es ist Samstag, der hat diesen Mechanismus drin, kann ihn vielleicht auch umsetzen, ich würde ihn nur enttäuschen, wäre selbst frustriert, würde denken, was ist mit dir los . . . Deshalb hab ich versucht, dem aus dem Weg zu gehen.

Ich hatte Angst vor dem ‹Fleischmarkt›, der mich wahrscheinlich so blockiert hat, daß ich Leute, die nett waren, die vielleicht auch wirklich das gleiche gewollt haben, daß ich die gar nicht an mich hab rankommen lassen.

In dem Sommer hatte ich schließlich eine kurze Beziehung von zwei Monaten mit einem sehr lieben Typen, die ich aber von mir aus abgebrochen habe.

Schließlich habe ich Jürgen über eine gemeinsame Freundin kennengelernt. Er hatte eine Anzeige aufgegeben, die scheinbar so waberich war, daß sich auch Frauen drauf gemeldet haben. Unter anderem diese Freundin von mir.

Er sagte ihr, daß er schwul ist, und daß er eigentlich einen Mann gesucht habe. Darauf sagte sie, sie habe einen Freund, und wir müßten eigentlich gut zusammenpassen.

Sie hat es auch versucht – ohne Erfolg. Ich wollte keine Beziehung. Aber Claudia hat so lange gebohrt, uns immer wieder zusammengebracht, bis es endlich funkte.

Von Jürgens Seite hätte es gleich geklappt?

Ich glaube schon. Jürgen fand mich wohl sehr sympathisch. Er war
auch auf der Suche und gerade erst ein Jahr in der Szene drin. Jürgen hat es wohl drauf angelegt, mich kennenzulernen, während ich
noch relativ distanziert war.
Aber irgendwann wußten wir halt, daß wir beide gern zusammensein würden und haben eine Beziehung angefangen.
Die ersten vier Wochen haben wir nicht miteinander geschlafen.
Das ging stark von meiner Seite aus. Er wußte, daß ich große Angst
vor einer Beziehung hatte, das hatte ihm die Claudia hintenrum
verklickert, und hat mich in keiner Form gedrängt.
Ich war einfach sehr zurückhaltend. Denn wir sind total unterschiedlich!
Natürlich sind wir nicht unterschiedlich, das stimmt nämlich gar
nicht, aber wir sind in äußerlichen Bereichen absolut unterschiedlich.
Ich interessiere mich sehr für politische Sachen, er mehr für Medi-
tation und Religionen. Ich achte ein bißchen auf Kleidung, er nicht
in dem Maße. Er ist Vegetarier, ißt also kein Fleisch, ich tue das.
Usw. usf. Darum war ich erst mal sehr vorsichtig.
Dann kam noch eins dazu: Er war für mich vom Äußeren nicht der
Traumprinz. Ich wär an ihm in einem Schwulenlokal vorbeigegangen, glaub ich.
Bei mir war das also ganz stark, zu sagen, ja, versuchen wir's mal,
tasten wir uns weiter ab. Man weiß ja die ersten Monate nie, wie's
aussieht. Ich war mit Bernd ja auch ein gebranntes Kind, hatte das
total heiße Gefühl für ihn, und nach zwei Monaten stellten wir fest,
daß wir Probleme miteinander hatten. Darum wollte ich erst mal
nicht mit ihm schlafen.
In den vier Wochen haben wir sehr zueinander gefunden, haben ein
unheimlich zärtliches Gefühl füreinander entwickelt.

Ihr seid euch sehr nahe gekommen, ohne miteinander zu schlafen.

Sehr nahe gekommen. Es waren so Kleinigkeiten. Mal 'ne Blume,
mal ein spontaner Besuch. Überhaupt das Bedürfnis, sich zu sehen. Wir hatten uns z. B. in der Mensa zum Essen verabredet, das

erste Mal, nachdem wir uns klar darüber waren, daß wir zusammensein wollten, ich kam mit meinem Tablett hin zu ihm, seh ihn und konnte nichts mehr essen. Ich hab das Tablett, so wie es war, zurückgehen lassen, hab gesagt, komm, laß uns rausgehen, ich krieg jetzt keinen Happen runter, ich bin viel zu aufgeregt, hab mich viel zu sehr auf unser Treffen gefreut.

Und das war ähnlich bei uns. Wir merkten, daß da ein sehr starkes Gefühl war, daß wir beide ähnlich empfanden.

Ich hatte das beinahe schon verlernt. Früher war meine Tendenz immer so, wenn ich jemanden kennenlernte und hatte ein Gefühl zu ihm entwickelt oder eine spontane Zuneigung, dann gab ich mich total in die Beziehung rein. Ich hab von mir erzählt, hab keine Schranken aufgebaut, alles aufgemacht. Das hat dazu geführt, daß ich einige Leute ganz schön verschreckt habe. Die gar nicht so viel von mir wollten. Die haben auch frühzeitig den Riegel vorgeschoben.

Man hatte mir schon den Tip gegeben: Junge, mach das mal taktisch ein bißchen klüger! Du zwingst den ja in so 'ne Beziehung, in so 'ne Kette rein, der muß sich ja befreien wollen!

Bei Jürgen war das nun so, ich konnte mich davon gar nicht frei machen, ich wollte das auch nicht so taktisch machen, sondern ich bin wieder so auf ihn losgestürzt, hab ihn überfrachtet mit meinen Wünschen und Vorstellungen, wie ich es empfinde, daß wir zusammen sind. Und das wurde von ihm erwidert. Im gleichen Maße erwidert. Das hat das Ganze so unheimlich gesteigert.

Wir haben in einer Kneipe gesessen und 'n Bier getrunken, und da kam so ein Inder und verkaufte Rosen. Ich sofort aufgestanden und ihm eine Rose gekauft. Gut, ich hatte Männern schon Blumen geschenkt, aber so in einer Kneipe für alle Leute sichtbar, daß ich einem Mann eine Rose kaufe ... Das sind so Sachen, die verschrecken Leute, die überhaupt keine Beziehung wollen.

In diesem Punkt wart ihr also gar nicht so verschieden?

Genau. Auch sehr ähnliche Vorstellungen vom Zusammenleben. Das paßte in vielen Sachen. Man konnte gegenseitiges Vertrauen entwickeln, es ist nie so 'n Gefühl von Mißtrauen dagewesen, daß man sich mal ausgenutzt gefühlt hat. Ich habe mich nie von einem Menschen so verstanden gefühlt. Das führt natürlich dazu, daß du dich immer weiter öffnest.

Eine unheimliche Offenheit, dann seine Sensibilität, seine Form des Zuhörens, seine Form der Zärtlichkeit – nicht zu überbieten –, das alles hat das Gefühl wachsen lassen. Da war es gar keine Frage mehr, daß wir gern zusammensein wollten.

Und die äußerlichen Unterschiede?

Die sind völlig für mich hinten runtergefallen. Absolut.

Auch die Unterschiede in der Weltanschauung?

Ich war anfangs sehr kritisch, weil, ich kann nicht mit einem unpolitischen Menschen zusammenleben, ich erwarte von denen einen politischen Standpunkt, so 'nen grün-linken Anspruch. Alles andere wäre für mich sehr schwer zu ertragen.

Aber da hat sich sehr viel getan in den letzten drei Jahren. Jürgen hat sich in sehr starkem Maße entwickelt. Nicht unter meiner Anleitung, gar nicht, sondern aus eigenem Anspruch. Ich hab sicher auch Interessen in ihm geweckt. Er war, als ich ihn kennenlernte, im Umbruch. Er hatte ein sehr weltabgewandtes Leben geführt, in der Schweiz in so einer Organisation, und war jetzt mehr bereit, sich in die Gesellschaft mit einzubringen. Teilweise hab ich es also geweckt, teilweise kam es ihm auch entgegen.

Außerdem bin ich viel, viel flexibler geworden. Das ist mir natürlich sehr leicht gemacht worden, denn bei einem Menschen, den man gern hat, ist man eher bereit, sich mit dessen Interessen oder auch Macken auseinanderzusetzen.

Das ist von Jürgen taktisch sehr gut erfolgt, indem er mich nie überfordert hat. Nur wenn ich gefragt habe, ist was von ihm gekommen. Ich war nie überfordert, ich konnte das verarbeiten, er war offen für Diskussionen. Und, das hatte ich nun wirklich durch die Beziehung gelernt, daß es absolut unmöglich ist, immer nur seine eigenen Vorstellungen deckungsgleich beim anderen wiederzufinden. Das ist ein ganz langsamer Prozeß gewesen.

Zum Beispiel, er ist Vegetarier. Das führt dazu, daß ich in unserer Wohnung auch nur vegetarisch esse. Das empfinde ich absolut

nicht als Verzicht. Fleisch esse ich halt im Restaurant. Dafür hat er
zum Beispiel bei der Renovierung, als wir nach drei Monaten zusammen eine Wohnung nahmen, mir eingelegte Heringe mitgebracht, was völlig gegen seine Gewohnheiten ging. Aber er hatte
so in meinen Augen gedacht, und das fand ich unheimlich lieb,
daß er über seinen eigenen Schatten springt, das kauft und sagt,
du magst den, du sollst nicht wegen meiner Person auf was verzichten. Wir haben beide unheimlich viel aneinander gelernt. Wir
waren eben beide sehr in der Lage, dem anderen zuzuhören. Wir
haben uns sehr viel zugehört.
Ich wäre nie dazu in der Lage gewesen, wenn ich ihn drei Jahre
eher kennengelernt hätte. Da hatte ich ganz andere Vorstellungen
von Beziehung, hau ruck, toller Typ, da muß alles stimmen usw.
Dazu kam, der Jürgen war für mich einfach so interessant, daß ich
bereit war, mich mit seinen Ansichten auseinanderzusetzen. Wir
haben sehr viele Diskussionen gehabt, aber es war nie Streit –
ohne daß ich das jetzt in den Himmel heben will. Er hat es eben
auch sehr gut angefangen, mich ganz sachte in seine Gedanken-
welt hineingebracht.
Was sich sehr positiv ausgewirkt hat und was unsere Beziehung
noch stabiler gemacht hat, ist, daß wir nach drei Monaten schon
zusammengezogen sind. Das war ja für uns beide ein Wagnis. Wir
wußten nicht, ob die Beziehung halten würde. Das hat genau den
Effekt gehabt, daß wir noch viel, viel enger zusammengekommen
sind. Daß wir uns im Alltag kennengelernt haben. Und im Zusammenleben haben wir noch eine Unmenge von Übereinstim-
mungen festgestellt.
Ich meine, wir haben durchaus Differenzen. Zum Beispiel: Ich bin
stark auf Zukunft ausgerichtet. Das ist bei Jürgen nicht der Fall.
Er lebt viel mehr jetzt und hier. Da gibt es ab und zu Reibungen,
daß ich denke, meine Güte, wir wollen beide weiterkommen,
auch zusammen weiterkommen, und dann finde ich es schade,
daß er nicht so den Pusch hat, doch nach vorne zu blicken.
Wir diskutieren darüber, er fühlt sich manchmal von mir auch angeregt, was zu unternehmen, auf der anderen Seite habe ich inzwischen meine Anforderungen an ihn, was das angeht, zurückge-
nommen. Weil, man kann so was nicht auf einen anderen Menschen übertragen.

Du hast also dein Ideal von Beziehung verwirklicht? Auch im Hinblick auf sexuelle Ausschließlichkeit?

Ja. Wobei, am Anfang hatte ich immer eine monogame Beziehung im Kopf – ich glaube, weil ich das so von meinen Eltern her kannte. Inzwischen hat sich da doch was geändert. Ich habe ein, zwei Typen kennengelernt, wo ich merkte, daß sie gern mit mir geschlafen hätten, obwohl sie wußten, daß ich 'ne Beziehung habe, und die ich auch sehr sympathisch fand. Da habe ich festgestellt: Dieser Anspruch, monogam zu sein, ist gar nicht so einfach zu leben.

Wir haben beide drüber geredet und haben gesagt, daß es natürlich theoretisch möglich wäre, mit einem anderen zu schlafen, aber das, was wir beide reinlegen an Gefühl und was wir erleben beim Miteinanderschlafen, können wir nicht mit einem anderen erleben. Und nur um eine andere Form der Sexualpraktik zu erfahren, ‹lohnt› sich der Seitensprung nicht.

Die Gefahr, daß man die Beziehung dadurch gefährdet, wäre mir viel zu groß. Die Gefahr, den Partner vielleicht doch zu enttäuschen – das wäre es mir absolut nicht wert!

Davon abgesehen, ich hab ja alles. Ich hab meine sexuelle Befriedigung, meine menschliche Befriedigung – alles andere wäre nur der Versuch, mal was ganz anderes, was Neues auszuprobieren, und in Wirklichkeit wäre es nichts Neues. Die Person ist neu, alles andere kannst du austauschen. Was kann schon Großartiges passieren?

Da kommt natürlich in der Szene die Meinung: Euch muß doch was fehlen, wenn ihr monogam seid wie die Enten! Seid ihr wirklich glücklich damit? Unterdrückt ihr nicht doch was? Bis man sich selbst an den Kopf faßt und fragt, bist du denn noch normal? Aber wir sind es. Wir sind normal, finde ich.

5. Kapitel

Wenn ich groß bin,
heirate ich Papa ...

Irgendwie sonderbar. Spricht man mit schwulen Männern, so taucht beim Thema ‹Eltern› meist nur die Mutter auf. Als ob Väter gar nicht existierten.

> Meine Eltern wissen Bescheid. Vielmehr meine Mutter, der habe ich das nämlich ganz früh erzählt. Ich nehme an, sie hat das auch meinem Vater weitergetragen, aber mit dem rede ich nie über solche Dinge. (Berthold, 24)

«Übergroße Mutterbindung» sagt man Schwulen nach, und hörst du dich einmal um, wenn sie über ihr Leben berichten, kann man das fast glauben.

> Meine Mutter habe ich früher abgöttisch geliebt. Nicht daß ich mit ihr mehr gemacht hätte als mit meinem Vater, aber ich war ihr eben mehr verbunden. (Volker, 23)

> Wir sind immer gut miteinander ausgekommen und haben uns sehr nahegestanden. (Martin, 38)

Möglicherweise ist dies der Grund, weshalb Forscher auf die Idee kamen, besagte «zu intensive» Beziehung zwischen Sohn und Mutter fürs Schwulwerden verantwortlich zu machen. Weil Mami ihr Sohnilein zu doll liebhat, kriegt er die Schnauze so voll von Frauen, daß er allem Weiblichen entsagt und sich aufs eigene Geschlecht stürzt.

Generationen von Müttern haben auf Grund dieser These schon wahre Fluten von Tränen vergossen und nachts voller Schuldgefühle ins Kissen gebissen. «Ich habe das alles eingebrockt! Bloß, weil ich den Jungen zu lieb habe.»

Da ist die Rede von «ungewöhnlich intimen Beziehungen» zwischen Müttern und homosexuellen Söhnen, wobei dezent offengelassen wird, wie intim «ungewöhnlich intim» ist. «Überbehütend» sollen sie gewesen sein und/oder ihren Sohn gegen den Vater aufgehetzt haben. Womöglich – und das setzt dem Faß doch die Krone ins Gesicht! – wären sie sogar «unnatürlich» stark und unabhängig gewesen. Pfui noch mal!

Aber was ist mit Papa? Würdigen die Forscher ihn überhaupt eines Wortes, dann wird er als «schwach» oder «kalt» beschrieben. Ende der Durchsage. In merkwürdiger Einträchtigkeit drängen Schwule und Forscher die Väter ins Abseits.

Was die Wissenschaftler angeht, kann ich mir die Gründe leicht erklären. Es ist so schön einfach: Starke Mutter + schwacher oder abwesender Vater = homosexueller Sohn. Paßt ins Klischee und klingt logisch. Welcher ‹Fachmann› freut sich nicht über eindeutige Ergebnisse?

Bei Schwulen ist was anderes im Spiel. Ihr Desinteresse am Vater und an der Beziehung zum Vater ist die unglückliche Folge eines mißglückten Verhältnisses während der Kindheit homosexueller Männer. Da ist etwas schiefgelaufen, was sie entweder nicht verstehen oder nicht verstehen wollen. Falls also einige der Meinung sind, das sei doch ein äußerst unwichtiges Thema, können sie das Kapitel gern überschlagen. Wer allerdings meint, der erste Mann im Leben eines Schwulen habe einige Bedeutung, dem kann ich manches Überraschende anbieten.

Etwa, daß Schwule an ihren Vätern mindestens genauso hängen wie an ihren Müttern – sie verdrängen es bloß.

Und daß ein verkorkstes Verhältnis zum Vater für Schwule weitaus schlimmere Konsequenzen für ihre späteren Partnerschaften hat als für ihre heterosexuellen Brüder.

Letzteres ist auch der Grund, wieso ich im Zusammenhang mit

schwulen Freundschaften überhaupt dazu kam, meine Gesprächs-
partner auf das Verhältnis zu ihren Eltern anzusprechen.

Eben brachte ich zwei Zitate, in denen Schwule über ihr tolles Verhältnis zur Mutter berichteten. Ich bekam aber auch ganz anderes zu
hören.

> Zu meiner Mutter habe ich kein intensives Verhältnis ge-
> habt. Nie. Sie hat mir auch nicht besonders viel Liebe
> gegeben. (Günter, 28)

> Wir konnten wenig miteinander anfangen, weil wir so ver-
> schieden sind. Mit meinem Vater kam ich besser klar.
> (Michael, 23)

Nicht alle Schwulen sonnten sich also in der so oft beschworenen
«übergroßen Mutter-Sohn-Bindung». Nur etwa die Hälfte. Dies bloß,
um ein etwaiges falsches Bild mal eben zurechtzurücken. Mama ist,
scheint's, nicht immer die Beste ...

Wie steht es mit den Vätern? Hier sind die Aussagen eindeutiger:

> Ich möchte es mal so ausdrücken: Ich kenne meinen Vater
> nicht. Ich weiß nicht, wie er ist. Ich kann auch nicht sagen,
> daß ich ihn liebe. Es ist nie groß was gelaufen. Er ist mein
> Vater – damit hat sich's. Wir haben nie etwas miteinander
> unternommen. (Volker, 23)

> Er war ja selten zu Hause. Ich kann mich nicht daran erin-
> nern, daß er mich jemals gestreichelt oder geküßt hätte. Es
> war wirklich ein ganz, ganz schlechter, distanzierter Kon-
> takt. Völlig ohne Liebe. (Günter, 28)

Nur selten äußerte jemand eine andere Erfahrung.

> Er war unglaublich liebevoll, und wir sind, gerade als ich
> klein war, viel zusammen losgezogen, spazierengehen. Er
> hat mir alles gezeigt und erklärt. (Werner, 18)

Beim ‹Kinsey Report› beschrieben bloß 23 % der Homosexuellen ihr Verhältnis zum Vater als positiv. Vier von fünf Schwulen hatten also nach eigener Aussage kein sonderlich gutes Verhältnis zum Vater. Bei Heteromännern war es jeder zweite. Warum? Welches Geheimnis ließ 52 % aller heterosexuellen Männer mit ihrem Vater gut klarkommen, während es bei den homosexuellen nur ein knappes Viertel war?

Die Antwort auf diese Frage ist relativ einfach: Jungen, die später schwul werden, sind eben anders als ihre Väter. Sie zeigen andere Fähigkeiten, interessieren sich für andere Dinge und sind von ihrem ganzen Temperament her oft anders als der Herr Papa. Es ist wirklich verblüffend, wie wenige Schwule als Kind in das Schema des ‹normalen Jungen› fallen.

> Ich hatte schon als kleines Kind wesentlich mehr Kontakt zu Frauen als zu Männern. Ich habe immer mit Mädchen gespielt, mit Puppen, Vater-Mutter-Kind gespielt, was es da halt alles Schönes gibt. Und ich habe mich immer geweigert, zu raufen. Diese ganzen männlichen Geschichten, das war nicht so meine Stärke. Ich habe keinen Sport getrieben, ich hatte keine Lust, auf Bäume raufzuklettern, aber wenn ich irgendwo ein Mädchen entdeckt habe, die einen Stallhasen hatte, dann war für mich die Welt wieder in Ordnung. (Michael, 24)

Besonders auffällig ist das dort, wo Brüder ganz anders sind.

> Mein älterer Bruder und der, der nach mir kam, haben mehr auf dem Hof draußen rumgewühlt, und ich war mehr im Haushalt. Habe gelesen, auch mal gekocht oder so was. (Volker, 35)

> Mein Bruder ist viel männlicher als ich, er macht viel Handwerkliches, Metallarbeiten und Holzarbeiten, ich habe nie Interesse daran gehabt. (Wolf, 25)

Selbst heute noch, aber erst recht vor zwanzig, dreißig Jahren, verunsichert dieses «unmännliche» Verhalten den Papa. Was soll er davon halten? Wieso ist sein Sohn, sein ‹Stammhalter›, nicht so, wie er es war? Damit muß einer erst mal zurechtkommen (schließlich gucken die Nachbarn zu ...). Je nachdem reagieren die Väter, mal wütend, mal verwirrt.

> Mein Vater war enttäuscht, als ich so auf die dreizehn oder vierzehn zuging und in seiner wunderschönen Werkstatt was Handwerkliches hätte machen sollen und mich absolut zu doof dazu angestellt habe bzw. das gar nicht wollte, sondern viel lieber gelesen habe. (Michael, 24)

> Ich hatte eine ganze Puppenfamilie, mit der ich viel spielte und die ich heiß und innig liebte. Mein Vater sah das überhaupt nicht gern, weil er fand, daß ein Junge nicht mit Puppen spielen sollte. Eines Tages ging eine kaputt, und ich lief todunglücklich zu ihm hin, damit er sie wieder heilmacht. Statt dessen kriegte er einen Wutanfall, schmiß die Puppe aus dem Fenster und nahm mir alle anderen auch weg. Ich glaube, ich habe nie so geheult wie an dem Tag und den darauffolgenden. (Bernd, 31)

Hört man genau hin, dann erfährt man oft von den vergeblichen Versuchen der Väter, etwas Gemeinsames mit ihrem schwulen Sohn zu machen. Doch das scheitert dann oft an den unterschiedlichen Interessen.

> Mein Vater hat versucht, mich fürs Angeln zu interessieren, aber ich wollte das nie. Ich fand es langweilig, daß man einfach dasaß und wartete, bis dieses Scheißding runtergeht. Für mich war das Quatsch, aber mein Bruder tat das freiwillig! (Sascha, 19)

Wie soll da groß gegenseitiges Interesse entstehen, wenn Papa allsonntäglich zum Sportplatz marschiert, sich als Hobbywerker profiliert und einen Sohn nach seinem Bild haben möchte, während dieser mit Puppen spielt und lieber liest, als sich mit anderen Jungen beim Fußball die Schienbeine eintreten zu lassen?

Ein sportlich interessierter Sohn, der mit angeln geht (was daran so männlich ist, begreife ich bis heute nicht), den Schlagball fast genauso weit wirft wie Papa und fleißig werkelt, hat weitaus größere Chancen für eine herzliche und freundschaftliche Beziehung zum Vater.

Bei Schwulen fühlen beide sich miteinander unwohl. Der Vater weiß nicht recht, was er mit dem sanften, ‹unmännlichen› Sohn anfangen soll, der ständig seine Nase in Bücher steckt und klassische Musik hört, und geht seiner Wege. Der Junge fühlt die Verunsicherung oder die Ablehnung und zieht sich seinerseits zurück. Schließlich gelingt es dem Vater überhaupt nicht mehr, einen Draht zum enttäuschten Sohn zu kriegen.

> Er hat sich bemüht, ein einigermaßen gutes Verhältnis aufzubauen, aber das wurde von meiner Seite nicht erwidert.
> (Rolf, 25)

Im Gegensatz zur landläufigen Meinung, der «kalte» oder abwesende Vater würde seinen Sohn in die Homosexualität treiben, entpuppt sich die Sache bei unvoreingenommener Betrachtung als durchaus beidseitig. Der Vater kann mit dem schwulen Sohn nichts anfangen und der Sohn mit dem «normalen» Vater nichts. Da wird keiner «getrieben» – er ist schon längst schwul!

Weil es mit dem Vater nicht so klappt, wird natürlich die Beziehung zur Mutter enger. Diese tut sich in der Regel mit «unmännlichem» Verhalten nicht so schwer oder unterstützt es gar, weil sie merkt, daß der Junge nun einmal sensibler und sanfter ist als andere. Was soll's? Vielleicht gefällt es ihr sogar.

Einen Haken hat die Sache. Auch schwule Söhne sehnen sich eigentlich nach einem Papa. Einem, der sie versteht, mit dem sie sich vergleichen können, der ihnen etwas beibringt – aber eben die Sachen, die sie wirklich interessieren.

> Mein ganzes Leben habe ich Sehnsucht gehabt nach einem lieben Vater, zu dem ich gehen kann, wenn ich Probleme habe, der mich versteht, oder der mir aus seinem Leben erzählt. (Gregor, 18)

Tief drinnen rumort weiter die Sehnsucht nach einem passenden Vater – und nun wird es spannend, was das spätere Beziehungsverhalten angeht. Die Sehnsucht ist nicht weg, im Unterbewußtsein bleibt sie erhalten. Wenn uns jemand fragt, kommt schnell eine Antwort wie diese:

> Er ist mir gleichgültig. Gefühlsmäßig hat sich da auch nie was entwickelt, das war immer sehr oberflächlich. Das hat mich aber nie gestört, wir sind uns eben aus dem Weg gegangen. (Horst, 20)

Ist Homosexuellen das schlechte Verhältnis zu ihrem Vater wirklich so egal? Ich glaube nicht, auch wenn es oberflächlich so aussehen mag und die meisten das behaupten.

Als Markus, der inzwischen 29 ist, ein kleiner Junge war, durfte er einmal im Badezimmer sitzen bleiben, während sich sein Papa in der Wanne abduschte. Markus saß ganz still auf dem cremefarbenen Wickeltisch und betrachtete aus großen Kinderaugen seinen nackten Vater.

> Ich fand diesen schlanken, großgewachsenen Körper wahnsinnig interessant und konnte mich gar nicht sattsehen an ihm. Das weiß ich noch, als wäre es gestern gewesen. Wie gern wäre ich zu ihm in die Badewanne geklettert, aber aus irgendeinem Grund, den ich jetzt nicht mehr weiß, war mir klar, daß das was Verbotenes war.
> Meine Mutter behauptet zwar, daß ich als kleines Kind mit ihr und meinem Vater viel geschmust habe, aber daran kann ich mich nicht erinnern. Soweit meine Erinnerung zurückreicht, war er immer sowohl reizvoll als auch unerreichbar. Sogar wenn wir alle zusammen schwimmen gingen, kam ich als der Kleinere mit meiner Mutter in die Damengarderobe, während mein großer Bruder mit Papi in den Umkleideraum durfte.

Nicht nur körperlich war sein Vater für Markus unerreichbar.

> Mein Vater hatte seine Arbeit, von der er geschafft nach Hause kam. Außerdem lagen seine Interessen durchweg auf Gebieten, die mich nicht die Spur interessierten. Sport,

Angeln, «wertvolle» Literatur lesen, sein Beruf – lauter
Dinge, die mir völlig abgingen.

Sosehr sich Markus das auch wünschte, sie kamen nicht zusammen.
Mit der Zeit begrub Markus die Hoffnung, Liebe und Zuneigung von
seinem Vater so zu bekommen.

Zwischen meinem Vater und mir spielte sich in all diesen
Jahren nicht viel ab. Ich fühlte mich von ihm nicht akzeptiert und alleine gelassen. Er hatte ja seinen Beruf und seine
blöden Interessen – was halt Männer so beschäftigt. Ich gab
es auf und zog mich von ihm zurück.

Statt dessen lungerte er immer öfter in der Garderobe des Tennisclubs
herum, um die Jungen und Männer beim Umziehen oder unter der
Dusche beobachten zu können.

Wie hab ich damals diese durchtrainierten Körper mit der
aufregenden Behaarung zwischen den Beinen und den großen Schwänzen bewundert! Und das, lange bevor in der Pubertät das eindeutig sexuelle Interesse hochkam.

Mit sechzehn hatte er seinen ersten sexuellen Kontakt mit einem
Mann, dort im Tennisclub, aber noch nicht sein Coming Out. Das
brauchte noch ein wenig. Erst drei Jahre später traute er sich in ein
schwules Lokal und lernte dort seinen ersten Freund kennen.

Ich war unsterblich in ihn verliebt. Er wirkte so selbstbewußt und sicher! Alles an ihm zog mich unwiderstehlich in
seinen Bann. Wir verstanden uns blendend, fast als ob wir
ganz alte Freunde wären!

Zwei Wochen ging das gut, dann tauchten Probleme auf.

Irgendwie brachte er mich völlig durcheinander. Ich war
happy und verwirrt, alles gleichzeitig. Vor allem war ich absolut unsicher. Andauernd lauerte ich nach Anzeichen, ob
er mich wohl liebt oder nicht. Ich wollte ihn nie weglassen,

weil ich irgendwie befürchtete, er würde nicht wiederkommen. Und je mehr ich mich an ihn klammerte, desto mehr zog er sich zurück.

Nach drei Wochen beendete der Freund die Beziehung, weil er es, wie er sagte, «nicht mehr aushielt, und ihm alles zuviel geworden ist». Markus war am Boden zerstört. Noch am selben Abend rannte er wieder in die Sub.

Ich wollte meinen Kummer ersaufen. Es war nicht viel los, weil die Bar gerade erst geöffnet hatte. Außer mir saß nur ein Mann von etwa 40 Jahren am Tresen.

Dieser Mann sprach ihn an, erkundigte sich äußerst freundlich danach, was Markus bedrückte, und dieser konnte sich all sein Leid und seine Selbstvorwürfe von der Seele reden. Am Schluß gab ihm der Mann seine Adresse und bot ihm an, sich doch mal wiederzutreffen.

Man kann die Geschichte an dieser Stelle gut abkürzen. Markus freundete sich mit diesem Mann an, und diesmal hielt die Beziehung fast zwei Monate. Andere folgten, und immer wieder machte Markus dieselbe Erfahrung.

Es waren Männer, zu denen ich aufblicken konnte, meist älter als ich. Sie waren viel sicherer als ich, und ich erhoffte mir von ihnen ein Stück von dieser Sicherheit und auch von ihrer Stärke. Das ist gar nicht körperlich gemeint, sondern eher gefühlsmäßig. Bei denen konnte ich mich geborgen fühlen.

Aber irgendwie habe ich mich wohl immer zu sehr an sie rangeklammert, aus lauter Angst, sie zu verlieren. Dabei habe ich sie gerade dadurch verloren.

Wegen ‹Partnerschaftsproblemen› kam Markus in die Therapie, und es dauerte gar nicht lange, da kam etwas Licht ins Dunkel. Wieder mal war eine Freundschaft in die Brüche gegangen.

All meine Kraft war weg. Ich konnte nichts mehr tun, so weh tat das, und so aussichtslos erschien mir alles. Mein

Kopf schien zu platzen. Heulen konnte ich gar nicht mehr, die Tränen waren alle. Ich war nichts weiter als ein Häufchen Elend mit dem Gefühl: Das ist das Ende. Nicht mehr weiterleben, bloß das alles nicht weiter fühlen müssen, wenn das so unerträglich weh tut!

In dieser Situation, in der er sich klein und verlassen fühlte, kamen Gefühle hoch, von denen er gar keine Ahnung mehr hatte. Markus erinnerte sich an Erlebnisse aus seiner Kindheit, die er längst vergessen hatte. Etwa dieses eine im Badezimmer mit seinem Vater.

Oder wie er sich manchmal darüber aufregte, daß ich so mädchenhaft wäre. Gleichzeitig spürte ich, wie wahnsinnig ich darunter gelitten hatte, daß er mich nicht so mochte und liebte, wie ich war.

Dann war da dieses Alleinsein, das Sich-von-den-anderen-ausgeschlossen-Fühlen, weil ich anders war als sie. Da war diese schreckliche Sehnsucht nach vertrauten Menschen, bei denen ich mich geborgen fühlen konnte. Die mir Mut machten und mir sagten: Du bist okay. Es ist alles gut.

Genau das aber hat mein Vater nie getan. Er hat mich nie in den Arm genommen und mir das Gefühl gegeben, daß ich mich sicher fühlen kann bei ihm. Und geborgen. Ich habe das sehr vermißt. Wahnsinnig vermißt.

Also zog Markus sich von ihm zurück. Es wäre unerträglich gewesen, die unerfüllte Sehnsucht nach einem Vater, der sich für das interessierte, was ihm wichtig war, pausenlos zu spüren. Mit der Zeit begann er diese Sehnsucht zu vergessen. Er bildete sich ein: So wichtig ist er mir gar nicht. Ich brauche ihn nicht!

Mit diesem Glauben wuchs ich auf. Hatte meinen Vater gefühlsmäßig in die Ecke gestellt und abgeschrieben. Er war halt mein Vater, mit dem mich gewiß kein schlechtes Verhältnis verband, aber Liebe habe ich nicht gerade verspürt für ihn. Es war eher ein ‹Egal›-Gefühl, weder Haß noch besondere Zuneigung.

Doch unbewußt nagte die Sehnsucht an ihm. Ohne es zu ahnen, sucht er nach einem Ersatz.

Es mußte jemand sein, der älter war und erfahren und reif. Erst jetzt ist mir klar, daß ich eine Art Vater suchte, der aber so ist, wie ich es mir von meinem Vater gewünscht hätte. Was ich von ihm als Kind nicht bekommen hatte, wollte ich von meinen Freunden. Ich klammerte mich an sie wie an einen Rettungsring. Ich überforderte sie total mit meinen Erwartungen. Wie ein Vater bei einem Kind sollten sie für mich sorgen, für mich immer dasein. An irgendeinem Punkt haben alle gesagt: Nein, das mache ich nicht mehr mit!

Was aber das Allerschlimmste war: Auf eine gewisse Weise fühlte ich mich von ihnen immer genauso verlassen, wie ich mich als kleines Kind von meinem Vater verlassen gefühlt hatte. Deshalb war es auch jedesmal so besonders schlimm!

Nie vorher war es ihm in den Sinn gekommen, seine Vorliebe für ältere, selbstbewußte Männer könnte mit seinem Vater zusammenhängen. Nun, als er spürte, woher er die unglaublichen Schmerzen und Verlustängste kannte, fielen ihm diese Parallelen auf. Mit einem gewaltigen Schub zuerst, danach Stück für Stück, kamen die ganzen während der Kindheit verdrängten Wünsche und Ängste wieder hoch. Alles, was er vergessen hatte, was er vorher ohne ein Wimpernzucken als Blödsinn zurückgewiesen hätte, tauchte in seinem Gedächtnis wieder auf.

Für jemanden, der so etwas noch nie am eigenen Leib erlebt hat, mag das unglaubhaft erscheinen. Aber wenn wir gefühlsmäßig aufgewühlt sind, kommen viel leichter Erinnerungen ins Bewußtsein, die unser Kopf sonst hübsch im Unterbewußtsein hält. Und zwar sind das Erinnerungen, die mit derselben Stimmung verbunden sind. In Markus' Fall also bodenlose Verzweiflung und das Gefühl, zurückgestoßen und abgelehnt zu werden. Jemanden zu lieben, der seine Liebe nicht will. Markus war fassungslos. Wie konnte er das alles vergessen haben?

Wie ein riesiger Computer speichert unser Gedächtnis alles, was wir im Laufe unseres Lebens erfahren, sehen, fühlen, hören, erleben. Wieso aber erinnern wir uns normalerweise nicht daran? Erstens wäre es katastrophal, wenn uns alle Information, die im Gehirn gespeichert ist, ständig bewußt wäre. Das gäbe ein heilloses Durcheinander der Gedanken, vor allem beim Lösen neuer Aufgaben. Unser Gehirn hat deshalb die Angewohnheit, soviel wie möglich ins Unbewußte abzudrängen. Das Bewußtsein wird so freigehalten, sich mit anderem zu befassen. Nehmen wir etwa das Treppensteigen. Das geht völlig automatisch, solange man nicht darüber nachdenkt. Versucht man hingegen, sich genau die nötigen Bewegungsabläufe klarzumachen, gerät man ins Stolpern. Etwas ungeheuer Praktisches also, dieses Abschieben ins Unbewußte.

Der zweite Grund, weshalb wir uns an vieles nicht erinnern, ist, daß wir es vergessen wollen. Dies gilt in erster Linie für schlimme Erlebnisse, die uns belasten und von denen wir uns dadurch zu befreien versuchen, daß wir sie ins Unterbewußtsein abdrängen. Was ich (nicht mehr) weiß, macht mich nicht heiß.

> Vieles von dem, was ich vergessen wollte und lange Jahre auch wirklich vergessen hatte, strömte nun in mein Bewußtsein zurück. Gewaltige Gefühle von Wut und Trauer über all das, was ich als Kind vermißt hatte, eine Scheißwut auf meine Eltern, deren Verhalten ich damals nicht verstehen konnte und von denen ich mich nur im Stich gelassen gefühlt habe. In den Tagen, als all dieses hochkam, schwankte ich ständig zwischen Wut, Trauer und einer starken Liebe zu meinen Eltern, besonders zu meinem Vater. Nie vorher hätte ich glauben mögen, daß dieser Mann mir so viel bedeutet!

Diese Erinnerung, dieses Fertigwerden mit uralten, verdrängten Gefühlen änderte eine Menge im Leben von Markus.

> Ich begann, Männer mit anderen Augen zu sehen. Ich wußte, wie ich bisher durch die Wahl meiner Freunde mit dazu beigetragen hatte, das Ende vorzuprogrammieren.

Sein eigenes Verhalten war durchschaubarer für ihn geworden, und er fühlte sich seinen Sehnsüchten nicht mehr so ausgeliefert. Ihm war klar, daß er den Wunsch nach einem Papa endgültig begraben mußte, auch wenn dieser Schritt sehr schmerzlich war.

> Manchmal habe ich wie ein Schloßhund geheult, so traurig
> war ich darüber, daß ich damals nie so mit meinem Vater
> zusammensein konnte, wie ich gewollt hätte. Aber auf eine
> Weise war es trotzdem vorbei. Erledigt.

Am meisten erstaunte ihn die Reaktion seines Vaters, dem er nach wochenlangen Zweifeln und Kämpfen mit der eigenen Angst endlich sagte, daß er schwul war. Der Vater hörte ganz ruhig zu. Sie hatten ein sehr langes Gespräch – eigentlich zum erstenmal. Inzwischen freuen sich beide, wenn sie sich mal wieder sehen, und auf diesem Wege hat Markus doch noch ein Stückchen von dem bekommen, was er als Kind so vermißt hat.

Markus ist seit zwei Jahren mit einem Mann befreundet, der zwar älter ist, dem gegenüber aber weder das unbändige Anklammern, noch der fast automatisch folgende Rückzug auftauchten.

Der Freund als Vater- oder Sohn-Ersatz, diese Konstellation ist unter Schwulen häufig zu finden. Jedesmal wird dem Partner eine Rolle zugewiesen, die er nicht erfüllen kann – denn er ist nun mal nicht der Vater oder der Sohn. Das, was jemand mit dieser – unbewußten – Partnerwahl erreichen will, mag dabei unterschiedlich sein.

> Ich weiß heute, daß ich von meinem Vater so enttäuscht
> worden bin, daß ich unter dem Zwang, das zu wiederholen,
> mir immer wieder die Sympathie älterer Männer erwarb,
> um sie dann zu verlassen. (Thomas, 22)

> Insgeheim wollte ich meine Freunde so behandeln, wie ich
> von meinem Vater gern behandelt worden wäre. Quasi
> ihnen all das Gute antun, was ich nie gekriegt habe.
> (Matthias, 38)

Solange dies alles unbewußt geschieht, zerbrechen die Freundschaften stets am selben Problem, oder es entsteht eine – manchmal sogar sehr dauerhafte – Beziehung, in der beide ihren festgelegten Platz einnehmen, ohne sich daraus entwickeln zu können. Beide bleiben stecken in einer unerfüllbaren Sehnsucht und werfen sich gegenseitig pausenlos ihre Rollen vor. Eine wahrhaft glückliche Partnerschaft ...

Bei heterosexuellen Paaren besteht diese Gefahr in absolut identischer Weise. Man lausche nur mal den endlosen Klagen verheirateter Frauen über ihre Männer, für die sie die Mama-Funktion übernehmen sollen. Die Männer ihrerseits werfen ihren Gattinnen vor, sie würden bloß den starken Papa in ihnen suchen. Die Absicht, im Partner einen Ersatz für unsere Eltern zu finden, ist eine Falle für jeden.

Wenn es stimmt, daß homosexuelle Bedürfnisse bereits sehr früh entstehen (und alle ernst zu nehmenden Untersuchungen deuten darauf hin), dann ist das Verhältnis zum Vater, dem ersten Menschen männlichen Geschlechts, mit dem die meisten in engen Kontakt kommen, verdammt wichtig. Nach ihm schaffen wir nicht nur unser Bild von Männern schlechthin, sondern auch von uns selbst als Mann. Schwule brauchen ihren Vater mindestens ebensosehr wie ihre heterosexuellen Brüder, brauchen seine Liebe und seinen Respekt.

Kriegen sie beides nicht, oder haben sie auch nur das Gefühl, abgelehnt und ungeliebt zu sein, dann gehen sie später auf die Suche nach einem Phantom. Einer Vaterfigur, die es nirgendwo geben wird. Innerlich bleiben sie das kleine Kind, welches sehnsuchtsvoll nach dem Papi schmachtet, der nicht so war wie gewünscht.

Markus hoffte stets aufs neue, endlich einen starken, liebevollen Vater gefunden zu haben, klammerte sich an ihn wie ein ertrinkendes Kind und wurde fallengelassen. Erst als er seine verschüttete Sehnsucht wieder spürte, sie endgültig als unerfüllbar abhakte und zudem ein neues Verhältnis zu seinem Vater einleitete, brach er aus dem Teufelskreis aus.

Mehr und mehr entdecken Schwule, was sie verpassen, wenn sie ausschließlich den Kontakt zu ihrer Mutter halten.

Als ich meine Familie mit meinem Schwulsein konfrontiert habe, habe ich erstmalig tolle Gespräche mit meinem Vater gehabt. Ich war sehr überrascht, daß er vieles nicht verstehen konnte, aber mir sehr deutlich zeigte, daß er keine Veränderung in unserer Beziehung dadurch sah. Das hat mir sehr gut getan. Da habe ich sehr gezielt versucht, mir noch was zu holen. Viele Gespräche mit ihm gehabt und Dinge gefragt. Irgendwie eine sehr liebevolle Beziehung zu ihm bekommen. (Bernd, 39)

Zu meinem Vater habe ich inzwischen ein tolles Verhältnis, auch auf der gefühlsmäßigen Ebene. Ich mag ihn wahnsinnig gern, komm mit ihm irgendwie auch ganz toll zurecht. Es ist wahnsinnig gut, wenn ich nach Hause komme und merke, wie seine Augen strahlen! Es ist furchtbar schwierig, mit ihm zu reden, abgesehen von ganz banalen Themen. Aber diese Anteilnahme, diese gefühlsmäßige Anteilnahme, die kommt auf irgendeine Art und Weise rüber. (Andreas, 28)

Gleichzeitig tut sich in der Regel auch was in der Beziehung zur Mutter. Etwa bei Andreas:

Meine Mutter ist immer sehr sehr wichtig gewesen für mich, mit der konnte ich über alles reden, das waren auch gute Gespräche. Früher hab ich bloß nicht gemerkt, wie link die Frau an und für sich ist. Wie sie mich immer schlecht gemacht hat und ständig Horror-Erwartungen an uns Kinder gestellt hat, die wir nicht erfüllen konnten.

Es sollte bitte um Himmels willen keiner glauben, ich würde diese Fälle für «typisch schwul» halten. Es gibt Väter, die sind absolut zum Kotzen, bei denen jeder Versuch einer guten Beziehung in die Hose geht. Und es gibt Mütter, die sich in fairer und offener Weise auf die Seite ihres schwulen Sohnes stellen, ohne dafür Gegenleistungen zu erwarten.

Aber ich habe das Gefühl, viel von der so oft beschriebenen engen Mutterbindung hängt einfach mit dem schlechten Verhältnis zum Vater zusammen. Und unser Vater ist (sogar wenn uns dies überhaupt nicht lieb ist) eine wichtige Person in unserem Leben. Mit ihm «Frieden zu schließen» erleichtert es, mit unseren Partnern zusammenzukommen und zusammenzubleiben.

Ulli

Ulli ist 27 und lebt mit seinem
drei Jahre jüngeren Freund
Frank in der Nähe von Köln.

Ulli: Mein erster Einstieg in die schwule Szene war so was wie eine
Beziehung. Das war während meiner Bundeswehrzeit in Oldenburg. Ich bin in 'ne schwule Kneipe gegangen, viel zu früh, und
habe da einen Typen in meinem Alter kennengelernt. Mit dem
hatte ich für einige Zeit eine lockere Beziehung.
Wir waren nicht fest zusammen, haben aber viel miteinander gemacht. Er war schon zwei Jahre in der Szene, und er hat mir viel
gezeigt und von der Szene erzählt.
Dann bin ich nach Bremerhaven gekommen, habe aber die erste
Zeit keine Beziehung gehabt. Nur später eine, die drei Monate
dauerte und recht unschön in die Brüche ging.
Als ich nach Hamburg gekommen bin, habe ich nach sechs Wochen
in einer schwulen Disco Frank kennengelernt. Ich hab ihn mit nach
Hause genommen, und daraus ist eine bis jetzt andauernde Beziehung geworden. Also vier Jahre. Frank war zu der Zeit 20 und ich 23.

Wie hast du dir damals eine Beziehung vorgestellt?

Ich glaube, ich hab vorher nie eine richtige Vorstellung gehabt, wie 'ne
Beziehung sein sollte. Nur den Wunsch nach einem sehr, sehr

engen Zusammengehörigkeitsgefühl. Mich anders zu fühlen, wenn ich mit meinem Freund zusammen bin. Kaum konkrete Vorstellungen.

Die Vorstellungen, was ich erwarte, die haben sich erst in der Beziehung entwickelt. Da habe ich erst an meiner Reaktion gemerkt, was ich will.

In der ersten Beziehung in Oldenburg hab ich nur erst mal überhaupt einen schwulen Kontakt haben wollen. Ich hab gelernt, schwul zu sein.

In Bremerhaven war das wohl eine eindeutige Vorstellung von einer monogamen Beziehung. Und auch viel zusammen machen zu wollen. Zusammen zu wohnen. Langfristig zusammen was zu planen, was wir in fünf Jahren mal zusammen machen können. Das haben wir auch getan, wir haben ziemlich langfristige Pläne geschmiedet.

Es war so eine Vorstellung von ineinander aufgehen, alles zusammen machen, eins sein. Nicht im Sinne von Sex, sondern vom Gefühl her. Ich fühle mich nur gut, wenn ich bei dem bin. Und wenn wir was machen, dann machen wir das zusammen.

Wie weit ließ sich deine Vorstellung verwirklichen?

In meiner Beziehung zu Frank sehr weit. Inzwischen kann ich es mir ohne Frank nicht mehr vorstellen.

Die anderen Vorstellungen von einer Beziehung haben sich zum großen Teil in dieser Beziehung zu Frank entwickelt. Etwa, daß ich in einer Beziehung für mich einen großen Freiraum brauche. Nicht im Sinne, daß ich tun und lassen kann, was ich will, sondern daß ich mich selbst auch in der Beziehung weiterentwickeln will. Daß ich das tun kann, wozu ich Lust habe, sei es, daß ich mal ein paar Stunden allein in meinem Zimmer sitze und lese oder daß ich auch mal ein Wochenende alleine wegfahre. So was darf die Beziehung nicht gleich in Frage stellen.

So ist es bei uns auch gelaufen. Wir haben einerseits dieses starke Zusammengehörigkeitsgefühl, aber andererseits auch diese Freiheit, daß jeder macht, was er meint, was für ihn wichtig oder gut ist.

War Frank dein Traumprinz?

Nee. Als wir uns kennengelernt haben, habe ich nicht gedacht: Mit
dem willst du jetzt 50 Jahre zusammenleben! Das war einfach jemand, den ich für den Abend kennengelernt hatte und den ich geil
fand.
Und im Laufe des Abends und des nächsten Morgens war es für
mich klar: Den möchte ich wiedersehen! Mit dem möchte ich mehr
zusammen machen. Und irgendwann ist daraus eine Beziehung geworden.

Wonach hast du dir deine Partner ausgesucht?

Der allererste Faktor ist wahrscheinlich das äußere Wirken, sowohl
Aussehen als auch Gestik, Mimik, wie bewegt sich jemand, wie
verhält er sich. Und dann, für mich ganz wichtig: Wie redet er überhaupt, und was redet er. Daraus entwickle ich eben ein Gefühl für
jemanden.
Und bei Frank war das in den ersten paar Minuten schon ein Gefühl, mit dem kannst du was anfangen.
Natürlich spielt in der Regel das Aussehen eine ziemliche Rolle.
Ich weiß etwa, daß ich Typen, die ein bißchen männlicher sind,
natürlich sind, also nicht so gekünstelt Macho, daß ich die gerne
mag. Darauf steh ich. Wäre Frank die absolute Trine mit Nagellack
und langen Dauerwellen und wer weiß was gewesen, dann hätte ich
ihn wahrscheinlich gar nicht erst angesprochen.

Habt ihr viele Gemeinsamkeiten?

Was wir gemeinsam haben, ist ein fast unendliches Bedürfnis nach
Wärme. Egal, wo wir sind: Wenn ich mit Frank zusammen bin,
fühle ich mich geborgen, irgendwie zu Hause.
Zum anderen, daß wir beide fast immer Klartext reden, nicht um
den heißen Brei rumreden, eine ziemlich eigenwillige Meinung haben, aber die auch sagen, und daß Frank genauso wie ich – was
auch zu Problemen führt ab und zu – ziemlich individualistisch,
eigensinnig, ja, vielleicht Einzelgänger ist.
Ich war meist Einzelgänger, nicht groß in Gruppen drin, sondern

habe immer mein Ding gemacht. Das ist bei Frank ähnlich. Das sind die großen Dinge, wo wir zusammenpassen.

Es gibt andere Dinge, wo wir überhaupt nicht zusammenpassen. Ich lese viel, bin politisch interessiert und engagiert, Frank liest zwar auch viel, aber mehr in Richtung Kultur, während ich mehr politische Sachen und Geschichtliches lese. Von den Hobbies her bei Frank viel Kunst, auch vom Berufsziel her, bei mir eher Wirtschaftssachen mit einem Schuß in Richtung Politik. Da haben wir wenig Gemeinsamkeiten. Ich bin schwulenpolitisch interessiert, seit ich bewußt schwul bin, während Frank daran nicht so interessiert ist.

In den grundlegenden Sachen haben wir viele Parallelen, nur in denen, wie sich das umsetzt in bestimmte Sachen, gehen wir ziemlich getrennte Wege.

Auch sexuell? Wie denkst du über Treue?

Die Zielvorstellung Treue habe ich damals in der Beziehung in Bremerhaven gehabt, diese Forderung an mich selbst und an den, mit dem ich zusammen bin, sich treu zu sein. Nicht mit anderen ins Bett zu gehen.

Als ich Frank kennenlernte, die erste Zeit, waren wir uns einfach treu. Wir haben da nie drüber gesprochen. Gut, und dann hab ich mal irgendwelche Leute kennengelernt, die ich geil fand, was aber immer so Eine-Nacht-Affären waren. Ihm ging's genauso, und da haben wir irgendwann mal drüber gesprochen. Haben mehr oder weniger beschlossen, abzuwarten, was da mit uns passiert, mit unserer Beziehung.

Inzwischen, ja, wir sind uns treu, wir schlafen aber auch mit anderen.

Für mich ist die Treue nicht was Sexuelles. Ich weiß, egal ob Frank jetzt mit 'nem andern ins Bett geht oder ich mit jemandem zusammen bin, auch wenn's über einmal ins Bett gehen hinausgeht: Das Oberste, was für mich immer da ist, ist meine Freundschaft mit Frank. Die ist dadurch auch nicht gefährdet. Wir bedeuten uns beide so viel, daß das einfach darüber steht. Es ist mehr eine gefühlsmäßige seelische Treue.

Diese Treue, die Schwule oft auf den Sex beziehen, beziehe ich mehr auf das Gefühl, das man zueinander hat. Auf die Intensität, die da drin liegt. Die ist mir wichtig.

Man kann eh nicht fordern, treu zu sein. Das entwickelt sich aus einem Gefühl zueinander heraus. Wenn man das hat, ist es okay.

Ganz ohne Probleme?

Nein, natürlich führt das auch zu Problemen. Ich hab es zweimal gehabt, einmal vor 2 ½ Jahren im Urlaub und dann vor einem Jahr, da hab ich Leute kennengelernt, in die hab ich mich verliebt.

Wo ich so 'n tiefes Gefühl zu denen hatte, mit denen kannste was anfangen, irgendwie bedeuten die dir was. Wo ich schon gemerkt hab, da hat Frank Angst, daß bei uns was kaputtgeht.

Da reagier ich natürlich auch und versuche, ihm klarzumachen, daß das was anderes ist, daß er trotzdem mein ein und alles ist.

Weißt du das in so einer Situation so klar?

Nee, nicht immer. Als ich hier in Köln den Martin kennengelernt habe, wußte ich es nicht immer. Wo ich steh, welche Beziehung ich zu Frank habe, welche zu Martin. Da bin ich durchaus manchmal ins Zweifeln gekommen.

Aber jedesmal, wenn ich wieder mehr Zeit für mich hatte und darüber nachdenken konnte, war für mich selbstverständlich: Ich bin mit Frank zusammen, und das ist das, was ich will!

Nur, das heißt für mich nicht, daß ich nicht auch diesen Martin liebhabe. Wenn auch anders. Ich könnte das nicht genauer sagen, es ist gefühlsmäßig ein Unterschied.

Das hört sich jetzt so unproblematisch an.

Überhaupt nicht! Als ich mich das erste Mal verknallt habe, das war bei einem Urlaub in Frankreich, da kam ich mal 'ne Nacht nicht nach Haus. Klar ging's Frank da beschissen. Das hab ich auch gemerkt. Das hat auch eine ganze Zeit Probleme gebracht.

Aber inzwischen haben wir beide zueinander das Gefühl, daß wir nicht ohne einander können, daß es auch keine echte Gefahr ist, wenn sich einer mal in jemand anderen verliebt.

Ihr könnt also recht unverkrampft damit umgehen.

Klar, die erste Zeit, wenn ich jemanden kennengelernt habe und mit
dem rumgemacht hab, hab ich mich hinterher beschissen gefühlt.
Was sagste, wenn du nach Hause kommst?
Irgendwann hab ich mir gesagt, das ist doch bescheuert! Wenn du
jemanden gerne hast, brauchst du doch nicht rumzudrucksen und
dich beschissen fühlen. Das kann doch nicht richtig sein!
Schließlich haben wir drüber gesprochen und ganz überrascht festgestellt, daß der andere das genauso macht, daß es ihm genauso
geht. Frank hatte genauso mit anderen geschlafen, und wenn wir
wieder zusammen waren, hatte er auch ein ganz beschissenes Gefühl. Wir haben halt mit der Zeit gelernt, miteinander umzugehen,
auch in solchen Situationen.
Gut, zu Problemen führt es für mich selbst immer noch, wenn ich
jemanden kennenlerne wie diesen Martin, zu dem ich wirklich an-
fange, eine gefühlsmäßige Beziehung zu entwickeln.
Martin weiß, daß ich mit Frank eine feste Beziehung habe und daß
die für mich über allem steht. Das stell ich auch sofort klar, wenn
ich jemanden kennenlerne. Daß ich eine Beziehung hab, die mir
alles bedeutet. Denn ich finde es auch Scheiße, den Typ, den ich da
kennenlerne, zu hintergehen.

Kann Martin damit leben, nicht die Nr. 1 für dich zu sein?

Es ist ihm schon schwergefallen. Man kann aber nicht sagen, Nr. 1 und
Nr. 2. Ich weigere mich, das in Rangfolgen zu bringen. Ich will
keine Wertigkeit da reinbringen. Ich will mich auch nicht entscheiden. Ich möchte einen Weg suchen, das nicht machen zu müssen.
Warum soll ich einen von beiden aufgeben, wenn es beide nicht
wollen?

Und Frank, war der verunsichert?

Eine Zeitlang war er schon unsicher, als er gemerkt hat, daß Martin
für mich mehr ist als ein Abenteuer. Aber wir haben drüber gesprochen, ich hab ihn auch ganz bewußt mit Martin zusammengebracht, damit die sich mal kennenlernen. Und ich glaube, daß er

jetzt das Gefühl hat, daß das unsere Beziehung nicht gefährdet. Weil er mir trotzdem wahnsinnig viel bedeutet.

Wir reden eben auch viel über das, was wir machen. Wenn ich weggehe, dann sag ich Frank, ich treff mich mal wieder mit Martin, oder so.

Ich habe ihm ziemlich schnell davon erzählt, nicht ganz uneigennützig auch deswegen, weil es für mich wichtig war, überhaupt mit jemandem darüber zu sprechen. Das bringt dann auch ein anderes Umgehen in der Beziehung miteinander. Allein durch diese Offenheit ermöglicht man eine andere Auseinandersetzung damit.

Außerdem erlebe ich, daß wir uns durch Beziehungsknatsch oder solche Beziehungen nach außen wesentlich intensiver kennengelernt haben. Daß wir gerade durch Konflikte wesentlich besser gelernt haben, miteinander umzugehen.

Insofern haben die Probleme unsere Beziehung wesentlich intensiver gemacht.

Erst dadurch habe ich auch gelernt – und ich glaube, Frank geht es genauso –, mit den Macken des anderen zu leben. Zu sehen, ja, der reagiert ja ein bißchen anders, als du dir das denkst.

Man erfährt sich selbst dabei ja auch, man sieht, wie gehe ich damit um, wie reagiert Frank dann darauf, wann verletz ich ihn – ohne es selbst zu merken –, und wie muß ich mich verhalten, um ihm nicht weh zu tun. Das haben wir erst im Laufe unserer Beziehung mitgekriegt und sind auch noch dabei, zu lernen und aneinander zu wachsen.

Sind es eigentlich unterschiedliche Dinge, die du von den beiden kriegst?

Ja. Bei Martin ist das so, ich war sein erster richtiger Kontakt in die schwule Szene rein. Ich hab ihm da auch so ein paar Anstöße gegeben und sehe jetzt, wie er sich entwickelt. Das ist für mich interessant, weil ich einfach da Parallelen zu meiner eigenen Entwicklung sehe.

Was bei uns ganz wichtig ist, wir lesen beide furchtbar gerne, das ist ein Interesse, was uns verbindet. Er ist ein unwahrscheinlich kreativer Kopf und gleichzeitig auch ein Einzelgänger.

Da haben wir z. T. Berührungspunkte, die ich mit Frank nicht habe oder auf eine andere Art habe.

Insofern ergänzen sich für mich Frank und Martin irgendwie. In mancher Hinsicht stehen sie nebeneinander.

Das heißt aber auch, daß dein Partner eben nicht alle deine Bedürfnisse abdecken kann.

Ich glaube, man kann nie alle gegenseitigen Bedürfnisse in einer Beziehung abdecken. Ich kann es mir nicht vorstellen. Das ist eine Utopie.

Außerdem ändern sich Bedürfnisse ja auch. Man will ja nicht andauernd dasselbe.

Wenn ich das rückblickend beobachte, verläuft das immer in Wellenbewegungen. Eine Zeitlang bin ich sehr ruhig und mache überhaupt wenig außerhalb unserer Beziehung, und dann bin ich eine Zeitlang wieder viel unterwegs und habe das Bedürfnis, viel rauszugehen. Gar nicht mal in die Sub, sondern überhaupt wegzugehen, andere Leute kennenzulernen, zu klönen, selbst aktiv was zu machen, oder so.

Solche Phasen der Unruhe sind etwas unwahrscheinlich Kreatives für mich. Ich fang dann wieder an, was an mir selbst zu erleben, an mir selbst zu arbeiten, irgendwelche Sachen neu zu erfahren.

So eine Unruhe bringt zwangsläufig auch Probleme für die Beziehung, aber ich finde die für mich trotzdem sehr wichtig.

6. Kapitel

Treue oder: Wie viele Männer braucht ein Mann?

Auf einmal ist alles anders. Seit AIDS Schlagzeilen macht und der Horror vor einer tödlichen Krankheit die Lust abtötet, legt sich ein neues Tabu auf das Thema ‹Fremdgehen›. Treue ist gefordert, Treue als Schlüssel zum Überleben. Viele, womöglich gar die Mehrzahl schwuler Paare, ändern ihr sexuelles Leben radikal.

> Ich habe nie was anbrennen lassen, während unserer ganzen Freundschaft nicht. Höchstens die ersten paar Monate, aber dann fehlte mir doch was, und ich ging wieder auf die Suche. Damit ist Schluß jetzt, das ist mir zu riskant. Ich bin ja noch gut dran, weil ich meinen Freund habe, das geht schon fürs erste. Da muß man eben verzichten können.
> (Christian, 32)

> Mit anderen ins Bett gibt es nicht mehr für uns. Man würde ja den Freund gleich mit gefährden, und bloß für einmal kurz seinen Spaß haben – nee, kommt gar nicht in Frage.
> (Wolfgang, 24)

Moralapostel jubilieren, der Papst reibt sich die Hände: Endlich haben sie wieder einen Grund für absolute Treue, der zieht! Jahrzehntelang mußten sie mit bangen Augen ansehen, wie die Welt um sie herum moralische Grundpfeiler ansägte und mit Lust sowie ständig sinkender Scham vielfältige sexuelle Freuden genoß – beileibe nicht bloß die Schwulen.

«Gott schlägt zurück!» freuen sich diejenigen, denen das alles schon immer gegen den Strich ging (wo sind wir hier eigentlich, beim Boxkampf?). «Die Natur greift ein!», also eine Art GSG Natur, um die alte Ordnung wiederherzustellen.

Damit könnten wir eigentlich das Thema ‹Fremdgehen› zu den Akten legen: Aus, vorbei, geht nicht mehr, ist zu gefährlich, machen wir nicht!

Moment mal! Selbst ein noch so großer Bammel vor Ansteckung (die zudem nur bei bestimmten sexuellen Praktiken möglich ist) darf uns doch wohl nicht davon abhalten, prinzipiell darüber nachzudenken, wie wir zur ‹Treue› beziehungsweise zur ‹Untreue› stehen. Wie wir in unseren Freundschaften bisher, ohne Androhung der ‹Todesstrafe›, damit umgegangen sind. Und wie wir damit umzugehen gedenken, sollte das Damoklesschwert AIDS nicht mehr über jedem Seitensprung baumeln.

Abgesehen davon ist AIDS auch für unsereins oft eine willkommene Gelegenheit, die eigenen Probleme mit einer offenen Partnerschaft zu übertünchen. Keine Eifersucht mehr, nein, es ist die Sorge um AIDS, weshalb man den Liebsten aus den Armen fremder Männer zerrt. Geheime Sehnsüchte nach Abenteuern werden flugs mit dem Hammer «Der Tod droht!» unter den Teppich geklopft. Treue wird Mode statt wirkliches Bedürfnis. In den USA hat dies groteske Züge angenommen, wie hier ein Arzt aus New York beschreibt:

> Viele haben früher Sex und feste Beziehungen nicht sonderlich ernst genommen. Wenn dir jemand nicht paßte, weg damit und in die Bars, um jemand anderen zu suchen. Jetzt schnappt sich jeder den nächstbesten Mann und beginnt mit ihm eine feste Freundschaft, egal wie gut oder schlecht sie funktioniert. (Alex, 30)

AIDS ist schlimm, AIDS macht auch mir Angst, aber ich lasse mir meine Moral nicht von einer Krankheit diktieren! Ich kann vorsichtig sein, kann mich schützen, kann vielleicht sogar für einige Zeit auf sexuelle Kontakte mit anderen als meinem Freund verzichten, mir aber von AIDS gleichzeitig vorschreiben zu lassen, welche Wünsche, welche Begierden ich habe, die ich, sobald es Gegenmittel gibt, auch wieder ausleben werde, dazu bin ich nicht bereit.

Deshalb erst recht ein Kapitel über schwule Sexualität mit all ihren schönen und ihren unsicher machenden Seiten, über Treue und Untreue in schwulen Partnerschaften, über Konflikte und Lösungen.

In keinem Bereich wird soviel gelogen, getäuscht, betrogen und gelitten wie hier. Kein Problem führt so oft zur Trennung schwuler Paare wie das Fremdgehen. Und trotzdem gibt es nur einen kleinen Teil der Freundespaare, welche längere Zeit zusammen sind, bei denen es nicht nach einiger Zeit zu Seitensprüngen kommt (sieht man mal von der augenblicklich besonderen Situation mit AIDS ab). Kein Thema berührt uns so tief, keine Diskussion wird so unehrlich geführt wie die übers Fremdgehen. Wir tun es, aber das Reden darüber fällt uns schwer. Unser Partner tut es, und unsere zur Schau getragene Großzügigkeit kommt ins Wanken. Wir bringen Argumente für und wider – sinnlos, es ist einfach keine Sache, bei der wir unsere Gefühle ausschalten können.

Offenheit und Aufgeschlossenheit gegenüber den eigenen Sehnsüchten und Ängsten ist die einzige Chance, sich in diesem Bereich einigermaßen erfolgreich voranzutasten. Auch wenn der kühle Kopf bei dieser Angelegenheit so schrecklich wenig beisteuern kann, gibt es doch einige Fakten, die dir ein wenig helfen könnten.

Ein außerirdischer Beobachter, der die Entwicklung der menschlichen Rasse über die Jahrtausende hinweg beobachtet, würde etwa folgenden Bericht über das Sexualverhalten abliefern:

Bei meinem ersten Besuch treffe ich diese Lebewesen in großen Gruppen lebend an. Soweit ich das beobachten kann (in den Höhlen ist es teilweise recht dunkel), haben sie recht ungeordnet durcheinandergevö . . ., äh, miteinander Geschlechtsverkehr gehabt. Die Gruppe ißt zusammen, schläft zusammen und vergnügt sich sexuell miteinander.

Als ich viele hundert Jahre später wieder mal vorbeischaue, stelle ich einige Veränderungen fest. An manchen Orten auf der Erde leben die Gruppen nun in Hütten und bilden größere Familien. Ein Mann lebt mit mehreren Frauen und den Kindern zusammen. Anderswo finde ich Partnerschaften zwischen einer Frau und mehreren Männern oder Mischformen. Gründe für das Zusammenleben scheinen wirtschaft-

liche zu sein, etwa daß die Frauen Kinder in die Welt setzen, Hütte und Anpflanzungen versorgen, während der Mann auf die Jagd geht und Frischfleisch besorgt. Stirbt ein Partner, nimmt man sich eben jemand anderen.

Wieder lange Zeit später. Zuerst bin ich sehr erschrocken, weil sich viel verändert hat. Die Menschen leben jetzt in Haufen von festen Häusern mit dicken Mauern drumrum. Frauen und Männer heiraten richtig, wobei das immer noch nicht viel mit Liebe zu tun hat. Der Frau ist es inzwischen bei Strafe verboten, mit anderen Männern in die Federn zu klettern, damit der Ehegatte auch sicher sein kann, daß die Sprößlinge sein eigen Fleisch und Blut sind. Er nennt das ‹treu sein›. Für die Männer gilt das nicht – na ja, sie machen ja auch die Gesetze. Mancherorts gilt inzwischen gar Ehepflicht – in Sparta habe ich gesehen, wie Junggesellen zusammengepfercht und nackt durch die Straßen getrieben wurden!

Um wie vieles lockerer geht es demgegenüber doch in weniger ‹zivilisierten› Gebieten der Erde zu! Ich habe unzählige Volksstämme besucht, aber nur ganz wenige hatten sich bisher den Spaß am Leben nehmen lassen und ebenfalls auf Einehe umgeschaltet.

Von den Tieren ganz abgesehen, welche diesen Planeten bevölkern. Feste Partnerschaften dauern, wenn überhaupt, meist nur bis zur nächsten Paarungsperiode. Eine der Ausnahmen, und ich muß das unbedingt erwähnen, weil es so aus dem Rahmen fällt, ist der Fuchs. Er ist absolut monogam! Hat er sich erst einmal auf ein Weibchen eingelassen, kriegt ihn kein anderes mehr rum. Für die Füchsin, dies muß man der Ehrlichkeit wegen erwähnen, gilt das weniger. Sie nimmt, solange sie in der Brunst ist, jeden Fuchs, der ihr über den Weg läuft. Es gibt zwar auch treue Füchsinnen, aber nur, wenn ihr ‹Mann› sie dazu zwingt!

Mein nächster Besuch fällt in eine Zeit, in der sich das sogenannte Christentum mehr und mehr ausbreitet. Damit verbunden auch eine neue Moral: Sex hat keinen Spaß zu machen, sondern ist notwendiges Übel, um immer mehr kleine Christlein zu zeugen. Die Frau hat sowieso keine Gelüste (man diskutiert sogar darüber, ob sie überhaupt eine Seele habe!), und der Mann wird mit gehörigen Strafen davon abgehalten, so was Perverses wie Geschlechtsverkehr mit jemand anderem als seiner Frau zu wollen. Nicht alle halten sich daran und müssen zur Buße jahrelang bei Wasser und Brot dahinvegetieren, werden ver-

*bannt oder können sich nur durch ausgedehnte Wallfahrten rein-
waschen.*

*Einige Jahrhunderte später hat sich in dieser Hinsicht immer noch
nichts Grundlegendes geändert. Lediglich die Strafen für Ehebruch
sind geringer geworden. Während nach einem Synodalbeschluß von
1120 Männer kastriert und Frauen um die Nase gekürzt wurden, be-
gnügte sich Kurfürst Maximilian (17. Jahrhundert) mit mehrjähriger
Verbannung und Kaiser Wilhelm mit einem halben Jahr Gefängnis. In
großen Teilen der Welt hat sich die christliche Moral durchgesetzt und
ist vom Staat gesetzlich untermauert worden. Wieder sind es nur die
wenigen, von der Zivilisation noch nicht erreichten Gebiete, wo freiere
sexuelle Sitten herrschen. Aber die kommen gewiß auch noch dran!*

*Es ist wirklich witzig, aber Monogamie muß ein so unnatürlicher
Zustand sein und so wenig den Wünschen der Männer und Frauen entsprechen, daß während der gesamten ‹zivilisierten› Geschichte regelmäßig eine Unmenge an Strafen und Strafandrohungen nötig war, um
sie durchzusetzen. Scheinbar hätte sich sonst kaum einer dran gehalten.*

Hier endet der Bericht des Unparteiischen aus der anderen Gala-
xie. Er hat weder mitbekommen, wie die CDU im Jahre 1966 einen
letzten Versuch unternahm, Seitensprünge von Ehepaaren mit einem
Jahr Gefängnis zu bestrafen, noch, wie im Verlauf der ‹sexuellen Revolution› alle möglichen Menschen auf die Idee kamen, ihre eigenen
sexuellen Bedürfnisse seien wichtiger als staatlicherseits oder kirch-
licherseits vorgeschriebene Normen.

Er weiß natürlich auch nicht, daß Völkerkundler rausgefunden haben, wie wenig verbreitet die Monogamie außerhalb der ‹zivilisierten›
Welt ist. Von 185 Volksgruppen war sie lediglich bei 9 (in Worten:
neun) das vorgeschriebene Ideal. (Bornemann ’84, S. 111; Ford/
Beach, S. 115)

Wenn zwei Menschen sich dazu entschließen, ihre Lust ausschließlich miteinander zu leben – sind die dann also ‹unnormal›?

Quatsch! Erstens gehören Kategorien wie unnormal oder unnatürlich aus dem Wortschatz gestrichen, solange es darum geht, Verhalten
zu beurteilen. Egal, wie normal oder unnormal etwas ist, entscheidend ist, was wir wollen. Und wenn jemand seine sexuellen Erlebnisse lieber auf *einen* Partner beschränkt, hat er das verdammte Recht
dazu. Genauso wie derjenige, der so eine Ausschließlichkeit für sich
nicht akzeptiert.

Zweitens können Verhaltensweisen von Tieren oder die von Menschen anderer Zeiten und Kulturen nicht unbedingt etwas darüber aussagen, welches Verhalten das «eigentlich richtige», das dem Menschen eher gemäße ist. Wir werden in eine bestimmte Zeit hineingeboren, lernen ihre Normen und müssen uns mit ihnen auseinandersetzen. Ein Höhlenmensch oder das Mitglied eines Stammes vor Tausenden von Jahren fand Geborgenheit in seiner Gruppe. Ohne diese wäre er allerdings auch verloren gewesen. Jede besonders enge persönliche Bindung zwischen einzelnen Mitgliedern der Gruppe, etwa zwischen einer Frau und einem Mann, hätte den Zusammenhalt des ganzen Stammes bedroht – folglich wurde eine so enge Bindung abgelehnt.

Wer in der zweiten Hälfte des 20. Jahrhunderts hier in der Bundesrepublik lebt, muß eine vollkommen andere Situation bewältigen. Eine Geborgenheit spendende Gruppe gibt es für die meisten nicht mehr, Individualität ist Trumpf. Der einzelne zählt. Das hat Vorteile: Je nach Interessen und Fähigkeiten kann sich dieser einzelne entwickeln. Er ist unabhängiger geworden und hat an Freiheit gewonnen.

Der Preis hierfür heißt Einsamkeit. Jeder muß sich allein behaupten. Und weil das so schwierig ist, versuchen wir halt verzweifelt, uns wenigstens mit einem einzigen Menschen zusammenzutun. Mit dem dann aber ganz und gar. Vielleicht lassen sich so die Riesenprobleme verstehen, die ein Großteil von uns mit der ‹Untreue› hat.

Eines allein zeigt der Blick in die Vergangenheit: Die von Kirche und Staat immer als ‹normales Bedürfnis des Menschen› hingestellte Treue in der Liebe ist eher eine recht ungewöhnliche und neuzeitige Art, in Partnerschaften zu leben. Wer uns einreden will, nur Treue mache glücklich (Schlagertext: «... daß es gar nichts Schöneres gibt, als treu zu sein, wenn man wirklich liebt»), sollte sich fragen, ob denn die Menschen in früheren Zeiten so unglücklich waren, und wieso sie dann stets zu ihrem Glück gezwungen werden mußten.

Egal, was nun ‹normal› ist, und AIDS mal beiseite, unter schwulen Paaren steht Treue nicht so hoch im Kurs – erst recht nicht, wenn es sich um längerfristige handelt. Diejenigen, die am meisten auf Ausschließlichkeit pochen, sind ‹Frischvermählte› und Singles.

Junge Lover in den ersten Monaten ihrer Freundschaft verspüren in den seltensten Fällen allzu große Lust auf fremde Männer. Solange wir frisch verliebt sind, steht meist der Wunsch, zusammenzusein, miteinander zu schlafen, sich besser kennenzulernen, im Vordergrund.

> Ich könnte mir gar nicht vorstellen, mit einem anderen
> Mann zärtlich zu sein oder ins Bett zu gehen. Wenn man
> jemanden so liebt, will man ihn nicht mit einem anderen
> teilen. Abgesehen davon macht es uns auch viel zuviel
> Spaß miteinander. Wir brauchen niemand anderen.
> (Rudi, 21)

Die zweite große Gruppe der «Treuen» sind Schwule, die keine feste
Beziehung haben, sie sich aber sehr wünschen. Bei ihnen steht das
Ideal des festen Paares ohne Seitensprünge hoch im Kurs.

> Ich halte viel von Treue, auch und gerade sexueller Treue.
> Ich bin nicht für eine «moderne Partnerschaft», in der man
> auch mit anderen ins Bett geht, als ob man sich mit jeman-
> dem zum Kino oder Squash verabredet. Obwohl ich in
> Zeiten, wo ich keinen festen Partner habe, ziemlich rum-
> hure, will ich und kann ich in einer festen Partnerschaft
> monogam leben. Nur habe ich fast den Eindruck, daß dazu
> kaum einer bereit ist. (Andreas, 27)

Schließlich gibt es die Gruppe der «Standhaften», die auch in langfri-
stigen Beziehungen dazu «bereit sind».

> Eine Beziehung ohne Treue ist für mich keine Beziehung.
> Dieses Vollkommene, dem Partner wirklich treu zu sein
> wie in einer normalen Ehe, das gibt es in der Schwulen-
> szene sehr wenig. In meinem Bekanntenkreis kenne ich
> nur zwei oder drei, die wirklich solche Beziehungen füh-
> ren, wie ich es tu. Man hört es ja auch immer wieder. Jeder
> wünscht sich das, aber keiner hält sich dran. Der sexuelle
> Druck ist wohl zu groß. Ich sag aber lieber jedesmal nein,
> auch wenn ich einen Typ vom Sexuellen her interessant
> finde.
> Ich würde nie fremdgehen. Ich habe mich für jemanden
> entschlossen, und da könnten zehn andere Traumprinzen

kommen, das würde mich nicht reizen. Gut, ich schau natürlich auch mal, aber das Bedürfnis ist nie so stark, daß ich deshalb meinem Partner weh tun möchte.

Viele wünschen sich eine feste Beziehung, aber dann muß man auch auf vieles verzichten. Man muß sich einschränken, es kann nicht jeder tun und lassen, was er will. Meistens gehen Beziehungen ja durch dieses Fremdgehen kaputt, nicht durch andere Dinge.

Sexualität ist das Höchste, was zwei miteinander haben können, aber das sollte auch auf die beiden beschränkt sein. Wenn mein Partner fremdgehen würde, dann würde das bedeuten, der liebt mich nicht mehr. Sonst würde er nicht mit einem anderen ins Bett gehen!

Ich könnte es nicht ertragen, wenn jemand meinen Freund anfaßt. Dann hab ich das Empfinden, er gehört nicht mehr zu mir, er gibt mir nicht alles. Es hat kein anderer das Recht, ihn anzufassen. Er gehört nur mir allein. Nicht als Besitz, aber . . . (Manfred, 28)

Manfred hat zumindest in einem recht: Nur ein kleiner Teil aller schwulen Paare bleibt auf die Dauer sexuell treu (sofern sich das bei unseren heutigen Möglichkeiten, verläßliche Informationen über ‹die Schwulen› zu kriegen, sagen läßt).

Das Großartige an schwulen Beziehungen ist, daß es keine Vorschriften gibt wie etwa bei einer Hetero-Ehe. Wir können uns unsere Regeln selbst schaffen. Ich liebe meinen Freund, und wir sind seit über zwölf Jahren zusammen, aber ich habe keine Lust, auf sexuelle Erlebnisse mit anderen Männern zu verzichten. Ich fang doch nicht an, die weniger reizvoll zu finden, bloß weil ich befreundet bin! Es ist Blödsinn, wenn gesagt wird, Liebe und Sex gehören zusammen. Das kann sein, und bei meinem Freund und mir ist das auch so. Es macht uns immer noch viel Spaß, es miteinander zu treiben. Aber die Lust auf andere geht dadurch nicht weg. (Bernhard, 36)

Von ‹Treue› habe ich eine andere Vorstellung als manch anderer Schwuler. Treue ist für mich, zu meinem Freund zu stehen, ob es ihm gut geht oder schlecht, ob er gesund ist oder krank. Treue ist, immer wieder zu ihm zurückzukehren. Die Zwangsjacke der Ausschließlichkeit möchte ich mir nicht überziehen; das Leben ist zu kurz, um mit Ausschließlichkeiten zu leben, und einige Männer sind viel zu interessant, um unbeachtet zu bleiben. Trotzdem sind wir seit über vier Jahren glücklich befreundet. (Thomas, 26)

Wer mit offenen Augen durch die Welt läuft, weiß, daß diese Haltung keineswegs ein Privileg der Homosexuellen ist. Der Trend zum ‹außerehelichen Geschlechtsverkehr› ist stark im Steigen begriffen. Seit es die Pille gibt, auch bei Frauen. Shere Hite stellt im ‹Hite Report II› fest: «Die Mehrzahl der verheirateten Männer war nicht monogam. 72 % der seit zwei oder mehreren Jahren verheirateten Männer hatten sich sexuell außerhalb der Ehe betätigt.» (Hite 1982, Bd. 1, S. 167) Gleich noch zwei Zitate aus ihrer Untersuchung:

Meine Frau ist für mich sexuell so anziehend wie eh und je oder sogar noch mehr. Aber die Monogamie liegt mir nicht. . . . Ich habe Affären gehabt, solange ich verheiratet bin.

. . . hatte ich mehrmals was mit anderen Frauen. Das waren zumeist beiläufige Begegnungen, Eine-Nacht-Ficks, bei denen uns beiden klar war, daß es zu keiner dauerhaften emotionalen Beziehung kommen würde. Es war schön und ergibt sich hoffentlich noch öfter.

Sogar in Kinderreimen hat die neue Moral Einzug gehalten: «Eia popeia, was raschelt im Stroh? Mutter ist weg, Vater ist froh! Schnell holt er sich 'ne andere Frau mit 'nem besseren Körperbau.» Oder wie steht's hiermit: «Früher war das so geregelt, daß Vater seine Alte vögelt. Heute ist das ganz verrückt, weil alles durcheinanderfickt.» (nach Bornemann: Die Welt der Erwachsenen in den ‹verbotenen› Reimen deutschsprachiger Stadtkinder, S. 55)

Aber! Die Frauen spielen da (noch?) nicht so richtig mit. Alle einschlägigen Untersuchungen zeigen, welch hohe Meinung die allermeisten Frauen immer noch von der sexuellen Treue haben. Es ist vergebliche Liebesmüh, wollte man allen Ernstes abstreiten, daß viele Schwule pausenlos auf der Suche nach Sexualpartnern sind und einige Mühe hätten, das hehre Ideal von einer treuen Beziehung zu erfüllen. Hätte dies wirklich etwas mit ihrer Homosexualität zu tun, dann müßte dies für homosexuelle Frauen ebenso gelten. Tut es aber nicht.

Wir haben es also eher mit einem typisch männlichen Verhalten zu tun. Während bei schwulen Beziehungen stets – das liegt nun mal in der Natur der Sache – zwei Männer mit ihrem (im großen und ganzen) ähnlich gelagerten Trieb beteiligt sind, haben es Hetero-Männer in diesem Punkt schwerer. Sie sind darauf angewiesen, daß eine Frau mitspielt. Und das tut sie eben nicht so schnell.

Nur so erklärt sich der Unterschied zwischen Hetero- und Schwulenpaaren in puncto sexueller Treue. «Es scheint kein Zweifel darüber zu bestehen, daß der Mann während seines Lebens eine Vielzahl sexueller Partner wählen würde, bestünden in dieser Hinsicht keine sozialen Beschränkungen», schrieb bereits 1964 Kinsey in seinem berühmten Report «Die Sexualität des Mannes» (1964, S. 541).

Machen wir doch mal einen kleinen Ausflug in die Niederungen (oder Höhen) männlicher Sexualität. Mir selbst hat das dabei geholfen, manch angeblich «typisch schwules» Verhalten (und mich selbst) besser zu verstehen. Solltest du als Mann dich mit dem Beschriebenen keineswegs identifizieren können, hier vorab ein Trost: Natürlich geht es bei solchen Aussagen über ‹die Männer› regelmäßig nur um Durchschnittswerte. Es gibt ungeheuer große individuelle Unterschiede. Ein Beispiel: Forscher stellten fest, daß Männer durch alle möglichen Reize sexuell erregt werden können, während Frauen vor allem auf Berührungsreize ansprechen, auf Streicheln und ähnliches. Ein Drittel der untersuchten Frauen sprang genauso häufig auf alle möglichen Reize an wie der Durchschnitt der Männer. 2 bis 3 % der Frauen waren sogar durch mehr Dinge sexuell zu erregen als alle Männer (Kinsey 1966, S. 537). Männer und Frauen unterscheiden sich nicht prinzipiell in ihrem Verhalten, sondern lediglich darin, wie oft es auftritt.

Vielleicht wäre das alles in einer Gesellschaft, in der Frauen und Männer wirklich gleichberechtigt wären und gleich erzogen würden, anders. Aber im Moment haben wir eine solche Gesellschaft nicht und müssen mit dem klarkommen, was sich uns bietet. Mit dem Bedürfnis z. B., sich durch das Betrachten von nackten Fremden aufzugeilen, sei es in Form von Pornos oder lebendigen Menschen. Keine Frau würde auf die Idee kommen, stundenlang neben einem winzigen Loch zu hocken, um jemanden in der Nachbarkabine beim Ausziehen zu beobachten und sich dabei einen runterzuholen. Kaum eine Frau rennt mit ebensolcher Begeisterung wie viele der Männer immer wieder in Pornofilme oder Sexshops. Peepshows für Frauen geraten zu finanziellen Pleiten, weil für Frauen ihre Phantasie nicht nur erregender (und billiger zu haben), sondern auch jederzeit zu Hause zu haben ist.

Fetischismus, also das Abfahren auf Gegenstände (etwa Höschen, Lederkleidung oder Schuhe) beziehungsweise auf Teile von Personen (Schnauzer, große Schwänze usw.), ist etwas, das fast ausschließlich bei Männern vorkommt.

Verblüffend auch die Geschwindigkeit, mit der ein Mann in den absurdesten Situationen geil werden kann. Ihm begegnet auf der Straße ein reizvoller Mann, schon steigt der Lustpegel und drängt auf Action. Er hört ein Stöhnen im Nachbarzimmer, und prompt wird er selber scharf. Er kann das gar nicht abstellen, es funktioniert automatisch. Frauen hingegen können sogar als ‹Masseusen› Männern einen runterholen, ohne davon im mindesten angeregt zu werden.

Ein Mann kann auf fast jede Frau (bzw. jeden Mann) sexuell reagieren, wenn sie (er) ihn nicht gerade abstößt. Frauen verwirrt solches Verhalten eher, als daß sie es nachvollziehen könnten. Sexuelle Erlebnisse gerade auch mit einem fremden, ihnen unbekannten Partner ist für die meisten Frauen nicht nur nicht erregend, sondern eher abtörnend. Vertrautheit und Nähe steigern das sexuelle Bedürfnis, während für Männer das Fremde und Unbekannte oft besonders geil ist.

Und schließlich ist da der sogenannte «Coolidge-Effekt». Der wurde von einem Herrn Coolidge zuerst bei Schafen entdeckt. Hatte ein Bock einige Male dasselbe Schaf bestiegen, verschwand bei ihm jegliche Lust auf mehr. Seine Potenz stieg allerdings sofort wieder an, sobald ein anderes Schaf zur Verfügung stand. Nach dieser Abwechslung kriegte er übrigens auch wieder Interesse am ersten Weibchen. Von diesem tierischen Erbe ist wohl beim Mann ein bißchen erhalten geblieben, denn kaum ein Argument für Seitensprünge wird so oft genannt wie dieses:

Ich glaube, ich brauche Abwechslung. Nicht nur in den sexuellen Praktiken, sondern auch, daß ich einen anderen Körper in den Händen haben möchte. Das Gefühl, einen anderen Körper wieder neu zu erforschen, das finde ich einfach unheimlich toll. (Manuel, 22)

Das ist bei mir genauso. Bei anderen Leuten auf Entdeckungsreise gehen, Neues zu erleben. (Werner, 20)

Natürlich ist weibliche Sexualität nicht deshalb ‹wertvoller› oder ‹moralischer›, weil sie unseren christlichen Idealen von Treue, Zärtlichkeit usw. mehr zu entsprechen scheint, und Frauen sollten es sich zweimal überlegen, ehe sie Männern ihre sexuellen Begierden vorwerfen. Wir sind halt verschieden, und beides hat seine Vor- und Nachteile. Ein ‹besser› gibt es da wohl nicht.

Die Unterschiede sollen auch nur erklären, wieso ‹Treue› bei Männern offenbar wesentlich seltener zu beobachten ist. Schwule sind das eine Extrem (weil da zwei Männer beisammen sind), Lesben das andere (weil da zwei Frauen unbehelligt von ‹männlichen Eigenarten› ihre Bedürfnisse befriedigen können).

Selbstverständlich gibt es, alles andere würde meinen Vorbemerkungen widersprechen, Frauen, die total ‹wie ein Mann› reagieren, etwa durchaus Bock auf anonymen Sex mit häufig wechselnden Partnern haben. Und es gibt natürlich auch Schwule, welche die ‹männliche› Trennung von Sex und Liebe nicht mitmachen wollen.

Ich möchte und kann nicht mit einem Jungen schlafen, den ich nicht auch liebe. (Jonas, 27)

Oder die schnellen Sex mit einem äußerlich vielleicht attraktiven Mann ablehnen, sofern sie sonst nichts mit ihm anfangen können.

Ich kann da nicht abschalten. Ich kann nicht über meinen Schatten springen und mir einbilden, es würde mir nichts ausmachen, wenn der andere nicht bis drei zählen kann. Oder ich mich mit dem nicht unterhalten kann. So ‹Augen zu und an England denken› – das kann ich wirklich nicht! (Eckhard, 26)

Nachdem wir nun festgestellt haben, daß ein Großteil der Schwulen nicht so auf Treue steht, und mit den männlichen Eigenheiten auch einen wichtigen Grund dafür gefunden haben, wollen wir jetzt darüber nachdenken, welche Ursachen es noch geben mag.

Manche sind den Männern bewußt, andere nicht. Wunsch nach Abwechslung war einer der bewußten, einen neuen, aufregenden und unbekannten Mann kennenzulernen und Sex mit ihm zu haben. Lebenslang Schweinebraten, da hilft schließlich weder ein Wechsel der Zutaten noch der Gewürze, da hilft kein Fasten und kein gutes Zureden mehr. Da hilft oft nur noch Hasenrücken oder Fisch. Danach schmeckt auch der Schweinebraten wieder äußerst lecker.

> Bei meinem letzten Freund habe ich es wirklich versucht, treu zu sein. Ich bin in den ganzen Jahren kein einziges Mal fremdgegangen! Aber das Bedürfnis danach wuchs mehr und mehr. Ich fühlte mich derart eingeschlossen, daß ich am Ende die Beziehung abbrach. Mit meinem jetzigen Freund ist das kein Problem. Man macht es, und freut sich dann schon wieder darauf, mit dem Partner zusammenzusein. (Kurt, 37)

Ein sehr häufig genannter Grund fürs Fremdgehen ist, daß man mit dem Freund nicht alle Bedürfnisse ausleben kann.

> Manfred kann es nicht gut vertragen, wenn man ihn bumsen will. Gott, da kann ich nicht mit meinen Wünschen ‹Ich will jetzt aber, und wenn du das nicht durchhältst, dann liebst du mich nicht!›, wenn er hinterher Probleme hat und tagelang da Schmerzen leiden muß. Also muß ich einen Weg finden, wenn ich das unbedingt brauche, das mit jemand anders zu machen. Da gibt es ja Möglichkeiten. Ich denke, daß dann das Ausweichen-Können eine Bereicherung unserer Beziehung ist und nicht die Beziehung stört. (Volker, 35)

> Es gibt Dinge, die kann ich einfach mit Bernd nicht machen. Das geht nicht. Ich habe Phantasien, die kann ich nur mit jemandem ausleben, den ich nicht kenne und der

mir nichts bedeutet. Sadomasochistische Sachen, oder
obszöne Sachen sagen. (Peter, 30)

Auf keinen Fall mit dem eigenen, vertrauten Freund kann man das
Bedürfnis nach der ‹Jagd› auf einen Mann ausleben.

Das ist prickelnd und spannend und reizvoll, jemanden anzumachen und ins Bett zu kriegen, darauf möchte ich nicht
verzichten müssen. Das macht mir fast noch mehr Spaß als
der ganze Sex hinterher! Mit meinem Freund ins Bett zu
gehen ist toll und schön, ich möchte darauf keinesfalls verzichten, aber das ist natürlich nicht mehr genauso aufregend
wie am Anfang. (Rolf, 25)

Offenbar handelt es sich um zwei verschiedene Bedürfnisse, die bei
den meisten Paaren durch Fremdgehen befriedigt werden. Sex mit
dem Partner ist geil, schön, vertraut, Sex mit einem Dritten ist aufregend und neu. Beides existiert nebeneinander. Heiner, der mit seinem
Freund Gerd seit 18 Jahren zusammen ist und öfter mal Abenteuer
nebenher hat, beschreibt, wieso das dennoch nichts am Sex mit Gerd
geändert hat:

Ich bin im letzten Herbst mit einem anderen Freund in Urlaub gefahren, und mit dem Freund hab ich ein unheimlich
gutes Verhältnis. Wir verstehen uns sehr gut, ich mag den,
er ist auch vom Typ her mein Fall, ein sehr männlicher Typ.
Es macht auch Spaß, mit dem ins Bett zu gehen, aber im
Grund ist das bei dem genauso wie bei den Hunderten oder
was weiß ich vorher, im Grunde genommen könnte der
dann auch gehen. Da bleibt trotz allem nix nach. Bei Gerd
ist das ganz anders. Ich kann das nicht beschreiben, weil's
ein Gefühl . . . Gefühle kann man so schlecht in Worte umsetzen.
    Viele Leute reden davon, daß die Sexualität langweilig
wird mit dem Partner. Ich finde ganz im Gegenteil, daß wir
im Laufe der Zeit so viele Sachen an uns entdeckt haben,
die Spaß machen, daß das nie langweilig ist. Gerd ist für
mich als Sexualpartner noch genauso interessant im Bett

wie am ersten Tag. Gut, die Formen haben sich geändert,
aber das Vergnügen ist immer noch das gleiche.
(Heiner, 38)

Das ist nicht die Regel. Manchmal versickert die Lust auf den Partner
im jahrelangen Alltag, wird weniger oder hört gar ganz auf.

Ich finde, das ist gar nicht so selten, daß Freundespaare
nach einer Reihe von Jahren nicht mehr miteinander schlafen. Die Gewöhnung oder der geringe Trieb oder was weiß
ich führen dazu. Bei uns war nach drei bis vier Jahren
Schluß. Seitdem gehen wir los, um Partner fürs Bett woanders zu finden, und haben getrennte Schlafzimmer. Aber
das ändert nichts daran, daß wir uns beide lieben und gern
zusammen sind. Wir haben uns gemeinsam ein Haus gekauft und fühlen uns ungeheuer wohl miteinander. Wie
gute Freunde eben. (Wilhelm, 49)

Auf diese Weise bekommen Wilhelm und Herbert alles, was sie brauchen: Geborgenheit, Sicherheit, Nähe, Gemeinschaft miteinander –
sexuelle Befriedigung außerhalb. Und anstatt dies still und heimlich
zu machen, wie bei Heteros üblich, sind sie offen und ehrlich miteinander, Unvereinbarkeiten zuzugeben. Fremdgehen wird damit zum
Mittel, die wertvolle nicht-sexuelle Beziehung aufrechtzuerhalten.
    Ein letzter, manchmal in den Interviews genannter Grund für Sei-
tensprünge ist auch noch wichtig:

Irgendwie ist das ja auch eine Bestätigung, daß ich noch
immer von anderen attraktiv gefunden werde. Daß ich noch
begehrenswert bin. Das steigert mein Selbstwertgefühl.
(Richard, 34)

Da sind wir bereits hart an der Grenze zu den unbewußten Ursachen
des Fremdgehens. Viele begreifen gar nicht, wieso es sie immer wieder dazu treibt. Scheinbar wollen sie es nicht und tun es doch.
    Dahinter steht dann oft gar nicht das sexuelle Bedürfnis, die Ab-
wechslung oder die in der Partnerschaft nicht befriedigte Lust – dahinter steht in der Regel Angst. Diese verborgenen Motive kommen fast

112

nur in einer Therapie zum Vorschein, und die folgenden Zitate sind aus Therapiesitzungen. Deshalb müssen sie anonym bleiben.

> Mir ist klargeworden, welch große Angst ich vor ... hatte.
> Ich dachte, er liebt mich nicht wirklich. Eines Tages würde
> er mich verlassen. Deswegen mußte ich immer mal wieder
> mit anderen was anfangen, um sicher zu sein, daß ich wieder
> jemanden finden könnte. Besonders wenn wir Krach mit-
> einander hatten, bin ich losgezogen und hab mir die Bestäti-
> gung von anderen geholt. Ich hab die ja auch gekriegt, ob-
> wohl mich das im Grunde auch nicht befriedigt hat. Innen
> drin wußte ich, die kennen dich eben nicht, das ist alles
> bloß, weil ich gut aussehe. Wenn die mich erst richtig ken-
> nenlernen würden, würden die mich auch fallenlassen wie
> eine heiße Kartoffel.

Ein anderer Homosexueller hat die Befürchtung, die Freundschaft könnte zu eng werden. Er geht fremd, um dadurch den Abstand zu demonstrieren.

> Ich weiß noch nicht, ob ich so eine enge Beziehung will. Ich
> werde immer viel zu schnell abhängig von jemandem. Er
> darf nicht das Gefühl kriegen, ich würde ihm gehören und
> er könne mit mir machen, was er will. Wenn ich mit einem
> anderen Mann ins Bett gehe, fühle ich mich frei und unab-
> hängig. Deshalb erzähle ich es meinem Freund auch immer,
> damit er weiß, daß er nicht der einzige für mich ist.

Da bei Männern vieles über Sex läuft, werden Seitensprünge sogar als Rache-Instrument eingesetzt.

> Das war alles bloß, um ihm weh zu tun. Ich wollte mich
> dafür rächen, daß er so wenig Zeit für mich hat und mich zu
> wenig beachtet. Ich wollte ihm zeigen, siehst du, andere
> finden mich attraktiv! Paß auf, sonst bist du mich los!

Anstatt sich dem Freund zu öffnen und über die verborgenen Gefühle zu sprechen, die einen zum Fremdgehen treiben, wird alles über die

Sexualität ausgehandelt und führt dadurch mit schöner Regelmäßigkeit zum Knatsch.

So positiv der Seitensprung aus einem der oben angeführten bewußten Motive für eine Beziehung sein kann, so negativ wirkt er sich aus, wenn diese unbewußt bleiben. Fast alle Schwulen, die in der Therapie über derartiges berichteten, befanden sich in einer schweren persönlichen Krise, und ihre Partnerschaft drohte kaputtzugehen. Nur indem sie durchschauten, wieso sie immer und immer wieder zum falschen Mittel des Fremdgehens griffen (falsch, weil es das Problem nicht löste), ergaben sich Ansätze, die Krise zu lösen.

Manuel und Werner

Manuel (22) und Werner (20) sind jetzt knapp drei Jahre zusammen. Werner macht zur Zeit seinen Zivildienst in einer norddeutschen Kleinstadt, während Manuel (oder Manu, wie er von allen genannt wird) in Kiel Mineralogie studiert.

Manuel: Mein erstes Erlebnis hatte ich mit 18½, in Itzehoe im Park. Das war eigentlich eine sehr positive Erfahrung, ganz toll. Bloß hinterher kriegte ich Angst, weil ich noch bei meinen Eltern wohnte, daß das rauskommt. Deshalb hab ich mich mit dem nicht wieder getroffen.
Einige Zeit später lief so was noch mal ab. Ich fand das wieder ganz toll, aber hinterher hab ich mir gesagt, lieber nicht mehr!
Ich konnte es kaum erwarten, nach Kiel zu ziehen, ich war froh, daß ich raus war aus der Provinz. Durch eine Anzeige habe ich probiert, Kontakt zu finden, aber da ist nicht viel draus geworden. Ein viertel Jahr habe ich schließlich gebraucht, bis ich den Mut hatte, mich bei der Gruppe zu melden. Und da hab ich Werner kennengelernt.
Ich sag immer, ich bin schwul, seitdem ich denken kann, ich hab das nie anders empfunden. Früher waren es eben nur Kinderfreund-

schaften, aber es war nie was anderes dazwischen. Selbst als ich meine erste Freundin hatte, hab ich immer gewußt, daß ich schwul bin. Das Problem war bloß, das auszuleben. Ich wußte einfach nicht, wie ich an andere Schwule rankommen soll!

Ganz früher hab ich ja nicht gewußt, daß das was Schlimmes ist. Ich hab mich in andere Jungs verliebt, schon im ersten Schuljahr war jemand. Ich war richtig vernarrt in den. Aber damals hab ich das nicht als ‹anders› oder schlimm empfunden.

Fußball hab ich immer gehaßt, da hab ich mich rausgehalten. Ich war auch eher schüchtern und hab mich nicht so leicht anderen Leuten angeschlossen.

Später, als ich wußte, daß ich schwul bin und was das Wort bedeutet, so mit zehn oder elf, als ich mitkriegte, wie von den anderen darüber gelästert wurde, hab ich mich mehr und mehr zurückgezogen. In der Zeit habe ich nie neue Freunde dazugewonnen, sondern mich nur mit ein paar festen Freunden getroffen. Mit denen hab ich darüber aber nie geredet, sondern ich habe das mit mir alleine abgemacht.

Das ist so geblieben, bis ich nach Kiel gezogen bin. Ich hab bloß immer überlegt, wie ich andere Schwule kennenlernen könnte! Ich wußte gar nicht, daß es überhaupt eine schwule Szene in Itzehoe gibt. Ich wußte zwar, daß es 'ne schwule Kneipe gibt, aber ich hatte damals auch das richtige Klischee, wie so was aussieht, so plüschig, und das mochte ich nicht. Vor allen Dingen hatte ich viel zuviel Angst, da alleine reinzugehen. Und ich dachte, das wäre der einzige Treffpunkt, ich wußte nicht, daß man sich in Parks oder so trifft. Das mit dem Park hab ich nur mitgekriegt, weil ich auf dem Weg zum Kino eines Abends dort von einem Mann angequatscht wurde.

Ich hab dann überlegt, ob ich mal nach Hamburg fahren sollte, aber das scheiterte immer an den Kosten. Das konnte ich mir nicht leisten.

Deshalb bin ich schon, bevor das Studium überhaupt anfing, nach Kiel gezogen. Ich habe da zwar erst mal nichts unternommen, aber schon allein das Gefühl, daß ich jetzt aus der Provinz weg bin, war sehr gut. Ich war richtig erleichtert, endlich in einer größeren Stadt zu leben.

Wie war das bei dir, Werner?

Werner: Ich hab mich die letzten zwei Jahre ziemlich mit meiner Kindheit beschäftigt und festgestellt, daß ich mich tatsächlich schon in der Grundschule für Jungs interessiert habe. Da war bei der Einschulung ein blonder Junge, den fand ich faszinierend. Allein schon, was der für eine Stimme hatte! Ich glaub, in den habe ich mich damals ein bißchen verliebt, obwohl ich noch gar nicht wußte, was das war.

Ich glaub, ich war früher ziemlich gehemmt, mich mit Jungen abzugeben. Ich bin lieber drinnen geblieben und hab mit Legosteinen gespielt, als rauszugehen und Fußball zu spielen. Fußball war mir absolut widerlich. O. K., wir haben ab und zu auf der Straße Völkerball gespielt, das hat Spaß gemacht, und ich bin viel mit 'nem Go-Kart gefahren.

Die Leute haben sich gewundert, warum ich so viel mit Mädchen gespielt habe. Ich wollte wohl mit Jungs gern näher zusammensein, als immer nur oberflächlich spielen, hatte aber irgendwie mitbekommen, daß das nicht geht. Ich hatte auch Angst, daß, wenn ich mich mit einem Jungen abgebe, daß es dann heißt: Iiih, der ist schwul!

Ich wußte schon damals, mit 6 Jahren, daß es das Wort schwul gibt und was es heißt. Und daß das in der Gesellschaft abgelehnt wird. Mit 10 hab ich mich in meinen Cousin aus Berlin verknallt, und das fand ich auch ganz toll. Aber ich wußte, daß ich ihm das nicht sagen darf, weil ich nicht wußte, was er davon hält.

Als ich 13 war, sind wir in die Nähe von Eckernförde gezogen, und da hab ich mich ganz schnell in einen Nachbarsjungen verliebt. Wir haben einen ganz tollen Sommer verlebt, bei seinen Eltern im Garten, mit Zelt.

Da kam mir der Gedanke: Du hast dich schon das zweite Mal in einen Jungen verknallt, eigentlich mußt du ja schwul sein. Das war ein richtiger Schock für mich!

Ich hab mich dann laufend in Jungs verknallt – vor allem in der Schule –, und war total frustriert.

Mit 16 hab ich mir das schließlich eingestanden und mich bemüht, Kontakte zu finden. Ich hab ein Buch gekauft, ‹Coming Out› von Martin Siems, und bin mit knapp 17 in die Gruppe gekommen.

117

Wie sieht dein Traum-Mann aus, Manu?

Manuel: Sportlich, ein mehr dunkelhäutiger Typ, braungebrannt, dunkle Haare, schwarz oder braun. Kurz sollten sie sein, die Haare. Und Schnäuzer. Außerdem sollte er gleichaltrig sein – unbedingt. Werner ist absolut nicht mein Traum-Mann, vom Aussehen her. Vom Charakter her hab ich keine Vorstellungen gehabt, Hauptsache, er ist nett. Daß man sich gut mit dem unterhalten kann, daß man sich versteht, wo man das Gefühl hat, daß man dem vertrauen kann.

Werner: Ich war in bezug auf meinen Traum-Mann sehr von meinem Cousin beeinflußt. Vom Aussehen und vom Verhalten. Der hatte dunkle Haare, wurde schnell braun und hat später auch einen niedlichen Schnäuzer gehabt. Vollbart sollte mein Traum-Mann nicht haben. Aber er sollte einen kräftigen, sportlichen Körper haben. Das erfüllte mein Cousin eben alles, insofern war er mein Traum-Mann. Auch dieser Typ.
Und als ich Manu dann gesehen hab ... Manu hatte einen tollen Blick, er sah ganz niedlich aus ... war zwar nicht mein Traum-Mann, aber ich habe mich trotzdem in ihn verliebt.
Die erste Nacht haben wir total rumgeschmust, das war irre! Die erste gemeinsame Nacht mit einem Menschen, von dem man sicher sein konnte, daß er auch etwas an einem selber findet. Diese Gegenseitigkeit war so toll, daß wir endlich einen Typen gefunden hatten, den wir richtig toll und lieb fanden. Da denkt man gar nicht mehr so an seinen Traum-Mann ...

Manuel: Das Gefühl war einfach überwältigend, plötzlich jemanden im Arm zu halten ... Ich glaube, so glücklich wie in der Nacht war ich noch nie gewesen! Da ging das nicht mehr ums Aussehen oder um Traum-Typ, sondern einfach nur, daß ich dachte, jetzt hab ich jemanden gefunden, mit dem ich unheimlich viel zusammen machen kann. Ich kann mich nur erinnern, daß wir uns immer total fest umarmt haben, immer wieder aneinander gepreßt. Die Hälfte der Zeit hab ich immer nur vor Glück gelacht.

Werner: Ich hatte sogar Tränen in den Augen. Das klingt vielleicht ein bißchen schnulzig, aber so war's einfach. Es war so toll, einen

118

Männerkörper im Arm zu haben, der ungefähr gleichaltrig war –
dieses Gefühl war ausschlaggebend.

War das auch der Grund, weshalb du einen Freund suchtest?

Werner: Ich wollte jemanden haben, mit dem ich über bestimmte
Sachen reden kann, mit dem ich zusammen irgendwo hingehen
kann, mit dem ich schmusen kann und mit dem ich es auch treiben
kann. Ohne dabei dem Verbot zu unterliegen, nicht auch mit jemand anderem ins Bett gehen zu dürfen.
So eine Beziehung könnte ich nicht eingehen, wenn ich nur auf den
einen Partner beschränkt sein müßte.
Ziemlich bald nach unserem Kennenlernen haben wir darüber
gesprochen, wie es wäre, wenn uns andere Typen über den Weg
laufen, die uns gefallen. Wir haben uns darauf geeinigt, daß man
sexuell sicher mal Abwechslung braucht, daß es ganz toll sein
könnte, wenn man seine Freiheit behält, aber aufpaßt, daß man
sich nicht in andere Leute verliebt.
Bis heute haben wir eine offene Beziehung, d. h. wir haben uns
unsere Abwechslung gegönnt. Das hat aber am eigentlichen Verhältnis zueinander nichts geändert. Ich bin jedenfalls noch ganz
doll in Manu verliebt.
Es ist fast eine Idealbeziehung. Einen Menschen zu haben, bei dem
man Geborgenheit finden kann, in den man richtig verliebt ist und
der einem auch sexuell was geben kann, aber trotzdem die Freiheit
zu haben, mit anderen Typen auch reizvolle Sachen zu machen.

Manuel: Wichtig ist das Gefühl, daß man so eine Partnerschaft aufgebaut hat und trotzdem nicht aneinanderklebt. Ich fand es immer
abschreckend, ob bei Heterosexuellen oder Schwulen, dieses An-
einanderkleben, alles gemeinsam machen, nie was alleine machen.
Das wollte ich nie, auch vor unserer Beziehung nicht.
Bei manchen ist es ja so, daß sie miteinander sexuell nichts mehr
anfangen können und deshalb andere Kontakte suchen. Das ist bei
uns aber überhaupt nicht so.

Werner: Ich unterscheide zwischen Liebe und Sexualität. Sexualität
gehört zur Liebe dazu, aber sie ist auch alleine möglich. Einfach
nur der Trieb. Und den muß man irgendwie befriedigen.

Ich hab da auch ein Vorbild, nämlich ein Freundespaar, das ich früher mal kennengelernt habe. Die sind schon seit über 8 Jahren zusammen, und bei denen funktioniert das auch. Die leben damit sehr gut und sie lieben sich immer noch ganz doll.

Für euch ist Sex mit anderen einfach wichtig . . .?

Manuel: Ich glaube, ich brauche Abwechslung. Nicht nur in den sexuellen Praktiken, sondern auch, daß ich einen anderen Körper in den Händen haben möchte. Das Gefühl, einen anderen Körper wieder neu zu erforschen, das finde ich einfach unheimlich toll. Deshalb könnte ich auch mit jemandem, mit dem ich das erste Mal ins Bett gehe, die ganze Nacht rumschmusen und rummachen. So ein schneller Sex im Dunkelraum oder sonstwo würde mich überhaupt nicht befriedigen. Da hätte ich einfach keine Lust zu.

Werner: Das ist bei mir genauso. Bei anderen Leuten auf Entdeckkungsreise gehen, Neues zu erleben. Ich finde es einfach geil, es mit tollen Typen zu treiben. Sexualität hat für mich einen hohen Stellenwert.

Manuel: Vielleicht liegt es auch daran, daß wir gegenseitig gar nicht so unser Typ sind, vom Körper her. Und daß man bei anderen Leuten ganz gewisse Details entdeckt, die zum Idealbild gehören, eine schmale Hüfte oder eine toll entwickelte Brustmuskulatur oder sonst was.

Und was ist mit AIDS? Habt ihr nicht Schiß, euch anzustecken?

Werner: Vor AIDS kann man sich ja schützen. Seit Ende '84 machen wir mit anderen nur ‹Safer Sex› und seit einiger Zeit auch untereinander. Wir bumsen also nur noch mit Präsern. Ansonsten ist Schmusen und Kuscheln ja nicht ansteckend – da können wir genauso weitermachen wie bisher. Nur beim Blasen muß man eben vorsichtig sein, daß man das Sperma nicht schluckt. Aber wegen AIDS nun ganz auf andere Männer zu verzichten, das wollen wir nicht.

Wie sind eure Erfahrungen mit so einer ‹offenen Beziehung›?

120

Manuel: Gleich beim erstenmal sind wir damit auf die Nase gefallen. Ich bin in einer schwulen Kneipe gewesen, weil Werner am Wochenende weg war, und hab mich mit einem Bekannten unterhalten. Da habe ich gemerkt, daß mich jemand ständig beobachtete. Ich hab ihn mir ein bißchen genauer angeguckt und fand ihn sehr reizvoll.

Wir haben uns gegenseitig angemacht, wobei das für mich ein ganz witziges Gefühl war, mal jemanden anzumachen. So auf die richtige Tour, die man so draufhaben muß in diesen Kneipen. Werner hatte mir erzählt, wie so was geht – ich hatte das nie ausprobiert. Und das klappte – allein das war schon ein Wahnsinnsgefühl . . .

Es war ein tolles Erlebnis. Als ich das Werner hinterher am Telefon erzählt habe, fand er das ganz okay.

Am Wochenende drauf, ich weiß nicht, ob es Zufall war oder Reaktion darauf, ist Werner auch alleine in dieselbe Kneipe gegangen und hat es genauso gemacht wie ich.

Werner: Das war ein Typ, den ich schon von früher kannte, an den ich mich aber früher nicht rangetraut hatte. Und das Blöde war: Ich habe mich gleich in den verknallt!

Das war unsere erste große Krise. Ich habe es Manu erzählt, und er war ganz traurig.

Manuel: Er hat nur noch von dem Typen geschwärmt, und was der alles hat, was ich nicht habe! Das hat mich wahnsinnig geschockt. Werner hat das so komisch gebracht. Einerseits hat er mir immer wieder versichert, wie gern er mich hat, aber im gleichen Atemzug hat er gesagt, was der andere Besseres hat.

Schließlich ging es so weit, daß er meinte, sein Typ sei besser als meiner. Dieses Wettbewerbsdenken hat mich unheimlich gestört. Ich war stinksauer, und wußte nicht, was ich tun soll.

Er hat es, wie sich herausstellte, nicht so gemeint, aber ich hab es eben so empfunden.

Das war die nackte Eifersucht bei mir!

Werner: Wir sind im Auto gefahren, und als er mich absetzen sollte, haben wir uns in den Armen gelegen und geweint. Daran kann ich mich noch genau erinnern.

Manuel: Bloß damit war es nicht erledigt! Es war ein Zeichen, daß wir uns immer noch gern haben, aber die Sache mit den Schwärmereien kam später immer wieder vor, eine ganze Woche lang!

Am Ende der Woche war ich so weit, daß ich einen guten Freund, der auch schwul ist, fragte: Soll ich mit Werner Schluß machen oder nicht?

Er sagte, daß die Entscheidung bei Werner liegt. Ich wollte die Beziehung ja aufrechterhalten, bloß ich konnte es nicht. Nicht unter diesen Voraussetzungen! Wenn mir ständig von einem Typen vorgeschwärmt wird, der mich in den Schatten stellt.

Das hat sich über ein paar Wochen hingezogen, wobei die erste Woche die absolute Krise war. Danach ging das wieder einigermaßen. Das hat sich dadurch gelöst, daß der andere eigentlich auch einen Freund suchte und weder unsere Beziehung auseinanderbringen noch den dritten Mann spielen wollte.

Werner: Der hatte ein schlechtes Gewissen. Er hat mich dauernd gefragt, was denn mein Freund dazu sagen würde, daß ich ihn dauernd betrügen würde.

Ich mußte mich dann klar entscheiden, und ich dachte mir, mit Manu würde es eher klappen, eine längere Beziehung einzugehen, als mit dem anderen. Somit war die Sache klar.

Später hat es noch einmal eine Krise gegeben, als wir zusammen in Berlin jemanden kennenlernten, ich mich in ihn verliebte und er sich in Manu ...

Ist die Gefahr für eure Beziehung durch solche Sachen inzwischen größer geworden oder kleiner?

Manuel: Eher kleiner. Wir haben jetzt 'ne gewisse Erfahrung gesammelt. Es sind nicht so viele Typen gewesen, und noch weniger sind dabei gewesen, wo es früher hätte gefährlich werden können.

Jetzt haben wir Erfahrungen gesammelt, wie man sich verhalten muß, damit sich da gar nicht erst was anbahnt.

Ich mache es jetzt so, daß ich, bevor ich überhaupt mit jemandem ins Bett gehe oder näheren Kontakt aufnehme, immer sofort von Werner erzähle. Damit gleich klar ist, daß ich einen festen Freund habe.

Werner: Ich glaube, wir haben in der Anfangszeit sehr an uns gedacht und weniger an die anderen. Die haben schließlich ein Recht darauf, zu wissen, daß keine Beziehung drin ist.

Freiheit in der Beziehung ist euch offenbar sehr wichtig?

Manuel: Ich empfinde es als sehr wohltuend, daß wir uns im Moment nur am Wochenende sehen. Eine Zeitlang haben wir uns jeden Tag gesehen, und da hat man das Gefühl, man ist total eingeschränkt in seinen Möglichkeiten. Man muß zu Hause bleiben und warten, bis der andere kommt ... Jetzt kann ich wieder in der Woche was ganz alleine unternehmen, kann irgendwo hingehen und brauche auf niemanden zu warten, kann losgehen, wann ich Lust habe ... Dafür ist im Moment die Freude auf das Wochenende viel stärker als vorher ...

Werner: Wir haben auch überlegt, falls wir mal zusammenziehen sollten, müßte das eine Wohnung sein, wo jeder seinen eigenen Raum hat, seine eigene Privatsphäre.

Warum?

Werner: Ich möchte mein eigenes Leben führen und trotzdem das Gefühl haben, immer Geborgenheit finden zu können, wenn ich ins Zimmer nebenan gehe.
Früher hatte ich schon das Gefühl, es könnte gehen, auch auf engerem Raum zusammenzuwohnen, aber da hat mich Manu überzeugt.

Manuel: Ich glaube, das ist einer der gravierenden Unterschiede zwischen uns, daß ich größere Ansprüche stelle und sage, ich möchte nicht mit jemandem zusammenwohnen, weil ich zuviel Angst habe, es geht mir eines Tages zu sehr auf 'n Geist ... Ich hab Angst, wenn man so eine Beziehung aufbaut, wenn man zusammen wohnt, daß ich irgendwann mich nicht mehr traue, die Beziehung wieder aufzugeben, weil zu viele Sachzwänge da sind.

Werner: Ich muß dazu sagen, einen gemeinsamen Haushalt hätte ich wirklich gerne.

Manuel: Und ich möchte eigentlich nicht. Mit niemandem, mit dem ich eine Beziehung habe. Aber das ist phasenweise bei mir unterschiedlich. Mal möchte ich, mal wieder nicht.

Dazu kommt: Wenn wir zusammenwohnen würden, könnte ich keinen anderen Typen mitbringen; da wäre bei mir 'ne psychologische Schranke. Es sei denn, wir finden ihn beide ganz toll und dann machen wir's zu dritt.

Ich könnte nicht mit jemandem im Bett sein, und nebenan schläft mein Freund.

Ich rechne allerdings damit, daß sich das irgendwann ändert, daß ich irgendwann sage, so, jetzt ist Schluß mit den anderen Beziehungen, jetzt hab ich genügend andere Erfahrungen gesammelt.

Werner: Da kommt noch was anderes hinzu. Es ist ja so, daß ab einem bestimmten Alter die körperliche Attraktivität nachläßt, und daß dann das Bedürfnis, einen festen Partner zu haben, auf den man sich in allen Situationen verlassen kann, daß das dann stärker wird, und die Basis für einen gemeinsamen Haushalt eher da ist als in jungen Jahren.

Habt ihr vielleicht auch Angst, euch ganz und gar auf einen Partner einzulassen?

Manuel: Ja, genau. Ich möchte mich nicht total binden. Ich brauche meine Freiheiten. Zumindest jetzt noch.

Andreas

Sein Studium hat Andreas (28) im vorletzten Jahr geschmissen und die Ausbildung zum Krankenpfleger angefangen. Seit vier Jahren ist er mit Klaus befreundet, mit dem er inzwischen in einer gemeinsamen Wohnung zusammenlebt.

Andreas: Über die Gruppe lernte ich Klaus kennen. Er ist mir gleich sehr negativ aufgefallen. Ich mochte ihn nicht, von seinem Auftreten nicht, von seinem Äußeren nicht. Er wirkte auf mich wie ein braver, biederer Angestellter. Kein Interesse, überhaupt nicht.

Ihr seid euch aber trotzdem nähergekommen ...

Andreas: Irgendwann habe ich für die Gruppe einen Kaffeeklatsch veranstaltet, und da erschien er mit einem riesigen Strauß Blumen in der Hand. Ich ahnte schon Schlimmes, denn wenn man keine unlauteren Absichten hat, bringt man nicht so einen bombastischen Blumenstrauß mit. Jedenfalls unterhielten wir uns, und im Laufe des Abends fand ich ihn gar nicht mehr so blöde. Wir haben wahnsinnig viel erzählt, haben die ganze Nacht durch geklönt und gegen Morgen um halb zehn landeten wir schließlich Arm in Arm auf dem Fußboden.

Das Ganze hatte ich nicht als ernste Sache angesehen. Wir haben uns wiederholt getroffen und anschließend auch die Nächte miteinander verbracht. Mir war klar, eine längere Beziehung kann es

nicht werden. Ich fand Klaus nett und sympathisch, aber es lagen
Welten zwischen uns!

So gingen Monate ins Land, und irgendwann wurden doch Gefühle
in mir wach. Ich merkte, ich mag den Menschen, ich hab ihn richtig
lieb. Und er hat auch echt was auf'm Kasten, das ist gar nicht so ein
Blödi.

Von dem Augenblick an habe ich mich richtig in die Beziehung
reingepackt. Nur noch Beziehung über alles, andere Kontakte
wurden automatisch weniger, ich habe daran gar nicht mehr in dem
Maße Interesse gehabt. Klaus mußte tagsüber arbeiten, aber wenn
er abends frei hatte, hingen wir immer zusammen und verbrachten
jede Nacht miteinander. Die Beziehung war praktisch das Wichtigste für mich.

Nach einiger Zeit kam die erste große Krise. Es war mitunter langweilig, weil wir nicht immer wußten, was wir miteinander anfangen
sollten. Wir stellten fest, wir sind grundverschieden in unserem
Wesen.

In welcher Hinsicht?

Andreas: Ich mache wahnsinnig gern was mit Leuten zusammen, un-
    ternehme auch abends gern was, gehe in 'ne Disco oder eine
    Kneipe. Dazu hat Klaus keine Lust. Das geht ihm ab. Ich mußte
    also Sachen allein machen, und das wurde problematisch.
    Urplötzlich brach ich aus der trauten Zweisamkeit aus und unter-
    nahm wieder wahnsinnig viel. Gleich ganz extrem, möglichst jeden
    Abend. Ich hielt es einfach nicht mehr aus, nur rumzuhocken.

Wie hat Klaus auf diesen Wechsel reagiert?

Andreas: Es gab eine Zeitlang ganz schöne Zwistigkeiten und Streite-
    reien. Bevor ich wegging, war vorher jedesmal ein Krach fällig.
    Warum ich jetzt wieder weggehe.

Er fand es also besser, wenn ihr beide zu Hause rumhockt?

Andreas: Ja, weil er mich so kennengelernt hatte, als häuslichen
    Menschen. Nur so kannte er mich. Dieses Flippige hat er in dem

Maße ja nie mitbekommen. Ich habe mich auch über Gebühr lange
angepaßt an diese Situation.
Ich habe immer so die große Gabe, mich in Beziehungen zu anderen Menschen stückchenweise aufzugeben oder zurückzustecken.
Das habe ich da auch wahnsinnig lange gemacht.

Das macht man ja nicht ohne Grund.

Andreas: Das ist eine Strategie von mir. Erst mal ganz vorsichtig zu
sein, wenn ich Leute kennenlerne, möglichst in Gesprächen und in
allen Kontakten mehr zustimmend auf die zu reagieren, selbst
wenn es Punkte gibt, bei denen ich überhaupt nicht zustimmen
kann. Oder wenigstens nicht eine Gegenposition einzunehmen. So
lange, bis eine tiefe, intensive Beziehung da ist.
Dann erst traue ich mich, gegenanzugehen. Das ist mir immer wieder passiert.

Du hast dich also um der Beziehung willen angepaßt.

Andreas: Nicht um der Beziehung willen, die ist ja nicht losgelöst von
mir. Ich mache das auch, weil ich mich so wohl fühle. Bloß irgendwann merke ich: Das andere fehlt mir, die Kontakte, das Weggehen, Lustigsein, dieses Ganze. Das fing dann allmählich wieder an.

Das gab aber gleich Konflikte ...

Andreas: Klaus konnte damit nicht umgehen, weil es bei mir auch
gleich ganz extrem gewesen ist. Einen Abend ging ich zur Gruppe,
an zwei Abenden habe ich mich mit Leuten getroffen, und zweimal
die Woche wollte ich noch in die Kneipe. Klaus hatte sich meinem
Zeitplan unterzuordnen, und das paßte ihm nicht. Zu Recht nicht.
Er wollte mich häufiger sehen als ich ihn. Zu der Zeit dachte ich
erstmals daran, jetzt ist wohl der Punkt gekommen, wo es nicht
weitergeht. Entweder kann ich so leben, wie ich will, oder die Beziehung wird auseinanderbrechen.
Das war ein ziemlicher Kampf. Ich hatte immer das Gefühl, mich
rechtfertigen zu müssen dafür, daß ich weggehe. Dadurch wurde
mir schon der ganze Spaß daran versaut. Mitunter ist er dann mit-

getrottet, und es war eine ganz gespannte Atmosphäre. Dann bin ich mit zurückgegangen und letztendlich zu Hause geblieben. Wir haben uns gestritten, bis wir uns schließlich heulend wieder in den Armen lagen.

Hättet ihr nicht zusammen weggehen können?

Andreas: Das klappte kaum. Die einzige Möglichkeit, uns mal zusammen in der Öffentlichkeit zu treffen, war, wenn ein Film lief oder ein Theaterstück, was wir beide sehen wollten. Aus der Gruppe hat Klaus sich inzwischen zurückgezogen, und auch in Kneipen bin ich immer alleine. Er hat wahnsinnig viel Angst vor anderen Menschen, deshalb.
In diese Zeit fiel auch das erste Fremdgehen, was ich aber verschwiegen habe. Wie es das Schicksal so wollte, über tausend Ekken erfuhr Klaus das. Es gab die erste größere Katastrophe. Vorwürfe, Tränen, ellenlange Gespräche darüber, ob Kontakte nach außen zu rechtfertigen sind oder ob sie eine Beziehung kaputtmachen können.
Wir haben uns schließlich darauf geeinigt, daß es letztlich kein Weltuntergang ist, wenn es mal vorkommt, und daß wir unsere Beziehung als viel zu gefestigt ansehen, als daß sie durch so was kaputtgeht.
Schwierig ist es damit trotzdem immer wieder gewesen, vor allem, als ich in dem Sommer, nachdem wir eineinhalb Jahre zusammen waren, jemanden kennenlernte und mich in den verknallte. Klaus war reichlich durcheinander, weil ich zwar gesagt hatte, daß ich deswegen unsere Beziehung nicht aufgeben will. Aber ich war so vernarrt in den Jürgen, daß ich nicht wußte, was draus wird.

Und Klaus hat das hingenommen?

Andreas: Am Anfang ja. Das ging sogar noch weiter: Auf meiner Geburtstagsfete haben die beiden sich kennengelernt und verstanden sich auf Anhieb ganz phantastisch! Waren nur am Klönen und nachher sogar am Rumknuddeln. Am Ende blieb Jürgen über Nacht bei uns, und wir haben zu dritt rumgemacht – war ganz toll! Klaus, Jürgen und ich haben dann häufiger mal was zusammen gemacht. Mal weggegangen, mal zum Strand rausgefahren, und schließlich landeten wir wieder im Bett, immer häufiger. Wir fanden das alle ganz angenehm, so wie es läuft, aber für Klaus und mich war klar, daß die Beziehung zwischen uns das Wichtigste ist. Für Jürgen war klar, daß er sich nicht zu weit in diese Beziehung drängt. Ich hatte beide wahnsinnig lieb, und mir hat die ganze Sache Spaß gemacht. Aber irgendwann merkte ich, daß meine Gefühle für beide fast gleich stark waren.

Zur gleichen Zeit fing Klaus mit seiner Schule an, der wollte das Abi nachmachen. Und da kamen wahnsinnige Ängste bei ihm hoch und Selbstzweifel. Er sah nur die Schule und war dadurch in einer ganz gewaltigen Streßsituation. Da fing es zwischen Jürgen und Klaus ganz massiv an zu knallen. Mir wurde klar, daß beide an mich den Anspruch stellten, zu zweit eine Beziehung zu haben und mich nicht mit jemandem zu teilen.

Als ich einen Abend mit Jürgen verbracht habe, der ganz phantastisch war und wo ich am nächsten Morgen spät nach Hause kam – Klaus und ich waren inzwischen zusammengezogen –, fand ich nur einen Zettel vor, daß Klaus nicht mehr kann und nicht mehr will. Er forderte, daß ich mich entscheiden müsse.

Du hättest gern beide als Freund behalten?

Andreas: Eigentlich ja. Ich hatte beide gleich gern. Gefühlsmäßig hätte ich mich überhaupt nicht entscheiden können – das waren rein sachliche Gründe, weshalb ich in dem Moment zu Klaus zurückgekehrt bin. Ich habe gesagt, wir sind schon so lange zusammen, Klaus kennt mich unheimlich gut, er hat einen kolossalen Einfluß auf mich, und er kann mich motivieren, daß ich mein Studium schaffe.

Also bist du bei ihm geblieben.

Andreas: Damit fingen die Probleme aber erst recht an! Ich konnte zuerst mit Klaus nichts anfangen. Er war mir ziemlich egal. Ich verlangte von ihm, er möge zufrieden sein, daß er mit mir zusammen ist, und keine Forderungen an mich stellen, eine möglichst gute Beziehung zu führen. Ich brauchte einfach Zeit, um über diesen Verlust hinwegzukommen. Es gab ständig Reibereien wegen nichts. Beiläufiges wurde aufgebauscht.

Das war eine ganz schwierige Phase. Ich kam in eine Riesenkrise mit Weltschmerz und allem Drum und Dran. Von meinen Eltern wurden Anforderungen gestellt, die ich nicht erfüllen konnte, etwa, mit dem Studium fertig zu werden, ich merkte aber, ich schaffe es nicht, fühle mich zu dumm, zu doof, bis irgendwann klar war, ich brech ab.

Im Sommer war unsere Beziehung an einem Tiefpunkt angelangt, weil ich in meinem schlechten Gefühl Klaus mit runterriß. Ich belagerte ihn. Ich habe ihn nie verantwortlich gemacht für mein schlechtes Gefühl, ihn aber zu sehr damit beansprucht. Immer wieder die gleichen Sachen gebracht, daß ich nichts tauge, und er solle bloß sehen, daß er sich einen anderen Freund sucht. Wenn er mal wegging und Kontakt zu anderen Menschen suchte, fand ich das auch nicht in Ordnung und fühlte mich noch schlechter. Ich habe ihn wahnsinnig strapaziert. Auch die Beziehung strapaziert.

Da ist es eigentlich Klaus gewesen, der die Beziehung nicht aufgegeben hat. Ein Freund hat ihm geraten, er möge doch um alle Welt die Freundschaft mit mir beenden, weil ich für ihn keinerlei Nutzen mehr hätte. Das fand Klaus aber ziemlich daneben, wenn jemand Freundschaften nur so danach beurteilt, ob es einem nutzt.

Die Änderung ist im Herbst gekommen, als ich merkte, entweder geht die Beziehung jetzt ganz in die Brüche und ich sitze alleine da mit noch mehr Müll, oder aber es passiert auf Grund der ständigen Streitereien ein größeres Unglück.

Wir sind teilweise so aneinandergeraten, daß Klaus mir die Tür versperrte, als ich raus wollte, weg aus der Wohnung, weg von ihm, daß er mir an die Gurgel gegangen ist und ich drauf und dran war, ihm eine runterzuhauen und fast aus dem Fenster gesprungen wäre.

Da habe ich gemerkt, wenn ich jetzt nicht was unternehme und versuche, mein Leben in Ordnung zu bringen, dann kann ich alles vergessen. Mich, die Beziehung zu Klaus, alles.

Nach langem Überlegen habe ich mich dazu durchgerungen, eine Gesprächstherapie zu machen. Und durch die Therapie bekam ich das meiste in den Griff, bekam auch wieder so was wie Selbstbewußtsein und Selbstsicherheit im Auftreten.

Klaus und ich begannen, endlich mal offen über unsere Beziehung zu sprechen. In der Therapie war mir nämlich klargeworden, daß ich Angst vor Klaus hatte. Angst vor seiner Intelligenz, vor seiner

Fähigkeit, sich auszudrücken. Ich hatte wirklich panische Angst davor, zu erzählen, womit ich Schwierigkeiten habe, aus Angst, daß er das, was ich sage, zerpflückt, an die Wand drückt und ich noch weiter runterkomme. Daß Sachen, von denen ich überzeugt bin, daß sie gut für mich sind, von ihm in den Dreck gezogen werden. So was ist von Klaus natürlich nie mit böser Absicht geschehen, sondern er ist ein Mensch, der alles extrem kritisch sieht, sich selbst auch. Der jede Sache von allen Seiten beleuchtet und auf Fehler und Macken abklopft. Bloß, das Schlimme war, daß ich viel zuwenig Selbstbewußtsein hatte, und ich mich immer ganz leicht verunsichern ließ.

Das hat sich über die Therapie geändert. Ich begann, mehr Vertrauen in mich und meine Fähigkeiten zu fassen, und bekam ein stärkeres Selbstbewußtsein. Bis ich in Gesprächen mit Klaus dahin kam, zu sagen, es ist mir egal, was du dazu sagst, ich weiß, daß das, was ich jetzt mache, für mich so richtig ist. Und egal, wie du darüber denkst, ich mache es einfach.

Schwierig war eben auch, daß wir so unterschiedliche Wesen sind. Es waren keine Gemeinsamkeiten da, und wir machten nichts zusammen.

Aber da hat sich inzwischen auch einiges geändert. Seit ich mich ihm mehr gewachsen fühle, haben wir eine ganze Masse Dinge gefunden, wo wir was zusammen machen können. Er macht zum Beispiel was an seiner Schule bei der Schülerzeitung, und da haben wir uns zusammengetan und drüber geredet und gemeinsam Artikel ausgearbeitet. Das war für mich ein ganz, ganz tolles Gefühl, zu merken, wir können was zusammen machen. Auf einem Gebiet, an das ich nie gedacht habe.

Dazu kommt mittlerweile ja der übliche Tagesablauf, etwa gemeinsame Mahlzeiten. Das fand ich immer schon toll, zusammen zu frühstücken oder zu Abend zu essen. Und dann, na klar, ab und zu miteinander ins Bett. Mit Lust und Spaß daran, also nicht so, daß das nach vier Jahren 'ne Pflichtübung geworden ist! Ansonsten reden, über Sachen, die einen beschäftigen . . .

Im Moment fühle ich mich wahnsinnig zufrieden und glücklich mit Klaus, fühle mich einfach wohl, und habe das Gefühl, ich kann mich mit allem fallenlassen. Und genügend Dinge, die wir gemeinsam haben, an denen wir gemeinsam Spaß haben, sind auch da.

Die sich jetzt rauskristallisieren ...

Andreas: Ja. Über die Sachen, die wir gemeinsam machen, wird auch die andere Zeit viel, viel interessanter. Es ist ständig was, worüber wir reden und wo wir beide dran interessiert sind. Wichtig ist nur – für uns beide wichtig –, daß wirklich ein gutes Gefühl füreinander da ist, so daß wir im Moment so, wie wir sind, gut miteinander klarkommen.

7. Kapitel

Eifersucht
und andere «Kleinigkeiten»

Alle (oder wenigstens fast alle) tun's. Und alle leiden darunter (wenigstens erst einmal). Es sagt sich so schön, «offene Partnerschaft», es klingt modern und aufgeschlossen. Zudem hat man nun mal das Bedürfnis, fremdzugehen. Und dann? Schlechtes Gewissen? Trotziges Aufbegehren?

Mit all den Ängsten fertig zu werden, die uns überfallen, sobald unser lieber Freund seine Streicheleinheiten woanders holt und verteilt, ist unglaublich schwer. Anspruch und Wirklichkeit liegen schrecklich weit voneinander entfernt.

Den Anlaß versteht man oftmals nicht («es hat mich halt getrieben, da setzt der Verstand aus»), die Reaktion noch weniger. Wem das anders geht, der sollte keine Skrupel haben, dieses Kapitel zu überblättern. Wer sagt: «Mein Freund kann gerne mit anderen ins Bett gehen, mir macht das nichts aus!», der kann ja im nächsten Kapitel wieder einsteigen. Denn hier geht es genau darum: Wie komme ich damit klar, daß wir beide (oder einer von uns beiden) Bock auf andere Männer haben?

Differenzen zwischen Partnern übers Fremdgehen sind der häufigste Anlaß fürs Schlußmachen. Hier entlädt sich das ganze Gewitter, welches sich manchmal an ganz anderen Punkten angesammelt hat, hier donnert und blitzt es, daß einem angst und bange werden kann.

Da rüttelt es an den Grundpfeilern der Beziehung – entsprechend erdbebenartig verlaufen die Konflikte.

Wir waren auf einer Fete, und ich unterhielt mich mit einem netten Typen, den ich aus der Disco kannte. Philip guckte schon einige Male ziemlich böse rüber, aber ich hatte keine Lust, mir wieder den Abend verderben zu lassen. Außerdem unterhielt ich mich blendend, und ich merkte, der Junge gefällt dir wirklich gut!

Als ich in die Küche ging, um was zum Trinken zu holen, kam Philip hinterher. «Ich hab keine Lust mehr, hierzubleiben, komm, laß uns gehen!»

«Ich mag aber noch bleiben», sagte ich, worauf er mir wütend an den Kopf warf: «Das verstehst du also unter Freundschaft! Glaub' ja nicht, ich mache das mit!»

Er forderte mich noch einmal auf, mitzukommen. Als ich immer noch nicht wollte, beschimpfte er mich, ich hätte es ja bloß auf diesen blonden Jüngling abgesehen, er würde das längst durchschauen. Ich hatte keine Lust, mir das weiter anzuhören – außerdem guckten einige andere Gäste schon erstaunt, was da los sei – und wollte raus aus der Küche. Er packte mich am Arm und schleuderte mich gegen den Türrahmen, so daß ich hinfiel. Glücklicherweise sind Leute dazwischengegangen, und Philip ist pottsauer abgezischt.

Ich hatte vorläufig die Nase so voll, daß ich bei einem Freund übernachtet habe und erst am Sonntagmittag nach Hause kam.

Philip hatte seinen Kummer in einer Flasche Sekt ertränkt und legte sofort los. Ob ich nur gekommen sei, um meine Sachen abzuholen, und ob ich zu meinem neuen Freund ziehe, und er hätte sich das ja gleich denken können, daß ich so ein Flittchen bin und mich von dem erstbesten ins Bett zerren ließe! Das Ganze endete wieder in einer Prügelei. Ich war so wütend, wie er überhaupt auf die Idee kommen konnte, ich wolle ihn hintergehen, daß ich voll zurückgehauen habe. Am Schluß saßen wir beide heulend auf dem Fußboden und waren völlig fertig. (Frank, 23)

Gewiß laufen Auseinandersetzungen über Kontakte zu Dritten nicht immer so dramatisch ab, aber der beschriebene Vorfall läßt ahnen, welch tiefsitzende Gefühle bei Philip hochgeschwemmt wurden. Wer ehrlich genug ist, wird ähnliches in mehr oder weniger abgeschwächter Form in so einer Situation auch empfinden.

Eifersucht nennt man das, doch dahinter steckt etwas ganz anderes. Nämlich die Angst, den Partner zu verlieren. Verlassen zu werden, allein gelassen zu werden von der einzigen Person, die uns davor bewahrt, uns einsam zu fühlen. Je einsamer wir ohne den anderen sind, desto größer die Angst.

> Kontakte zu anderen Menschen, die Werner hatte, sind für mich bedrohlich gewesen. Da hab ich Angst gekriegt. Das hat mich nicht nur verletzt, sondern das hat ganz tiefe Erschütterungen hervorgerufen. Befürchtungen etwa vom Verlassenwerden oder «Er hat mich nicht mehr lieb» oder all so was kam da hoch. (Andreas, 36)

Hast du nur wenig Selbstbewußtsein, dann magst du glauben, dein Partner sei auf der Suche nach einem Ersatz für dich. Du denkst, jetzt hat er entdeckt, was für ein minderwertiges Würstchen du in Wirklichkeit bist. Die Stunde der Wahrheit hat geschlagen, nun wird er dich verlassen. Und sobald dieser Gedanke dein leidgeplagtes Selbstbewußtsein erst einmal angegraben hat, findest du natürlich jede Menge Hinweise im Verhalten deines Freundes, die auf das unmittelbar bevorstehende Ende hindeuten. Wieso kommt er nach der Arbeit nicht gleich nach Hause – trifft er sich mit einem anderen? Er ist neuerdings so kühl, wenn er dich begrüßt ...

> Jedesmal, wenn wir uns trafen, fragte ich ihn genauestens aus, mit wem er zwischendurch zusammengewesen wäre. Sagte er, ein Kollege hätte mit ihm zu Mittag gegessen, wollte ich wissen, wie der aussieht, ob er nett ist und so weiter. Jede Minute, die wir nicht miteinander verbracht haben, machte mir Angst. Obwohl sich Herbert die erste Zeit darüber freute, wie sehr ich mich für sein Leben interessierte, mit der Zeit ging ich ihm auf den Geist mit meiner Eifersucht. Es gab wiederholt Streit, dann einen großen

Knall, und aus war es. Durch meine Eifersucht, die völlig unbegründet war, habe ich genau das erreicht, was ich verhindern wollte. (Martin, 25)

Eifersüchtige vermuten das Blaue vom Himmel runter und sind durch kein noch so ehrliches Verhalten zu überzeugen. Selbst pausenlose ‹Überwachung› des Partners hilft nichts. Wer Angst hat, wieder verlassen zu werden, wer sich klein und wenig liebenswert findet, ist weder mit Argumenten noch mit Tatsachen zu überzeugen. Die Angst sitzt zu tief, hat ihre Wurzeln auch nicht in der augenblicklichen Situation, sondern viele Jahre zuvor, als wir lernten, uns selbst anzunehmen oder nicht, und selbst zu lieben oder nicht. Homosexuelle tun sich da besonders schwer – aber dazu später mehr.

Eifersucht entsteht auch oft, wenn wir selbst unsere Gelüste nach fremden Männern verspüren oder gar ausleben und deshalb meinen, unser Partner würde das bestimmt ebenfalls tun.

Damals hatte ich mehrfach was mit anderen Männern, obwohl wir ja befreundet waren und treu bleiben wollten. Ich konnte mir nicht vorstellen, daß Michael nicht auch fremdgeht, und habe deshalb wie ein Luchs aufgepaßt und ihn pausenlos verdächtigt, Kontakte zu haben. (Lutz, 27)

Wie überhaupt eigene Seitensprünge nie ein Anlaß zu besonderer Sorge sind – immer bloß die des Partners.

Mitunter verbirgt sich hinter eifersüchtigen Reaktionen noch etwas ganz anderes: Neid, purer Neid. Er hat was, was ich nicht habe. Er ist ohne mich glücklich.

Eifersüchtig bin ich immer auf irgendwas. Auf den anderen, der ihm jetzt wohl mehr gibt. Oder auf die tolle Nacht, die er womöglich mit dem anderen hatte, oder die tollen Erlebnisse. Ich bin manchmal sogar schon eifersüchtig, da braucht er noch gar nicht mit einem anderen geschlafen zu haben. Einfach auf den tollen Abend, den er verlebt hat. Daß er ohne mich glücklich ist. (Rolf, 25)

Ich beneide meinen Freund, weil er viel leichter Kontakt zu
Leuten findet. Er sieht gut aus, auf ihn fahren die Leute ab.
Ehe ich mal mit einem ins Bett komme, hat der schon fünfe
abgeschleppt. (Michael, 22)

Niedergeschlagen sitzt du zu Hause, der Neid frißt sich dir in die
Seele. Mitleid wallt auf. «Warum hat er es soviel besser als ich?» Natürlich gönnst du ihm den schönen Abend oder den tollen Mann –
aber warum kriegst du nicht auch was vom Kuchen ab?

Neid rechnet pieselig wie ein Buchhalter. Wenn er einmal fremdgeht, dann muß ich auch einmal fremdgehen. 1:1. Neid sagt: Beziehung ist für mich da, mein Freund ist für mich da. Ich freue mich nicht
darüber, daß derjenige, den ich liebe, eine schöne Zeit hat, sondern
bin sauer, sobald er sie nicht mit mir hat.

Eifersucht ist ein Kind der Angst, den Partner zu verlieren, Neid
die Mißgeburt kaufmännischer Seelen. Beides vermischt sich häufig,
etwa in der Sorge, «daß er ohne mich glücklich sein könnte». Da
schwingt die Angst des Verlassenwerdens wieder mit. Er könnte merken, er braucht mich nicht zum Glücklichsein.

Neid tarnt sich vielfach als Eifersucht, denn letztere ist gesellschaft-
lich weitaus mehr akzeptiert. Ja, manchmal gar erwünscht.

Gerade in späteren Phasen, wenn wir da fremdgegangen
sind und es dann zu Eifersuchtsszenen kam, merkte man, es
ist doch noch Interesse da, es ist ihm nicht völlig egal, ob ich
mit einem anderen schlafe oder mit ihm. (Rolf, 25)

Für etliche ist Eifersucht gar der Prüfstein für die Liebe. Dabei hat
Eifersucht mit Liebe soviel zu tun wie Schnaps mit Babynahrung. Eifersucht hat immer nur mit mir zu tun, mit meiner Furcht, nicht gut
genug zu sein, nicht auszureichen. Und mit der Furcht, wieder allein
zu sein. Diese Furcht steckt in allen – mehr oder weniger. Weil wir
damit nicht fertig werden, spionieren wir hinter dem Freund her, machen ihm Vorwürfe, als ob er allein es in der Hand hätte, etwas an der
Lage zu ändern. Er ändert auch manchmal was – indem er sich von uns
trennt. Anstatt den Partner durch die Eifersucht zu halten, treibt man
ihn langsam aber sicher von sich weg.

Wie soll man bloß damit fertig werden? Beliebte Masche ist das

Verdrängen. «Ich will es gar nicht wissen. Soll er es meinetwegen tun, wenn er es nicht lassen kann, aber Stillschweigen bewahren. Was ich nicht weiß, macht mich nicht heiß!»

Diese Eifersucht-Vermeidungs-Methode hat allerdings einen Haken. Irgendwann drückt man sich die Augen wund beim Vor-der-Realität-Verschließen. Wo soll man hinhören, falls der schwatzsüchtige Bernd erzählt, auf welcher Klappe er letztens deinen Liebsten in flagranti ertappt hat? Wie soll man sich selbst betrügen, wenn der Freund zum Zigarettenholen losgeht und erst zwei Stunden später wieder da ist? Auf diese Problembewältigung sollte man also höchstens bei ganz, ganz seltenen Seitensprüngen zurückgreifen.

Beliebter ist das Zur-Kenntnis-Nehmen und Schmollen. «Jetzt bist du aber vier Wochen ganz lieb zu mir – als Ausgleich!» Er hat mir was weggenommen, das muß er nun wieder gutmachen. Ich bin das hintergangene Opfer, welches mit Blumensträußen, Einladungen zum Essen oder einer stürmischen Liebesnacht besänftigt werden muß. Ich selbst bin natürlich rein wie die Jungfrau Maria!

Vorwürfe («Mit so einem häßlichen Kerl treibst du es! Was hat der, was ich nicht habe?») und Drohungen («Beim nächstenmal gehe ich endgültig!») werden ebenso eingesetzt wie Racheakte, etwa in Form von eigenen Seitensprüngen.

Genützt hat dies alles noch nie. Kurzfristig vielleicht, aber auf lange Sicht lassen sich Bedürfnisse nach Abwechslung dadurch kaum verhindern. Eher bricht die Beziehung entzwei. Dies alles trifft nämlich weder den Kern des Problems, noch kann es an der Ursache für das Fremdgehen rütteln.

Es gibt nur ein Wundermittel gegen Probleme beim Seitenspringen. Beide haben etwas zu verlieren: ihre Freundschaft. Also müssen beide gemeinsam versuchen, einen gangbaren Weg zu finden, weder auftauchende Bedürfnisse allzusehr unterdrücken zu müssen noch einander unnötig weh zu tun. Und da wir nicht genau wissen können, welche Bedürfnisse unser Partner hat und welche Ängste, müssen wir ihn danach fragen beziehungsweise uns zu den unseren bekennen.

Das war ein wirklicher Knackpunkt, als ich das erste Mal fremdgegangen bin. Bis dahin hatten wir uns nur miteinander befaßt, und jetzt hatte ich das erste Mal etwas mit einem anderen. Auf Grund der bisherigen Offenheit merkte ich, das kann ich nicht raushalten, das muß und möchte ich ihm erzählen.

Das ist mir sehr schwergefallen. Für ihn ist ein Stück von dem Bild einer heilen Beziehung zerbrochen. Er hat später mal gesagt, für ihn waren damit die Flitterwochen zu Ende. Für uns beide war unklar, wie wir in der Lage sein würden, damit nun umzugehen. Was das ausmachen würde in bezug auf unser gegenseitiges Vertrauen.

An dem Punkt haben wir zum erstenmal über solche Bedürfnisse gesprochen. Ich habe gesagt, daß ich mir schwer vorstellen könnte, für den Rest meines Lebens nur mit ihm zu schlafen. Er hätte sich das schon vorstellen können. Aber da fing er auch an, drüber nachzudenken, wie seine Bedürfnisse wirklich sind. Und daß er es auch mal ausprobieren wollte.

Das Ausprobieren ist immer ein Punkt gewesen, zu sehen, ob es geht. Wir sind zum Beispiel gemeinsam in eine schwule Sauna gegangen, und wir haben gemerkt, es gibt da genügend Bereiche, mit jemandem anzubändeln, ohne daß der andere direkt Zeuge wird. Das geht dann wieder. Das Problem war immer nur das direkte Mitkriegen.

Als das das erste Mal vorgekommen ist, wußte ich überhaupt nicht, wie ich damit umgehen sollte. Reinhard lernte jemanden kennen, unterhielt sich mit dem, das wurde immer intensiver, dann umarmten die sich, und ich saß da irgendwo und kriegte das mit. Das machte mir ganz schön was aus. Ich bin abgehauen, raus aus der Situation, und ins Bett gegangen.

Als wir später drüber gesprochen haben, stellte sich heraus, daß Reinhard mein Verhalten falsch verstanden hatte. Er hätte am liebsten mit mir rumgeschmust, hatte aber den Eindruck, ich wäre unheimlich genervt und wollte in Ruhe gelassen werden. Das war ein totales Mißverständnis! Ich hatte die Idee im Kopf, nun sei mal nicht so zickig, gönn ihm das mal. Das war so der Anspruch, über meine Gefühle von Angst und Neidisch-Sein und Eifersüchtig-Sein hinwegzugehen. Ich dachte, in einer guten Beziehung muß das möglich sein. Vielleicht habe ich sogar die Bemerkung fallenlassen, «das macht mir gar nichts aus», die genau das Gegenteil von dem meinte, wie mir innerlich zumute war.

Wir haben dann vereinbart: Zeig das das nächste Mal bitte klarer! (Bernd, 39)

Eine klassische Situation. Der eine, Bernd, hadert mit seinen Ansprüchen, leidet und sagt nichts. Der andere denkt sich seinen (falschen) Teil und holt sich das, was er braucht, woanders.

Solche Mißverständnisse lassen sich nie ganz vermeiden. Es ist auch nicht jedermanns Sache, ganz offen und ehrlich über sehr intime Dinge zu sprechen. Über Bedürfnisse nach anderen Sexualpartnern oder die Angst, den Freund zu verlieren. Einen Versuch ist es dennoch wert. Je aufrichtiger du deinem Freund mitteilst, was du fühlst und was du möchtest, je weniger du dich selbst oder ihn belügst, desto eher wirst du entdecken, was für euch beide machbar ist.

Teile ich dem anderen meine Befürchtungen mit, kann er – vorausgesetzt, ich bin ihm wichtig – darauf eingehen. Sage ich, «Ich möchte gern mehr mit einbezogen sein in das, was du machst», anstatt einen Vorwurf zu landen wie «Du machst dir einen schönen Abend, und ich sitze allein zu Hause!», dann fühlt er sich nicht gleich angegriffen und kontert, sondern kann seinerseits sagen, warum er es aber braucht, manchmal alleine wegzugehen. Das wiederum kann ich dann (im besten Fall) vielleicht verstehen.

Sage ich, «Ich habe Angst, dich zu verlieren» statt «Dauernd guckst du anderen Männern hinterher!», dann kann er etwa versuchen, mich spüren zu lassen, daß diese Blicke nach anderen Männern keine Gefahr für unsere Beziehung sind. Wichtig ist, daß ich sage, was *ich* fühle. Wie es *mir* mit einer bestimmten Begebenheit ergangen ist.

Viele meiner Ängste sind meinem Partner wohlvertraut, und weil das so ist, wird er eher bereit sein, auf sie Rücksicht zu nehmen. Etwa, indem er nicht in meiner Gegenwart mit einem anderen Mann rumschmust. Umgekehrt kann ich versuchen, mit meinen Gefühlen anders umzugehen. Etwa darüber nachdenken, wie groß die Gefahr in Wirklichkeit ist.

Ich dachte, zu wem kehrt er schließlich zurück? Mit wem will er wirklich zusammensein? Mit mir! Wen liebt er? Mich! Mir wurde klar, daß er keinen anderen als mich

wollte. Er wollte bloß ab und zu ein bißchen seinen Trieb
befriedigen. Danach war er wieder da. (Hans, 34)

Soweit zu kommen, sich dies wirklich im Kopf und im Bauch einzu-
prägen, ist ein enormer Schritt. Denn er bedeutet gleichzeitig, die
eigenen Minderwertigkeitsgefühle zu überwinden.

In den Interviews, die zwischen den Kapiteln abgedruckt sind,
kann man vielfach gut nachverfolgen, wie Paare die Entwicklung von
der anfänglichen Monogamie zu einer offenen Beziehung vollzogen
haben. Bei manchen begann dies schon bald nach dem Kennenlernen,
bei vielen nach ein oder zwei Jahren, bei manchen sogar erst nach
zehn oder fünfzehn. Bei allen glückte dies nur, weil sie außerordent-
lich bemüht waren, dem andern nicht weh zu tun, sondern ihre Bedürfnisse so zu befriedigen, daß der Partner seelisch ‹mitkommen›
konnte. Jeder braucht Zeit, sich an neue Bedingungen zu gewöhnen.

Beziehungen zwischen schwulen Männern gehen nicht an Seitensprüngen kaputt. Dies ist eines der Märchen, die sich hartnäckig halten. «Mein Freund ist mit einem anderen ins Bett gegangen, da habe
ich mit ihm Schluß gemacht.» In Wirklichkeit ist das Fremdgehen
bloß ein Anlaß.

Die Ursache liegt immer woanders. Entweder ist der sexuelle Kontakt ein Anzeichen für Konflikte in der Partnerschaft – dann kann er
als Warnschild dienen: Achtung! Aufpassen! Es ist was faul, Denk-
pause einlegen! Eine Trennung wäre dann nur die Kapitulation vor
den Problemen.

Oder der Seitensprung hat mit der Beziehung selbst nichts zu tun,
dann sind es die verletzten Gefühle, mit denen man fertig werden muß
und kann, indem man offen drüber spricht.

Wer eine feste Freundschaft beginnt, begibt sich auf eine Reise ins
Ungewisse, vergleichbar den preiswerten «Überraschungsflügen» bei
Neckermann, wo man nur weiß, man fliegt am 15. Juli nach Spanien,
in welchen Ort oder in welches Hotel – das steht in den Sternen. Vielleicht hat man Glück: eine Super-Unterkunft, Einzelzimmer mit Bad
und Blick aufs Meer, nette Leute, gutes Wetter. Vielleicht aber auch
Pech: Doppelzimmer mit einem nervigen Kettenraucher direkt über
der Bar des Hotels und Dauerregen.

Wo die Reise bei einer Partnerschaft endet, entscheidet jedoch
nicht ein Computer, sondern unser Umgang miteinander. Hinder-

nisse auf der Reise sind weder Dritte, die sich einmischen, noch unverträgliche Sternzeichen, sondern deine Psyche und seine Psyche.

Deine sagt vielleicht permanent: «Ich bin es nicht wert, geliebt zu werden» oder «Warum soll ich mich weiter mit dem Idioten abgeben?» oder «Ich kann einfach keine enge Bindung haben» oder «Er ist eben nicht der Richtige» oder «Er wird mich verlassen».

> Vom Fühlen her ist es nicht so einfach. Ich kann jetzt denken, ja, Thorsten hat eben Lust, mit dem ins Bett zu gehen, da kann ich ihm den Spaß nicht nehmen, weil ich selber oft Lust habe, mit jemand anders ins Bett zu gehen. Von daher kann ich das schon akzeptieren und laß es nicht mehr an Thorsten aus, indem ich sage, du darfst nicht. Ich laß ihm das, auch wenn ich noch nicht so ganz dahinterstehe. Vom Verstand schon, aber nicht vom Gefühl. (Ralf, 18)

Zeit und die Erfahrung, «Er kommt ja hinterher wieder zurück», nehmen einen Großteil der Ängste weg.

> Es gibt da so eine Grund-Panik in mir, die ich auch heute nicht wirklich bewältigt habe: Ich hab wenig Vertrauen darin, daß mich jemand *wirklich* liebt. Also sowohl geil findet als mich auch als Gesprächspartner ernst nimmt, Vertrauen zu mir hat, meine Arbeit achtet usw. Ich hätte gern da mehr Selbstvertrauen, ein größeres Ruhen in mir selbst, aber das wird erst ganz allmählich besser.
> Bezüglich Hans habe ich anfangs oft Angst gehabt, ihn bald wieder zu verlieren, weil ich ihn einfach viel attraktiver finde – als zum Beispiel mich. Aber irgendwie ist in den 3 Jahren ein Gefühl gewachsen, daß ich da viel ruhiger sein kann. (Werner, 30)

Sexuelle Kontakte, noch mehr als freundschaftliche, nichtsexuelle, bedeuten immer auch Unsicherheit für eine Beziehung. Man kann nicht beides haben: Befriedigung aller seiner Bedürfnisse und Sicherheit.

Vielleicht ist es sicherer, sich sexuell auf einen zu beschränken, vielleicht ist es seelisch einfacher, die ganzen Verlustängste gar nicht erst

142

zu mobilisieren. Jeder muß selbst entscheiden, was ihm wichtiger ist –
eine Ideal-Lösung für alle Fälle gibt es nicht.

Vor allem gibt es keine leichte Lösung. Wer sexuelle Kontakte zu
anderen hat, wird häufig Konflikte deswegen überstehen müssen.
Wer auf Seitensprünge verzichtet, womöglich nicht minder. Denn der
Verzicht kann die Beziehung genauso belasten. Wahrscheinlich deshalb entscheiden sich die allermeisten schwulen Paare dafür, mehr
oder weniger offen ihren ‹Bedarf› zu decken.

Hilfreich ist in diesen Fällen, einiges klarzustellen. Etwa, daß die
Beziehung zwischen den beiden Partnern klar unterschieden sein muß
von jeder anderen.

> Ich weiß genau, daß Manfred für mich die Hauptperson ist.
> Wir sind das Paar, jeder andere muß das akzeptieren! Das
> sagen wir auch immer gleich. Die Freundschaft zwischen
> uns beiden bleibt immer das Besondere. (Rolf, 32)

> Ich bin sein Freund! Mit mir spricht er, wir gehen auch
> durch die Scheiße, durch was Negatives, er hält zu mir. Bin
> ich krank, pflegt er mich. Und trotzdem kann man mal je-
> mand anders haben. (Walter, 42)

> Was wir irgendwann mal besprochen haben, war, daß
> man sich doch den größten Teil seiner Zeit gegenseitig
> schenkt. Das ist wichtig für eine Beziehung, daß man sich
> füreinander Zeit nimmt. Und wenn ich mal eine Nacht weg-
> gewesen bin, dann bin ich die nächsten zwei oder drei Tage
> und auch Nächte wieder mit dem Walter zusammen.
> (Martin, 41)

Einige Freundespaare haben sich darauf geeinigt, stets nur getrennt
sexuelle Kontakte zu anderen zu haben, manche genießen es mehr,
sich Dritte dazuzuholen und gemeinsam zu ‹vernaschen›.

Witzig fand ich die Idee von Helmut und Wolfgang, die seit über 20
Jahren befreundet sind:

> Zu Hause in Stuttgart gibt es nie was mit anderen, da leben
> wir streng monogam. Nur im Urlaub, etwa auf den Kanari-
> schen Inseln oder Ibiza, ziehen wir entweder getrennt oder

> zusammen los, um Abenteuer zu erleben. Da weiß man, es
> ist nur ein kurzes Erlebnis, denn die Partner dort kommen
> ja meist von ganz woanders her, und die Gefahr für unsere
> lange Beziehung ist gering. (Helmut, 47)

Sie vermeiden damit das einzige, was bei solch einer offenen Partnerschaft wirklich zum Problem wird: wenn aus dem Fremdgehen ‹mehr›
wird.

Mit einemmal stimmt das gar nicht mehr, wovon man bisher bei
Kontakten zu anderen ausging. Es ist gar nicht mehr sicher, «daß er zu
mir zurückkommt». Ich kann nicht mehr davon ausgehen, «daß er
schließlich nur mich liebt». Vieles ist neu mit dem Dritten, so prik-
kelnd und faszinierend, gar nicht so eingefahren wie die «alte» Liebe!
Einen neuen Anfang machen, bestimmte Fehler nicht noch mal
begehen – wie verlockend ist das!

All die Ängste, die sowieso schon durchs Fremdgehen im unbetei-
ligten Partner ausgelöst werden, finden hier begründete Nahrung.

> Ich habe in der ganzen Zeit ein wahnsinnig ungutes Gefühl
> gehabt, richtige panische Angst. Seitensprünge, die haben
> mir längst nichts mehr gemacht, solange er aufpaßt, sich
> dabei nichts zu holen.
>
> Aber daß er jemand anderen richtiggehend liebt und
> Knall auf Fall unsere Beziehung in Frage gestellt wurde,
> damit kam ich nicht klar. Und das nach acht Jahren! Überall
> haben sie uns als Ideal-Paar angesehen, weil wir so lange
> zusammen sind! (Peter, 31)

Manche Paare machen harte Zeiten durch, sobald das passiert. Mißtrauen erwacht, wo längst tiefes Vertrauen herrschte – auf beiden Seiten.

Für den Umgang mit diesen Situationen gibt es erst recht keine
Rezepte. Manchmal versickert die zweite Beziehung im Sand, manchmal zieht sich der Dritte zurück, teilweise ergeben sich vorüberge-
hende Dreierbeziehungen, und in seltenen Fällen kommt es sogar zur
Trennung. Doch auch hier gilt: Nicht das Fremdgehen oder das Verlieben ist die Trennungsursache, sondern irgendwas stimmte mit der
Beziehung nicht.

Ich war innerlich unzufrieden mit unserer Beziehung. Nach außen ließ ich mir nichts anmerken, außerdem war es mir selbst bis zu dem Zeitpunkt nicht richtig bewußt. Erst als ich John kennenlernte und mich in ihn verknallte, fiel es mir wie Schuppen von den Augen. Mein Freund und ich hatten uns längst auseinanderentwickelt. Er wollte immer noch diese gemütliche, heimelige Zweisamkeit vor dem Fernseher, während ich begierig war, Neues zu entdecken, zu reisen, neue Leute kennenzulernen und so weiter. John entsprach mir in all diesen Dingen weitaus mehr. Deshalb habe ich mich auch von Axel getrennt. (Herbert, 37)

Eine Freundschaft zu beenden, weil sich beide nicht mehr viel zu geben und sich auseinanderentwickelt haben, finde ich persönlich durchaus o.k. Oder will man es unbedingt wie viele Hetero-Ehepaare machen, die um des lieben Scheines willen oder «wegen der Kinder» zusammenbleiben?

Im großen und ganzen hatte ich jedoch den Eindruck, daß selbst diese gefährlichen Situationen von den meisten Paaren gemeistert wurden.

Ich bin relativ offen, neue Leute kennenzulernen, mich auch zu verlieben und nicht zu sagen, huch, bloß nicht, ich bin in einer Beziehung drinnen. Wir wissen beide, daß wir uns jeden Tag in einen anderen verlieben können und die Beziehung damit aufs Spiel gesetzt wird.

Ich habe mich schon mehrmals in andere verliebt. Verliebtsein ist was Tolles und was sehr Lebendiges, was ich auch vom Beginn unserer Beziehung her kenne, aber es ist nicht Alltag. Meine Beziehung stellt ein Gegengewicht dar, was dieses Verliebtsein nicht aufwiegt. Da ist etwas, worauf ich zurückgucken kann, sehr viel Gemeinsames, was mir ungeheuer viel bedeutet. Wir finden uns weiterhin sexuell attraktiv, sind gern zusammen und haben vieles miteinander gemacht, was uns verbindet. Eine Geschichte, auf die wir immer wieder zurückgreifen können. Und dieses Gefühl von Verläßlichkeit, von Offenheit und großem Vertrauen und dieser relativen Sicherheit. Wir sind uns der Gefahren bewußt, die da sind, wir nehmen die in Kauf. Hätten wir diese Außenkontakte nicht, dann würden wir sehr eingefahren und leblos in der Beziehung werden. (Bernd, 39)

Bernd fügt eine wichtige Einschränkung hinzu:

> Das ist für uns so! Wir werden oft gefragt, «wie man das macht, so eine offene Beziehung». Da merke ich, daß ich völlig unfähig bin, Generalrezepte zu geben.
> In der Anfangszeit haben wir eher gedacht: So macht man das! Inzwischen sind wir da sehr bescheiden geworden. Wir haben so völlig unterschiedliche Beziehungen kennengelernt, wo wir genau wüßten, wir könnten damit nicht glücklich werden! Ich finde es wichtig, daß man zu einer ganz persönlichen Lösung kommt.

Egal, ob mono, stereo oder was auch immer, entscheidend ist vor allem, wie man mit den auftretenden Konflikten umzugehen lernt. Wir bekommen bei unserer Erziehung nicht mit, wie man eine offene Partnerschaft führen kann. Wir müssen uns alles selbst beibringen. Erfahrungen sind die einzige Chance, eine brauchbare, persönliche Lösung zu finden.

Heiner und Gerd

Heiner (38) und Gerd (45) leben in Wilhelmshaven und sind seit 18 Jahren zusammen.

Heiner: Wir kannten uns aus der Sub vom Sehen, haben auch mal geguckt, wie das so üblich ist. Gerd war zu der Zeit mit einem anderen Typ locker zusammen. Die beiden waren immer besonders fein angezogen. Manchmal haben sie fürchterlich rumgetuckt und Witzchen gemacht und gelacht, und das war was, was mir überhaupt nicht gefiel, so rumtucken. Ich kann das heute noch nicht, ich kann's nicht mal richtig, wenn ich was getrunken hab. Liegt mir nicht so. Ich hab zu anderen auch mal gesagt, guck doch mal diese ‹Schwestern›, diese Tucken. Das wurde natürlich weitergetragen ...

Gerd: Und da haben wir es erst recht gemacht! Wir kamen in die Sub rein, und alles war so brav und jeder guckte jeden an und keiner hat sich unterhalten oder jemanden angesprochen, das fand ich sowieso immer furchtbar. Und bevor gar keine Stimmung da ist, da machen wir doch lieber Stimmung!

147

Heiner: Da haben wir uns also mal gesehen, aber nicht weiter Energien drauf verschwendet, näher in Kontakt zu kommen.

Gerd: Mein Typ war Heiner auch nicht, so klein . . .

Heiner: Dann war ich eingeladen bei Bekannten, und Gerd kam auch hin. Da hab ich ihm zum erstenmal richtig wahrgenommen. Ich hab gedacht, eigentlich sieht der ganz passabel aus, das wär was für dich, mal ranschmeißen. Hab ich mir den ganzen Abend fürchterlich Mühe gegeben, an ihn ranzukommen. Das hat aber nicht geklappt. Wir sind alle zusammen noch ausgegangen und spät morgens zurückgekommen. Haben bei mir gefrühstückt, und irgendwann um 9 Uhr gingen die anderen endlich. Da hab ich gedacht, hmm, nun wird's noch was. Aber er hat gesagt, tschüs, ich geh jetzt nach Haus, wir können uns ja morgen wiedertreffen, wenn du willst. Plötzlich stand ich da allein. Er wollte gar nicht . . .

Gerd: Ich wollte an sich nicht mal über Nacht dableiben. Schon als ich zu unserem Bekannten reinkam und Heiner saß da, dachte ich, ach du Schande, der ist da! Ich hatte ja am Anfang gar kein Interesse für ihn . . .
Ich wollte an sich nach Haus, ich bin nachts immer zu Hause gewesen, meine Mutter hat sich immer Sorgen gemacht. Und deshalb hab ich gesagt, tschüs, und bin raus.

Heiner: Und dann haben wir uns für den nächsten Tag verabredet, haben uns unterhalten, und so hat sich das dann entwickelt. Noch zwei-, dreimal getroffen, und dann sind wir zu mir gefahren.

Du sagst, Heiner wäre nicht dein Typ gewesen. Wie hat er dich denn überzeugt, daß er es doch ist?

Gerd: Och, das hat eigentlich ganz gut geklappt bei uns.

Heiner: Es hat erstens mal sexuell von Anfang an gut funktioniert . . .

Gerd: Und auch so haben wir uns gut verstanden, wir haben viele gemeinsame Interessen gehabt, das war an sich auch das Ausschlaggebende.

148

Heiner: Nach einem halben Jahr sind wir dann zusammengezogen . . .

Gerd: Weil du mich gedrängt hast! Es hat lange gedauert, bis ich mich
entschlossen hatte. Erst mal wollte ich noch gar nicht mit einem
Freund zusammenziehen. Und dann mußte ich das auch meiner
Mutter begreiflich machen. Das war sehr schwierig, auf einmal ausziehen! Ich war 27 oder 28 und hab bis dahin immer noch zu Hause
gewohnt. Ich hatte da nix auszustehen gehabt, mir wurde alles
schön gemacht, ich konnte einen Wagen fahren und mir sonst alles
leisten. Und dann auf einmal vor so 'ne Situation gestellt zu sein,
die ganzen Probleme und die ganzen Sorgen, die jetzt auf dich zu-
kommen, jetzt allein bewältigen . . . Ich hab lange mit mir gekämpft.
Meine Mutter war natürlich nicht begeistert, aber es gab auch immer Probleme mit meinem Bruder. Wenn ich morgens vor der Arbeit von Heiner kam, um mich zu waschen, rasieren und umzuzie-
hen, kam ich immer mit meinem Bruder in die Quere. Der hatte
überhaupt kein Verständnis dafür gehabt, daß ich schwul bin, der
war immer sehr fies zu mir. Eines Morgens sagte er: Du schwule
Sau, hast dich wieder rumgetrieben! Da haben wir uns fürchterlich
geprügelt, bis meine Mutter dazwischenkam. Das war ein aus-
schlaggebender Grund für mich, zu sagen, jetzt ziehst du aus.
Das hab ich dann gemacht und auch nicht bereut.

Gab es Probleme im Zusammenleben?

Heiner: Gekracht hat es natürlich immer mal wieder. Es gibt auch
jetzt mal Auseinandersetzungen, aber die sind viel, viel weniger
geworden.

Gerd: In der ersten Zeit haben wir uns häufiger gekracht . . .

Heiner: Wir haben einmal eine wirklich an die Substanz gehende
Auseinandersetzung gehabt. Da sind wir in Urlaub nach Spanien
gefahren, mit einem anderen Freundespaar.

Gerd: Ich hatte damals ein Verhältnis mit jemandem gehabt, in den
ich sehr verknallt war. Heiner hat das nicht gemerkt, und ich hab

149

ihm das auch nicht gesagt. Ich hab mich fast jeden Tag mit dem getroffen, ich war wirklich verknallt. Hab allerdings nicht mit dem Gedanken gespielt, mit Heiner Schluß zu machen. Gar nicht.

Wie lang wart ihr da zusammen?

Gerd: Fünf Jahre ungefähr. Das war auch die erste große Krise, die bei uns auftrat.

Heiner: Das war meiner Meinung nach die einzige wirkliche Krise, die wir hatten. Da hat nicht mehr viel gefehlt ... Wenn wir zu Hause gewesen wären, nicht im Urlaub, dann wären wir vielleicht auseinandergegangen. Aber da wir in einem fremden Land, in einer fremden Umgebung waren, und dann noch mit anderen Leuten zusammen ... Das war wirklich schlimm, die 3 Wochen waren grauenhaft!

Gerd: Ich hatte gar keine Lust, in Urlaub zu fahren. Begreiflich, nich? Ich hatte dann ja meinen ‹Freund› hier nicht mehr sehen können, war wieder 3 Wochen mit Heiner zusammen und mit dem Freundespaar.
Wir sind mit unserem Wagen gefahren, und das hatte mich alles genervt. Das war mir alles zuviel. Dann haben wir festgestellt, daß es mit dem Freundespaar auch nicht so doll war, die hatten ganz andere Vorstellungen von Treue und so. Da kam eins zum anderen.

Heiner: Die gingen jeden Abend auf Tour und schleppten einen andern Kerl an. Das war was, was wir überhaupt nicht gut fanden. Das war so nach dem Motto: Jeden Morgen beim Frühstück mußte man fragen, sollen wir für 4 oder für 6 decken? Zu der Zeit hat uns das unheimlich gestunken. Es war mein erster Urlaub in Spanien, es war schönes Wetter und in Sitges ordentlich was los – eigentlich hätte es schön sein müssen. Aber es war nicht schön, weil wir uns in der Wolle hatten. Wir haben fast jeden Abend Szenen gehabt, schrecklich, ganz fürchterlich.

Gerd: Da haben wir uns wirklich in der einen Nacht geprügelt. Zum erstenmal! Wirklich geschlagen, so daß die dazwischengegangen sind. Ich war drauf und dran, den Wagen zu schnappen und nach Hause zu fahren. Wenn ich mit Heiner alleine gewesen wäre, hätte ich ihn sitzengelassen und wäre nach Hause ... Nur, ich hab gesagt, jetzt hast du dieses Freundespaar mit, die kannst du jetzt nicht hier sitzenlassen, wie sollen die nach Hause kommen? Deswegen bin ich halt dageblieben.

Heiner: Gott sei Dank waren wir in Spanien, sonst wären wir wohl auseinandergegangen. Aber so haben wir das irgendwie in den Griff gekriegt.

Wie ging denn deine Beziehung zu dem anderen weiter, Gerd?

Gerd: Ich hab den eine ganze Zeitlang nicht gesehen, denn in der Zeit ist seine Mutter gestorben. Das hat sich dann auch aufgelöst, irgendwie war das bei mir auch vorbei, es war ja im Grunde nur ein Verliebtsein.
Hinzu kam, daß ich mir klar wurde, daß ich mit dem anderen eine Beziehung, wie ich sie mit Heiner hatte, gar nicht hätte aufbauen können. Wir hätten auch nicht zusammengepaßt, der ist ein ganz anderer Typ als ich. Der ist mehr ein Eigenbrötler.
Ich wollte Heiner ja auch nicht verlieren, es war eher ein Abenteuer für mich, obwohl ich in den verliebt war. So ging das sang- und klanglos vorüber. Von dem Moment an, wo wir aus dem Urlaub zurückgekommen sind, habe ich auch nix mehr mit dem gehabt. Das war schlagartig aus.

Heiner: Und ich war maßlos enttäuscht! Ich war treu, bin also nicht auf Abwege geraten, war wirklich enttäuscht von Gerd, wie das kommt, daß er nicht genauso treu war wie ich. Und dann auch noch über einen so langen Zeitraum, nicht nur mal mit einem anderen ins Bett steigen, sondern Wochen und Monate ... Ich bin ja auch erst im nachhinein richtig hinter die ganze Sache gekommen. Da hat's mir dann auch nichts mehr ausgemacht, da war's erledigt.
Aber ich war maßlos enttäuscht, die Grundfesten unserer Beziehung waren erschüttert. Wie der das machen konnte, mit einem anderen ins Bett zu gehen, und mir gegenüber so tun, als ob alles

in Ordnung wär. Ich war maßlos traurig, hab geheult, dabei ist das an sich nicht so meine Art!

Da hätte nicht mehr viel gefehlt und ich hätte was gemacht, auch wenn ich heute immer noch sage, Selbstmord ist 'ne Sache, die für mich nicht in Frage kommt. Aber da ... das war ganz schlimm. Irgendwas ist da zerbrochen. Weil ich mir selbst das nicht vorstellen konnte, daß ich das Vertrauen, was Gerd in mich gesetzt hatte, enttäuschen würde. Ich hab ihm blindlings vertraut, bin auch gar nicht auf die Idee gekommen, daß da was anderes sein könnte. Das dann plötzlich zu erfahren, war ein ziemlicher Schlag.

Und du wolltest es Heiner am Anfang nicht sagen, Gerd?

Gerd: Ich wollte nicht mit Heiner drüber sprechen, zu dem damaligen Zeitpunkt nicht. Es wäre mir unangenehm gewesen. Es war mir aber auch klar, irgendwann verläuft das sowieso im Sande, dann ist es aus.

Du wolltest ihn gar nicht erst beunruhigen?

Gerd: Jaja.

Heiner: Damals war für mich Treue noch was unheimlich Wichtiges. Unsere Bekannten, die uns quasi zusammengebracht haben, waren recht lockere Vögel. Die haben sich jeder mal was gesucht, und wir haben immer gesagt, nö, das käme für uns nicht in Frage, Treue ist selbstverständlich. So wie man es auch gelernt hat.

Im Grunde haben wir bis dahin so 'ne heterosexuelle Ehe nachgemacht. Wir haben uns eine tolle Wohnung angeschafft, es mußte immer alles ganz toll sauber und schick sein, wir waren treu und haben immer alles zusammen gemacht. Keiner ist mal allein ins Kino gegangen, das war unmöglich, dann wären wir lieber gar nicht gegangen! So toll konnte ein Film gar nicht sein, daß einer allein da hingegangen wäre! Wir sind gemeinsam ins Theater gegangen, in Konzerte ...

Das wolltet ihr aber auch genau so ...

Heiner: Natürlich, das war genau hundertprozentig richtig so! Wir haben genau 'ne normale Ehe nachgemacht.

Und nach diesem Urlaub hat sich das etwas, nicht so schlagartig, aber nach und nach, immer etwas mehr geändert. Daß man etwa nicht immer alles unbedingt zusammen machen muß. Daß einer mal was tut, wozu der andere keine Lust hat.

Hinzu kam auch, daß wir im Laufe der Zeit auch mal gemeinsam einen Typ gesucht haben . . . Dann konnte man vor allen Dingen darüber reden!

Gerd: Das war an sich auch das Wichtigste dabei, daß wir uns, egal ob wir was Gemeinsames hatten oder jemand hatte mal was allein gehabt, wir haben uns immer danach ausgesprochen. Wir haben uns darüber unterhalten, wie es gewesen ist.

Von diesem Zeitpunkt ab war also das Ideal Treue zerbrochen, aber auch die Faszination, die davon ausging?

Heiner: Durch diese Auseinandersetzung ist der Prozeß in Gang gekommen. Das ging auch nicht von heut auf morgen, aber da fing das an. Etwa damit, daß wir, wenn wir in der Sub waren, nicht immer zusammenhockten und uns was erzählten, sondern daß ich einfach mal rumging. Ich finde immer irgendwas, um einen, den ich reizvoll finde, anzusprechen. Wir sind also zusammen hingegangen, wir sind auch wieder zusammen nach Haus gegangen, aber wir haben oftmals zwischendurch nicht zusammengesessen. So fing das an.

Und dann ergab sich das, daß da einer ganz toll und attraktiv war, mit dem wollte ich gern ins Bett. Und da haben wir uns geeinigt, okay, wenn der bereit ist, mit uns beiden mitzugehen, dann machen wir das.

Das ergab sich dann häufiger mal, und wir haben eigentlich immer, wenn der weg war, festgestellt, das war zwar ganz lustig, aber eigentlich hätte man sich das sparen können. Ganz im Gegenteil, wenn der weg war, haben wir noch mal Sex gemacht und haben immer festgestellt, wie schön das ist. Aber es war halt der Reiz des Neuen. Da saß jemand, den einer von uns beiden attraktiv fand, und dann juckte das so in den Fingern oder sonstwo. Das haben wir 'ne ganze Zeit praktiziert, machen wir auch heute noch, wenn sich das so ergibt.

Gerd: Das ist auch so 'ne Art Selbstbestätigung. Daß man noch gefragt ist.

Heiner: Dann ergab es sich auch, daß wir mal für 'ne etwas längere Zeit getrennt waren, Gerd fuhr zur Kur oder so. Ja Gott, und dann hat er in der Kur jemanden kennengelernt, und ich hab mich hier in der Sub mal alleine umgetan. Dann war das aber so, daß wir uns das grundsätzlich erzählt haben. Erstens mal, weil, man muß das loswerden. Ich glaube, man kann das nicht auf Dauer verheimlichen, sonst muß man immer aufpassen, daß man sich nicht verplappert, außerdem sind die Schwestern sehr tratschsüchtig. Um all solchen Sachen aus dem Wege zu gehen, haben wir immer darüber geredet.

Heiner: Für mich hat Sex einerseits einen sehr hohen Stellenwert, ich brauch das eigentlich jeden Tag und möglichst 3mal, aber ich bin auch sehr flüchtig, was das anbelangt. Der einzige, bei dem es mir wirklich was bedeutet, ist Gerd. Alles andere mach ich, weil's Spaß macht, und wenn ich aus dem Bett gestiegen bin, ist die Sache eigentlich schon erledigt. Ich ekel mich nicht, aber im Grunde könnte der sich auch wieder anziehen und gehen, dann ist die Sache erledigt. Gerd ist wirklich der einzige, mit dem das was anderes ist. Ich bin im letzten Herbst mit einem anderen Freund in Urlaub gefahren, und mit dem Freund hab ich ein unheimlich gutes Verhältnis. Wir verstehen uns sehr gut, ich mag den, er ist auch vom Typ her mein Fall, ein sehr männlicher Typ. Es macht auch Spaß, mit dem ins Bett zu gehen, aber im Grund ist das bei dem genauso wie bei den Hunderten oder was weiß ich vorher, im Grunde genommen könnte der dann auch gehen. Da bleibt trotz allem nix nach. Bei Gerd ist das ganz anders. Ich kann das nicht beschreiben, weil's ein Gefühl ... Gefühle kann man so schlecht in Worte umsetzen.

Gerd: Es gibt an sich wenige, wo man hinterher sagen würde, das war wirklich ganz toll, das gibt es auch, daß man mit dem noch mal ins Bett geht und daß wirklich sich daraus auch eine Freundschaft ergibt. Aber zum großen Teil muß man sagen, man hat sein Vergnü-

gen gehabt, und aus. Da bleibt nix nach, gar nix. Und so finde ich
das auch ganz schön. So soll es auch sein.

Heiner: Dazu kommt natürlich, wir beide können inzwischen viel besser gegenseitig mit unserem Körper umgehen. Man braucht nicht
mehr nachzuforschen, was einem selbst oder dem Partner Lustge-
fühle bereitet, das ist ja schon alles klar. Es macht trotzdem genausoviel, wenn nicht sogar mehr Spaß, weil, diese Unsicherheit ist
weg. Man braucht nicht mehr auf die Reaktionen des anderen zu
achten, war das nun richtig so?
Viele Leute reden davon, daß sich so was abnutzt. Daß die
Sexualität mit dem Partner langweilig wird. Ich finde ganz im Gegenteil, daß wir im Laufe der Zeit so viele Sachen an uns entdeckt
haben, die Spaß machen, daß das nie langweilig ist. Gerd ist für
mich als Sexualpartner noch genauso interessant im Bett wie am
ersten Tag. Gut, die Formen haben sich geändert, aber das Vergnügen ist immer noch das gleiche.

Gerd: Kritisch wird es bei anderen Partnern ja erst, wenn du mit dem
im Bett gewesen bist und du möchtest noch mal mit dem und noch
mal. Das finde dann ich sehr kritisch, das gibt bloß Probleme! Aber
das kommt sooooo selten vor, und sollte das wirklich mal passieren,
mach ich gleich von vornherein Schluß. Es lohnt sich ja gar nicht!

Heiner: Mir ist das noch nie passiert. Also, da hat's noch nie einen
gegeben, der Gerd den Rang abläuft.
Alles andere mach ich mal. Ich bin zum Beispiel einmal allein in
Sitges gewesen und habe einen unheimlich netten Italiener kennengelernt, sieht gut aus, todschick und so. Mit dem hab ich mich
immer abends verabredet, wir sind in Diskotheken gegangen, und
wir waren eigentlich da das Liebespaar. Wir waren immer nur zusammen, haben rumgeknutscht und so. Den find ich auch heute
noch nett. Der schreibt immer mal, und ich freu mich darüber.
Aber für den würde ich nicht einen Tag unserer Freundschaft aufgeben!
Warum, könnte ich nicht erklären. Ich habe schon Schwierigkeiten,
das besondere Verhältnis, das wir zueinander haben, einigermaßen
in Worte zu fassen.

155

Je länger wir zusammen sind, je länger wir uns kennen, um so wichtiger wird die Beziehung, um so mehr nimmt sie von meinem Leben ein. Bis jetzt hat es in meinem ganzen Leben nichts so Wichtiges gegeben wie Gerd.

In den ersten 2 Jahren waren wir zwar unheimlich verliebt ineinander, aber wenn's da auseinandergegangen wäre, dann hätte man gesagt, zum Schluß hat's doch nicht gereicht für mehr. Nach 18 Jahren miteinander ist das anders.

Obwohl Dinge wie Sexualität nicht mehr so einen Stellenwert haben wie vor 10 Jahren, könnte ich mir heute ein Leben ohne ihn überhaupt nicht vorstellen. Das liegt außerhalb meiner Vorstellungskraft. 3 Wochen Kur oder so was sind genaugenommen die Hölle auf Erden. Ich weiß gar nicht, was ich mit mir anfangen soll. Nicht, weil ich nix zu tun habe – ich habe so viele Bücher und andere Dinge, mit denen ich mich beschäftige –, sondern weil mir was fehlt.

Gerd: Das geht mir genauso. Als Heiner alleine in Urlaub gefahren ist, ich hatte keinen Urlaub bekommen, hab ich gesagt, fahr man ruhig, is kein Problem.

Aber die erste Zeit war schlimm für mich, so die ersten 14 Tage. Wenn ich nach Hause kam, na ja, der Hund kam mir noch entgegen, war wenigstens etwas Leben im Haus. Aber das war trotzdem ganz eigenartig. Mir hat unwahrscheinlich viel gefehlt.

Man hat dann keinen Spaß, alleine wegzugehen, auch wenn ich alleine spazierenging, irgendwas fehlte. Mit dem Hund kann ich mich nicht unterhalten!

Ich hab immer das Gefühl gehabt, alle gucken dich an, wenn du da allein gehst. Da kamen immer die Pärchen, es laufen an sich relativ wenig Leute allein, hab ich damals festgestellt. Das fand ich schrecklich, ich hatte immer das Gefühl, alle gucken dich an. Haben sie vielleicht gar nicht getan, hab ich mir vielleicht eingebildet. Aber es war unangenehm.

Natürlich bin ich auch abends in den Park gegangen, weil man da noch am ehesten jemanden trifft. Ich bin fast jeden zweiten Tag in den Park gegangen, aber es hat sich gar nix abgespielt, so viel ist hier gar nicht los. Nur, man hat Leute da getroffen, mit denen konnte man klönen.

Ihr macht also immer noch viel zusammen?

Heiner: Ja, wir sind eigentlich immer zusammen, außer daß ich ein
paar Interessen habe, z. B. Politik, wo ich mal allein hingeh. Oder
ich geh ins Kino, und Gerd sagt, nee, mag ich nicht. Das war zu
Beginn unserer Freundschaft überhaupt nicht denkbar. Das machen wir schon mal häufiger. Er muß sich ja nicht was angucken,
was ihn nicht interessiert, nur um mir einen Gefallen zu tun.

Gerd: Wir machen nur noch das gemeinsam, was uns wirklich beide
interessiert. Ich bin jetzt vor kurzem im Ballett gewesen, Heiner
interessiert sich nicht für Ballett, gehe ich eben alleine hin. Das ist
auch ganz gut so, man muß nicht alles gemeinsam machen.

Heiner: Das ist dieses Idealbild, was wir anfangs übernommen haben,
diese schöne richtige normale Ehe, wo das Ehepaar eben alles zusammen macht. Da sind wir jetzt so'n bißchen drüber hinaus –
schon seit einigen Jahren. Obwohl, das ist gar nicht so schlimm, wir
machen ja die meisten Sachen zusammen, sind meistens zusammen. Selbst wenn ich vor der Glotze sitze und Gerd legt sich hin,
weil er müde ist, dann ist er ja trotzdem da, fünf Schritte weg.

Gerd: Ich finde es auch ganz gut, wenn man mal alleine irgendwohin
gehen kann. Ich hab vor kurzem einen Fotokursus mitgemacht, das
fand ich ganz schön.
Trotzdem: Wenn Heiner mal spät nach Hause kommt und ich gehe
um 11 oder 12 ins Bett, dann schlaf ich irgendwie unruhig. Dann
streck ich meine Hand mal aus, nee, ist immer noch nicht da.
Irgendwas fehlt mir dann. Ich schlaf unruhiger, wenn Heiner nicht
da ist.

Das ist offenbar bei Paaren sehr unterschiedlich . . .

Gerd: Wir kennen ein Freundespaar, die sind auch schon sehr lange
zusammen, aber die haben schon seit einigen Jahren getrennte
Schlafzimmer, und jeder macht das, was er gerne will. Der eine
bringt den mit nach Haus, der andere den. Darüber haben wir uns
auch mal unterhalten: Wenn das erst soweit kommt, dann müßten

wir auch auseinandergehen! Dann möchte ich auch mit meinem Freund nicht mehr zusammensein. Ich weiß, er geht los, sucht sich was und geht dann nebenan ins Zimmer und schläft mit dem. Und ich bin vielleicht in meinem Schlafzimmer und bin alleine.
Wenn die Freundschaft schon so weit auseinandergegangen ist, dann sollte man auch den Trennungsschritt wagen. Denn dann ist das ja keine richtige Freundschaft mehr, das ist nur noch so'n Zusammenleben, eine Wohngemeinschaft.

Heiner: Uns verbindet ja nicht der Zweck, zusammen zu wohnen, nicht allein zu sein, uns verbindet, daß wir uns lieben. Und wenn das nicht mehr da ist, dann ... Vor allen Dingen wäre ich viel zu eifersüchtig. Könnte das gar nicht ertragen, wenn ich wüßte, Gerd würde ...

Gerd: Abgesehen davon, es würde mir sicherlich auch sehr schwerfallen, jetzt den Trennungsschritt zu machen und wieder allein zu leben. Ich weiß gar nicht, ob ich das könnte, auf einmal wieder allein zu leben.

Heiner: Genau!

Gerd: Ist ja nicht gesagt, daß du so schnell wieder einen Partner findest. Möchte ich auch gar nicht, davon ganz abgesehen.

Heiner: Das ist etwas, worüber wir oft gesprochen haben. Ich kann mir überhaupt nicht vorstellen, allein zu leben. Ein wesentlicher Teil meines Lebens wäre unausgefüllt. Das ist der Teil, den Gerd jetzt ausfüllt. Da wäre was nicht besetzt in meinem Leben.
Es spielt natürlich auch die Gewöhnung eine gewisse Rolle, wenn man ein paar Jahre zusammen ist. Und wenn es so banale Sachen sind wie, daß Gerd sagt, du mußt aber endlich mal deine Hemden wegräumen, die da schon seit vier Tagen liegen, weil ich so'n unordentlicher Typ bin. Selbst die Dinge gehören dazu. Obwohl es mich auch manchmal nervt, wenn ich mir das immer anhören muß.

Gerd: Tja, es würde dich nicht nerven, wenn du es weglegen würdest. (Heiner lacht laut.)

Warum, glaubt ihr, seid ihr nach 18 Jahren immer noch zusammen?

Heiner: Man kann Beziehungen ja nicht planen. Deshalb kann man nicht im voraus sagen: Das ist eine Freundschaft für immer oder bloß für zwei Jahre.

Gerd: Ich glaube, so eine richtige Liebe, die reift, die wächst auch mit im Laufe der Jahre. Als ich Heiner kennengelernt habe, war ich zwar verliebt in ihn, aber ich kann nicht sagen, daß ich ihn richtig geliebt habe damals. Im Laufe der Jahre hat sich das verändert, da ist wirklich Liebe draus geworden. Je länger wir zusammen sind.

Aber woran lag das?

Gerd: Vertrauen spielt sicher eine Rolle. Wenn wir nicht ehrlich zueinander wären, weiß ich nicht, ob unsere Freundschaft so lange gehalten hätte. Wenn wir wie zu Anfang noch so eifersüchtig aufeinander wären, dann wäre was kaputtgegangen. Denn gerade diese Eifersüchteleien nerven ganz schön. Die machen dich kaputt. Die Ehrlichkeit, wie wir miteinander umgehen, das finde ich jetzt viel, viel schöner! Ich brauch ja keine Angst zu haben, ich kann meinem Partner ruhig erzählen, daß ich fremdgegangen bin. Wir sprechen darüber, und das finde ich schön.
Ich glaube, viele Freundschaften gehen dadurch kaputt, weil sie mit dem Partner nicht darüber sprechen, daß sie jemand anders kennengelernt haben ...

Heiner: Das sind aber auch andere Sachen, nicht nur, daß man jemanden kennengelernt hat, sondern überhaupt, daß man glaubt oder überzeugt ist, daß man sich auf seinen Partner verlassen kann – in jeder Hinsicht. Egal, was es ist! Daß man ja jemanden hat, an den man sich anlehnen kann. Der nicht nur da ist, um toll in den Urlaub zu fahren, sondern wenn es einem wirklich mal mies geht, daß man da auch jemanden hat.
Eine ganz wichtige Sache ist aber auch, daß man körperlich zusammenpaßt. Der Sex hat zwar nicht mehr den Stellenwert wie zu Anfang, aber für mich ist das immer noch sehr, sehr wichtig.

Gerd: Einander zuhören können finde ich noch wichtig! Auch wenn mich mal irgendwas nicht interessiert, ich hör trotzdem zu. Umgekehrt tut Heiner das auch. Wenn es dem andern wichtig ist, wenn er irgendwo Probleme hat, dann nehme ich mir die Zeit einfach.

Heiner: Es gibt eigentlich keine Sache, die so problematisch ist, daß man nicht drüber reden kann. Im Gegenteil, je größer das Problem im Moment erscheint, wenn man darüber geredet hat, wird's meistens kleiner. Oftmals ist es gar nicht mehr vorhanden. Es wird nur dann ein Problem, wenn man das runterschlucken muß und mit seinem Partner nicht darüber reden kann.
Und ich glaube, das wäre es, was ich am meisten vermissen würde, wenn ich allein leben würde.

8. Kapitel

Nähe, die Angst macht

Ich habe damals nie kapiert, was mit meinen Freunden los war. Die Stimmung war gespannt, es grummelte unter der Oberfläche, aber das einzige, was ich mitkriegte, war: Irgendwas ist los – aber was?

Etwa, wenn Willi sich zurückzog, am liebsten tagelang im Bett bleiben wollte und beim besten Willen nicht zu einem Gespräch zu bewegen war. Danach war mit einem Mal wieder alles okay.

Oder wenn sich Marian plötzlich nicht mehr meldete und ich schließlich überhaupt nichts mehr verstand.

Klar, Menschen sind unterschiedlich – das hatte ich ja schweren Herzens schlucken müssen, aber warum soooo anders als ich? Muß man sich denn so hirnrissig verhalten? Können wir nicht wie vernünftige Menschen miteinander umgehen, logisch und ruhig? Wieso konnten die sich nicht zusammenreißen und das Ganze mal realistisch betrachten, anstatt von einer Gefühlskatastrophe in die nächste zu rutschen?

Komischerweise waren alle meine Freunde so. Nie geriet ich an jemanden, der ähnlich war wie ich. Und, noch erstaunlicher: Diese absonderliche Kombination begegnete mir fast bei jedem Paar, welches ich kennenlernte. So nach dem Motto, einer ist der Typ, der weiß, was er will, der den Laden schmeißt, ohne Probleme allein klarkommt und reichlich «cool» ist. Der andere, gefühlvoller, spontan, gesellig, aber auch unsicher und unselbständig.

Einfache Gemüter würden dies schnell als Mann-Frau-Schema abhaken. Frauen sind halt gefühlvoller und brauchen eine starke, sichere Hand neben sich. Männer haben den Verstand gepachtet und können alles selber.

Dabei hat das mit männlich oder weiblich soviel zu tun wie eine Kuh mit Theologie. Dahinter stecken einfach zwei verschiedene Charaktere, zwei unterschiedliche ‹Typen›, die bei Männern genauso vorkommen können wie bei Frauen.

Lange wußte ich nicht, wie ich diese zwei Tendenzen beschreiben oder benennen könnte – bis ich in einem schlauen Buch etwas über «Dimensionen der Persönlichkeit» las. Die eine «Dimension» hatte etwas mit dem menschlichen Bedürfnis nach Distanz und Unabhängigkeit, aber auch nach Nähe und Abhängigkeit zu tun. Glaubt man diesem Buch, dann schwanken wir alle irgendwo auf einer Skala zwischen Unabhängigkeit und Abhängigkeit, zwischen Nähe oder Distanz zu anderen Menschen.

Natürlich, das war es! Da lag der Unterschied, den ich so lange nicht begriffen hatte. Ich selber war ein sehr distanzierter Typ, der sich auf seine Unabhängigkeit eine Menge einbildete. Meine Freunde hingegen waren (und sind) genau das Gegenteil: sehr liebe, herzliche Menschen, die sich aber schwertun, alleine klarzukommen.

Nähe und Distanz, Abhängigkeit wie Unabhängigkeit sind wissenschaftliche Schlagworte, die kaum vermuten lassen, was für abgrundtiefe Ängste und was für gewaltige Sehnsüchte dahinterstecken. Will nicht ein jeder gern «unabhängig» sein? Und kriegt man nicht pausenlos von Schwulen zu hören, wie sehr sie sich eine «enge Beziehung» wünschen?

Oberflächlich gesehen: ja. Unabhängig sein, selbst entscheiden können, sein Leben nach eigenen Vorstellungen gestalten, das ist gewiß erstrebenswert. Und natürlich brauchen wir auch den Kontakt zu anderen Menschen, die Nähe, denn sie gibt uns ein Gefühl der Geborgenheit und Sicherheit. Nähe ist Intimität, ist Vertrautheit, ist Gehaltenwerden, ist Wärme. Ohne Nähe zu anderen Menschen oder wenigstens Lebewesen wie etwa einem Tier würden wir seelisch verkümmern.

Man kann das sehr gut bei Kindern beobachten. Nach der Geburt fühlt sich das Baby am wohlsten, wenn es engsten Körperkontakt mit einer vertrauten Person hat. Sobald es zum Beispiel weg ins Bett ge-

«Eine Büchersammlung...

...ist der Gegenwert eines großen Kapitals, das geräuschlos unberechenbar Zinsen spendet.»

Dieses Goethe-Wort könnte beinahe auch für Pfandbriefe gelten, allein: dafür bedarf es keines *großen* Kapitals, und die Zinsen sind berechenbar.

Pfandbrief und Kommunalobligation

die mit dem hohen Zins – und der großen Sicherheit – sobald man dem Sparbuch entwachsen ist

Verbriefte Sicherheit

legt wird, schreit es und weint es. Zur Beruhigung wird es wieder aufgenommen, wird mit ihm geredet, oder es wird ein Lied gesungen. Die Geborgenheit, das im wahrsten Sinne des Wortes «Gehalten-Werden», diese Nähe beruhigt das Baby in Null Komma nix (zumeist).

Man hat Versuche mit Affenbabies gemacht, die von der Mutter getrennt wurden und die in einem Käfig zusammen mit zwei Attrappen-«Müttern» aufwuchsen. Die eine war über und über mit warmem, weichem Stoff bezogen, die andere bestand aus einem puren Drahtgestell, hatte dafür aber eine Milchflasche.

Alle Affenbabies bevorzugten die kuschelige Ersatzmutter und rissen sich nur kurz von ihr los, um bei der anderen Attrappe ihren Durst zu stillen. Manche versuchten sogar, ohne die Fell«mutter» loszulassen, nach der Flasche zu grabschen, die an der Milch«mutter» befestigt war. Selbst wenn sie noch so hungrig waren – Körperkontakt, Geborgenheit und Nähe waren ihnen wichtiger als alles andere.

Menschliche Babies reagieren ähnlich – zumindest im ersten Lebensjahr.

Ganz allmählich entsteht ein anderes Bedürfnis, nämlich das nach Abnabelung, nach Eigenständigkeit, kurz: nach Abstand. Je älter das Kind wird, desto häufiger versucht es, eigene Wege zu gehen, um alles zu erforschen. Es sträubt sich schon mal heftig dagegen, in den Arm genommen zu werden. Während es für das kleine Baby nichts Schöneres gibt, als dicht am Körper eines vertrauten Menschen getragen zu werden, will das ältere Kind immer öfter etwas «selber machen»!

Der Wunsch nach Abstand und nach Nähe ist abwechselnd da, aber die Sehnsucht nach Eigenständigkeit wächst. Sowie das Kind sich sicher genug fühlt, geht es immer öfter eigene Wege. Mutter oder Vater werden zum Heimathafen, in den man bei stürmischer See schleunigst zurückkehrt, und aus dem man anschließend wieder mit frischem Mut hinaustuckern kann.

Dieses «Aufbrechen zu anderen Ufern» hat eine ganz wichtige Bedeutung. Nur allein kann das Kind erfahren, was es wirklich kann, und dadurch selbstsicherer werden. Nur auf diese Weise kann es entdecken, ob das, was die Eltern ihm gesagt und gezeigt haben, auch wirklich so ist oder vielleicht ganz anders. Es kann sich ein eigenes Urteil bilden und unabhängiger werden, bis es schließlich ganz von den Eltern weggeht und sein Leben selbst in die Hand nimmt.

Nähe gibt uns Vertrauen, Stärke und Sicherheit; Abstand hilft uns,

uns weiterzuentwickeln und Neues zu entdecken (auch bei uns selbst!). Auch Erwachsene verlieren das Bedürfnis nach Nähe und Geborgenheit, gerade in Momenten der Angst, niemals ganz. Im Gegenteil: Der Wunsch nach menschlicher Nähe ist ein ungeheuer starkes Bedürfnis.

Mit den Bedürfnissen ist das jedoch so eine Sache. Ich kann ganz tief drinnen eine entsetzliche Sehnsucht nach Nähe verspüren und mich trotzdem nach außen ganz cool verhalten. Ich kann mich nach einem lieben, vertrauten Menschen sehnen, und doch jeden, der mir zu nahe kommt, brutal wegstoßen.

Das ist eine der Merkwürdigkeiten menschlichen Verhaltens, mit denen wir nun mal leben müssen. Das läßt sich allerdings recht leicht erklären.

Nehmen wir an, ich habe mich mehrfach in einen Menschen verliebt. Die wollen jedoch nie was von mir wissen. Mit der Zeit werde ich versuchen, mich nicht mehr so leicht zu verlieben, um nicht immer wieder enttäuscht zu werden. Ich verdränge meinen Wunsch nach einem Freund und tue nach außen (meist sogar mir selbst gegenüber) so, als ob ich ja gar nicht wolle: «Ich komme auch alleine gut klar.» Aus meinem großen Wunsch nach Nähe ist Angst vor Nähe geworden. Aus lauter Angst halte ich mir die Menschen vom Leibe und lasse keinen mehr an mich ran.

Denn Nähe ist nicht nur schön – sie ist auch bedrohlich! Nähe kratzt an dem Schutzwall, den wir vorsorglich um uns errichtet haben, und macht uns verletzlich. Lassen wir jemanden dicht an uns heran, dann kann er uns schaden. Je dichter, desto mehr. Er kann uns treffen, da, wo wir uns schwach und hilflos fühlen. In einer intimen, vertrauten Beziehung, wo man dem anderen sehr nahe kommt und seelisch nackt vor ihm steht, liefert man sich vollkommen aus. Er könnte losschlagen...

Es gehört eine ordentliche Portion Mut dazu, sich einem anderen Menschen auszuliefern – besonders, wenn man schon mal schlechte Erfahrungen damit gemacht hat.

Schaut man sich mal das Verhalten von Schwulen untereinander an, so kann man überall Anzeichen von Angst vor Nähe entdecken. Wie sie im Park stundenlang umeinander herumschleichen! Bloß nicht als erster zu erkennen geben, daß man interessiert ist! Schnell einen Happen Sex, möglichst anonym, einpacken und ab nach Hause.

Eine kurze männliche Umarmung nach dem Abspritzen, ach nein, wegen AIDS nicht mal mehr das!

Bloß keine Zärtlichkeiten, das wäre schon viel zu nah! Wirklich: Der Schwanz im Arsch des Vordermannes ist weitaus weniger intim = nah, als Zärtlichkeit und Küsse. Beim Ficken ist der andere nicht mehr als ein x-beliebiges «Gefäß», das benutzt wird, während Streicheln immer den, und zwar genau den Menschen meint, den wir berühren. Zärtlichkeit ist Nähe. Und deshalb so selten bei den anonymen Begegnungen in Park oder Klappe.

Ist es etwa keine Angst vor Nähe, wenn Schwule voll Inbrunst jungen Männern hinterherlaufen oder den neuesten ‹Boy› aus dem Herrenmagazin anhimmeln und sich des Nachts in ihrer Phantasie mit ihm im Bett austoben? Begehrenswert ist der, den man nicht kriegen kann. Den Schwulen nebenan würden sie nicht mal mit der Pinzette anfassen, alles nach dem Motto: Liebe deinen Nächsten – nur nicht den, den du gerade hast!

Oder in der Diskothek. Wie sie dastehen, cool und überlegen, eine bissige Abfuhr auf den Lippen oder auch nur ein geübter Blick von oben herab, so daß dir ein Schauer den Rücken runterrieselt. Auf keinen Fall normal freundlich sein zu jemandem, den man nicht geil findet – sonst rückt er einem nicht mehr von der Pelle! Nach einer miteinander verbrachten Nacht kennen sie dich nicht mehr. Komm ihnen nicht mit Liebe, das ist ihnen zu kompliziert, nimmt ihnen ihre Freiheit.

Überhaupt Freiheit! Schwule scheinen besonders viel Wert auf ihre Freiheit zu legen.

> Ich brauche einen großen Freiraum für mich selbst, eine Beziehung darf mich nicht einengen. Ich will Freunde treffen können, wann ich möchte, und mit anderen ins Bett gehen können, ohne daß mein Partner eifersüchtig wird. Ich finde es gut, daß wir nicht soviel zusammen machen, da kann ich tun und lassen, was ich will. Diese Freiheit lasse ich mir nicht nehmen. (Thorsten, 23)

Auch hinter diesem Wunsch nach «Freiheit» steht eine gehörige Ladung Angst vor Nähe. Schwule haben Angst vor Nähe – kann man das so sagen? Viele Homosexuelle werden heftig mit dem Kopf nicken:

Ja, ja, ganz genau, finde ich auch! Und die Heteros glauben sowieso alles, was man ihnen über Schwule erzählt. Woher sollen sie es auch besser wissen?

Nur, es haut nicht hin. Genauso gibt es den Schwulen, der sich wie wahnsinnig nach Nähe sehnt, der lieber tausend Nervereien mit seinem Freund in Kauf nimmt, um ja abends schön kuschelig Arm in Arm einschlafen zu können. Der sich nichts Schöneres vorstellen kann, als immer alles mit seinem Freund zusammen zu machen, dem es gar nicht eng genug sein kann. Der Alleinsein grauenvoll findet. Wenn bei ihm von einer Angst die Rede sein kann, dann von der Angst vor zuviel Distanz.

> Ich möchte, daß mein Partner immer für mich da ist und immer für mich Zeit hat. Daß er mit mir zusammenlebt, mehr oder weniger ganz eng, und tagtäglich, nächtens und immerzu mit mir zusammen ist. Aber nicht nur zusammensein, sondern auch gemeinsam arbeiten, so viele Lebensbereiche wie möglich in die Partnerschaft mit einbeziehen. (Andreas, 36)

> Ich war immer einer, der Leute um sich gehabt hat. Ich glaube, ich habe Angst vor dem Alleinsein. (Roger, 25)

> Nähe kann ich sehr gut aushalten, habe keine Schwierigkeiten damit. Eher mit Distanz. (Bernd, 39)

Angst vor dem Alleinsein, Angst vor Abstand sowie der Wunsch nach ganz viel Nähe – dies alles findet man bei der zweiten Gruppe von Schwulen. Dahinter steckt noch eine ganz andere Angst, von der allerdings selten die Rede ist, denn sie ist ihnen peinlich: die vor Unabhängigkeit.

‹Nähe-Typen› – ich will sie der Einfachheit halber mal so nennen, hegen insgeheim einen Riesenbammel davor, auf eigenen Beinen stehen zu müssen. Sie schmeißen sich mit ganzer Kraft in eine Beziehung, suchen also Nähe und Geborgenheit.

‹Abstand-Typen›, also die anderen, von denen vorher die Rede war, sind zwar ungeheuer selbständig, haben aber eine Heidenangst davor, sich auf enge Bindungen einzulassen, weil dies ihre Eigenständigkeit in Frage stellt. Nur zur Klarstellung: Ich selbst bin eindeutig dieser Kategorie zuzuordnen.

Nicht alle Schwulen gehören absolut zum einen oder zum anderen Typ – im Gegenteil, die meisten liegen mit ihren Bedürfnissen und Ängsten irgendwo dazwischen. Aber jeder von uns neigt doch mehr einer von beiden Seiten zu.

Sobald wir dies verstehen, werden eine Menge Konflikte in schwulen Beziehungen plötzlich durchschaubar. Ich will deshalb mal versuchen, die beiden ‹Typen› genauer zu beschreiben, denn verbunden mit diesen «Grundängsten» ist eine ganze Latte von Eigenschaften und Vorlieben, die erst insgesamt den ‹Typ› ausmachen.

Nehmen wir Holger. Er ist ein echter Vertreter des ‹Abstand-Typs›. Daß er Angst vor engen Bindungen hat, ist unschwer zu erkennen.

> Allein sein kann ich gut, da gibt es keinerlei Probleme. Dann gehe ich eben allein ins Kino, was soll's? Ich brauche niemanden, ich bin selbständig genug. Mich haut nicht so schnell was um. Lieber frei sein und für mich selbst entscheiden können, als mich auf andere einstellen. Bis die sich mal entschließen, ist sowieso schon der halbe Abend rum!

In Beziehungen verhält er sich eher kühl.

> Ich bin nicht gerade das, was man einen Gefühlsmenschen nennt. Ich finde, man sollte alles mehr sachlich und nüchtern betrachten. Das gilt für den Beruf genauso wie fürs Privatleben. Nicht dieses ewige Verlieben, und nach ein paar Wochen ist alles wieder vorbei. Beziehungen muß man langsam angehen lassen, nichts überstürzen. Sonst gerät das außer Kontrolle.

Holger ist gut im Organisieren und Planen, sogar sein Leben hat er gut durchgeplant. Spontane Aktionen liebt er nicht, auch ist er fremden Menschen gegenüber eher mißtrauisch.

> Wer weiß, was die von einem wollen? Nachher nutzen die mich nur aus, da muß man aufpassen!

Er muß viel Platz für sich allein haben – das betont Holger immer wieder.

> Ich brauche unbedingt ein Zimmer für mich. Dieses ewige
> Zusammensein in vielen Beziehungen würde mich wahn-
> sinnig machen! Ich kann auch nicht schlafen, wenn jemand
> so eng neben mir liegt, da kriege ich Platzangst.

Kritik kann Holger nicht so gut vertragen, er bollert sofort zurück, weil er Angst hat, Schwächen zuzugeben. Von seiner ganzen Art her ist Holger eher männlich – mitsamt der Überheblichkeit und Selbstüberschätzung, die das bedeutet.

> Im Fummel könnte ich nicht rumlaufen, da würde ich mich
> total unwohl fühlen. Ich bin mehr aktiv, zupackend, es
> nervt mich, wenn Leute so jammerlappenartig sind.

Abstand-Menschen sind deshalb so kühl, weil sie Angst vor ihren Gefühlen haben. Gefühle sind nicht zu kontrollieren – wer weiß, was dabei rauskommt? Erst nach langer Zeit beginnen sie, einem Menschen zu vertrauen. Erst dann können sie tiefe Gefühle zulassen und wirklich eine Bindung eingehen.

‹Abstand-Menschen› lieben ihre Unabhängigkeit und brauchen Distanz. Sie bevorzugen jüngere Männer, weil sie glauben, bei denen keine Angst vor Abhängigkeit haben zu müssen. In ihrem ganzen Verhalten entsprechen sie stark dem herkömmlichen Männer-Bild.

Der ‹Abstand-Typ› hat die Hoffnung aufgegeben, Geborgenheit und Schutz bei anderen finden zu können. Er hat vor allem die eigenständige Seite in sich entwickelt, will allein zurechtkommen und wehrt sich gegen alle Versuche, ihm da reinzureden. Was er hingegen gut kann und gerne macht, ist, einem Unsicheren, Schwächeren beizustehen, den Arm schützend um ihn zu legen. Dabei steht seine Unabhängigkeit ja nicht auf dem Spiel – er aber kann jemand anderem das angedeihen lassen, was er selbst gern hätte, wovor er aber viel zu große Angst hat.

Fast das Gegenteil von Holger ist Rudi, sein Freund. Rudi ist genau so ein gefühlsbetonter, etwas unsicherer Mann, wie ihn Holger sucht, schnell verliebt und bereit, sich total einem anderen hinzugeben.

Bei mir gibt es immer nur ein Ganz-oder-gar-nicht. Wenn ich jemanden liebe, ist das die totale Liebe. Dann möchte ich ständig mit dem zusammensein – so eine romantische Liebe im besten Sinne! Ich möchte ihn dauernd umarmen und am liebsten mit Haut und Haaren auffressen. Ich möchte so vieles wie möglich mit dem Freund teilen, damit wir so 'ne richtige Einheit bilden.

Mit dem Alleinsein ist das bei ‹Nähe-Typen› so eine Sache.

Alleine macht mir nichts richtig Spaß! Da mag ich nicht mal was essen. Für mich allein schmier ich schnell 'ne Scheibe Brot und eß die im Stehen. Ich will immer mit Leuten zusammensein. Allein sein ist fürchterlich!

Rudi hatte bisher nur ältere Freunde. Sie gaben ihm jene eiserne Sicherheit, die er braucht.

Ich wollte von ihnen lernen, sie sollten mir Wege aufzeigen und mir helfen, wenn ich mal wieder aus lauter Naivität in Schwierigkeiten gerate. Bei ihnen wollte ich mich anlehnen können und ein bißchen von ihrer Stärke abbekommen. Mit einem Jüngeren wäre das nicht gegangen. Ich traue Jüngeren nicht. Guck dir bloß mich an ... Außerdem kommt es mir auf das Aussehen nicht so an.

Daß er durch diese Fixierung auf einen selbstbewußten, starken Älteren in eine gewisse Abhängigkeit gerät, stört Rudi nicht so sehr.

Allein komme ich sowieso nicht klar, ich bin fürchterlich unselbständig. Andauernd mache ich was falsch, da ist es gut, einen starken Partner zu haben. Schlimm ist es nur, wenn es Streit gibt, da kann ich mich überhaupt nicht beherrschen, und hinterher habe ich ganz schlimme Schuldgefühle oder kriege Depressionen, und alles sieht ganz furchtbar aus. Leider kann ich mich nur sehr schwer durchsetzen, Holger ist einfach mit Worten besser.

‹Nähe-Menschen› fühlen sich oft eher ein bißchen ‹feminin› und verkörpern tatsächlich vieles, was bei uns mit weiblich gleichgesetzt wird.

Zwei Männer, Holger und Rudi, die beide Angst haben, allerdings vor jeweils genau der entgegengesetzten Situation. Holger, unabhängig, stark, selbstbewußt, verstandesbetont, schützt sich gegen zuviel Nähe, indem er seine Gefühle wegschließt, alles über den Kopf regelt. Im Grunde seines Herzens hat er Angst, sich fallenzulassen und wirklich auf jemanden zuzugehen. Die zur Schau getragene Stärke und Unabhängigkeit verbirgt die innere Sehnsucht danach, auch einmal schwach sein zu dürfen. Er gibt sich alle Mühe, «erwachsen» zu sein.

Rudi gelingt das nicht. Er ist den umgekehrten Weg gegangen und lebt seelisch immer noch wie ein Kind. Vor dem «Erwachsen-Werden» hat er viel zuviel Angst – selbst wenn er noch so lautstark das Gegenteil behauptet. Sein Ideal (wieder etwas, was er so nie zugeben würde) ist die Liebe zwischen Mutter und Kind, eine Wiederholung der frühen Bindung, im Extrem eine Symbiose. Ganz eng, umsorgt und mit ständiger Aufmerksamkeit gesegnet. Er klammert sich an den ‹erwachsenen› Partner, erhofft sich da Halt und Lebenshilfe. In diesem Wunsch ist er unersättlich.

Der ‹Nähe-Typ› macht seinen Partner zum angehimmelten Idol, stark und sicher, an dessen Hand er sich halten und in dessen Schatten er sich sonnen kann: Kümmer dich um mich, allein bin ich verloren! Während der ‹Abstand-Typ› glaubt, immer stark sein zu müssen, hält sich der ‹Nähe-Typ› für viel zu schwach, um es allein zu schaffen.

Vielleicht erkennst du dich ein Stück weit in einem von beiden wieder. Sehr oft begegnete mir diese «Kombination» von ‹Abstand-› und ‹Nähe-Typ› in schwulen Partnerschaften. Leute wie Holger und Rudi haben nämlich eine fast magische Anziehungskraft aufeinander. Meist fällt es ihnen gar nicht schwer, einen Vertreter des anderen ‹Typs› herauszufinden.

Ich gerate immer an relativ unsichere und schüchterne Männer, lieb und nett, aber eben auch ein bißchen naiv. Wahrscheinlich strahlen die sowas aus. Rudi habe ich in einer Bar kennengelernt, wo er still in der Ecke saß. (Holger)

Was mich an ihm gereizt hat, war, daß er so selbstsicher auf mich zugekommen ist. Ich hatte den Eindruck, der weiß, was er will und läßt sich nicht wie ich dauernd von seinen Gefühlen durcheinanderbringen. Das gab mir irgendwie Sicherheit. (Rudi)

Eigentlich klar. Oben hatte ich bereits gesagt, daß der Mensch im Grunde beides braucht: Abstand und Nähe. Wer selbst Schwierigkeiten hat, Nähe zuzulassen, sucht sich folglich einen Partner, der ihm «stellvertretend» dieses Bedürfnis erfüllt. Der verstandesbetonte Holger löst sein Problem, indem er sich jemanden sucht, der ganz viel Nähe möchte. Nun hat Holger alles im Griff. Wann immer er den Wunsch nach etwas Nähe hat – Rudi macht sofort mit. Und sobald es ihm zuviel wird, kann er abschotten. Er selbst braucht sich nicht zu verändern, sein Partner sorgt schon für ausreichend Nähe.

Das gleiche gilt für Rudi. Er bewundert die Stärke seines Partners, braucht sie für seine Sicherheit. Solange er mit einem starken Partner zusammen ist, muß er nicht selbst stark und unabhängig sein. Mit Holger ist er unabhängig (von anderen, allerdings nicht von Holger) und findet den Mut, sich in die große weite Welt hinauszutrauen.

Anscheinend passen sie bestens zusammen. Weil sie dieses ganze Spiel aber in aller Regel nicht durchschauen, beginnen sie im Verlauf ihrer Beziehung darunter zu leiden. Was am Anfang noch liebenswerte Eigenschaft und (unbewußt) eine wesentliche Grundlage der Freundschaft war, entwickelt sich nun zum Dauerschauplatz von Vorwürfen und Anklagen. Rudi prangert Holgers Gewohnheit an, für sie beide Entscheidungen zu treffen: «Immer willst du bestimmen! Ich bin doch kein kleines Kind mehr!» Worauf sein Freund mit gleicher Münze zurückzahlt: «Du kannst dich ja nie entscheiden! Benimm dich doch nicht so wie ein kleines Kind, dann wirst du auch nicht so behandelt!»

Umgekehrt Holger: «Ständig willst du, daß wir was zusammen machen, wie soll ich da meine Arbeit schaffen? Du kannst ja wohl auch mal was ohne mich machen!» Übliche Antwort: «Du hast ja sowieso nie Zeit für mich!» Sie begreifen nicht, daß sie grundsätzlich anders fühlen und vollkommen unterschiedliche Bedürfnisse haben. Während der ‹Abstand-Typ› jegliche Abhängigkeit haßt wie die Pest, braucht der ‹Nähe-Typ› gerade diese Abhängigkeit, um sich wohl zu fühlen. Während der ‹Abstand-Typ› seine Gefühle einsperrt und verleugnet, wird der ‹Nähe-Typ› pausenlos von seinen Ängsten und Sehnsüchten überschwemmt.

Jeder fühlt sich vom anderen mißverstanden. Rudi ist oft unsicher, ob sein Freund ihn auch «wirklich liebt», er weiß nie, ob er was falsch gemacht hat. Holger begreift nicht, wieso sein Freund «nie genug kriegen» kann und wieso es nicht klappt, «vernünftig» miteinander zu reden.

Sie verstehen nicht, daß es gerade ihre uneingestandenen Ängste sind, die sie zu diesem speziellen Freund getrieben haben. Sie haben ihn selbst ausgesucht! Rudi braucht Holger, und Holger kann nur mit einem Menschen wie Rudi risikolos eine Liebesbeziehung eingehen.

Sie jammern und klagen, anstatt ihre eigene Rolle im Zusammenspiel zu betrachten. Ohne einen ‹Nähe-Typ›, der sich unsicher fühlt, kann kein ‹Abstand-Typ› seine Entscheidungen selbstherrlich durchsetzen. Und ohne einen schwächeren Partner an seiner Seite müßte der Stärkere eingestehen, was für Riesenängste auch in seiner Seele brodeln. Denn eines ist ja wohl klar: Weder ist der eine absolut stark und sicher, noch der andere immer unsicher und abhängig. Irgendwann wird das in jeder engen Freundschaft sichtbar. Und dann droht der nächste Konflikt.

Weil nämlich Rudi seine Freundschaft vor allen Dingen deshalb begonnen hat, um eine starke Hand zur Seite zu haben, war er furchtbar enttäuscht, als er feststellte, daß Holger gar nicht das unerschütterliche Idol ist, als das er ihn sehen wollte. Holger seinerseits sah es gar nicht gerne, als sein schwacher, unsicherer Freund plötzlich mal ohne ihn loszog. Der ‹Abstand-Typ› bangt um seine «Alleinherrschaft», der ‹Nähe-Typ› um seine Geborgenheit.

In solchen Momenten besteht große Gefahr für die Partnerschaft! Streit ist die Folge und oft Trennung. Der eine sucht sich einen neuen ‹Schwachen›, der andere einen unverbrauchten ‹Helden›.

Dabei könnten sie sich gegenseitig eine Menge beibringen. Jeder betont aus Angst nur eine Seite seiner Persönlichkeit. Die andere verkümmert, da sie sich nicht trauen oder auch zu bequem sind, etwas an sich selbst zu ändern.

> Ich weiß nicht, wie ich das ausdrücken soll. Aber wenn er stark ist, bin ich es auch! Manchmal nervt mich das, denn eigentlich möchte ich gern selbst so stark sein! Ich möchte nicht, daß ich dafür jemand anderen brauche. Aber irgendwas macht mir Angst . . . (Bernd, 28)

Während dieses Spiel bei Heteros in der Regel auf Frau und Mann verteilt ist, schaffen das bei den Schwulen auch die Männer allein.

Und so wie sich ‹normale› Männer schwertun, sogenannte ‹weibliche› Anteile bei sich selbst zuzulassen (für Frauen gilt das Umgekehrte ebenso), so tun sich schwule Männer schwer, ihre jeweils anderen Anteile selbst zu entwickeln. Es scheint ja auch viel praktischer, sich das Fehlende beim Partner zu holen.

Sehr oft kommt es also an diesem Punkt zur Trennung. Falls nicht, gibt es zwei Möglichkeiten: Entweder bilden beide ein festgefügtes Paar mit klaren und fixierten Rollen, so wie es jahrhundertelang in heterosexuellen Ehen gang und gäbe war. Die Frau, gefühlvoll und schwach, paßt sich dem Mann an und akzeptiert die Abhängigkeit. Voller Hingabe wäscht sie vollgekackte Windeln, schmiert den Kleinen das Butterbrot und rückt dem Papa nach harter Arbeit im Büro das Fußbänkchen vor dem Fernsehsessel zurecht. Der Mann hingegen sonnt sich darin, ‹richtige Arbeit› zu machen, er bestimmt, wo das Geld hingeht (Frauchen kann ja nicht damit umgehen), und weiß, wie man den Dia-Apparat richtig bedient.

Derartige Beziehungen können eine Ewigkeit halten – auch bei Schwulen. Sie schimpfen aufeinander, aber ändern nichts. Sie bekämpfen sich womöglich bis aufs Messer – und liegen sich anschließend schluchzend in den Armen, weil sie letztlich doch ohne einander nicht sein können.

Schwule können also durchaus mitspielen in diesem «Einer oben – einer unten»-Spiel. Es sei denn, sie nehmen die Chance, die wir gerade als Schwule nun mal haben, wahr und entwickeln sich zu vollständigen Persönlichkeiten mit ‹Nähe›- und ‹Abstand›-Anteilen. Beispielsweise so, wie es Udo und Richard getan haben:

> Ich habe früher jegliche Gefühlsduselei abgelehnt. Dabei habe ich mich innerlich manchmal lustig darüber gemacht, wenn Udo so an mir hing. Mir ist erst jetzt klargeworden, wieviel er für mich bedeutet, und daß ich ihn genauso brauche wie er mich. Das wollte ich mir früher nie eingestehen. Durch sein Verhalten lebt er mir Möglichkeiten eines anderen Lebens vor, und ich kann von ihm eine Menge übernehmen. (Richard, 38)

Auch sein Freund Udo hat innerhalb der Beziehung einiges dazugelernt.

> Es hat mich sehr gekränkt, daß Richard oft keine Zeit für
> mich hatte, wenn ich ihn brauchte. Das waren meistens Mo-
> mente, in denen ich mich unzufrieden fühlte und einen Halt
> suchte. Inzwischen habe ich gelernt, mich von ihm unab-
> hängiger zu machen. Ich kann jetzt besser für mich selbst
> sorgen. (Udo, 31)

Der letzte Satz von Udo deutet darauf hin, welche Risiken solch eine
Entwicklung natürlich hat. Ein selbstbewußt werdender Partner
könnte auf die Idee kommen, sich von seinem Freund zu trennen.

Darüber hinaus können wir versuchen, die ganz besonderen Ängste
des Freundes ernst zu nehmen und möglichst nicht noch zu fördern.

> Ich habe früher sein Verhalten immer danach beurteilt, wie
> ich in so einer Situation denken oder mich fühlen würde.
> Das war aber völlig falsch! Er traut sich vieles nicht zu, und
> ich habe angefangen, ihm ordentlich Mut zu machen an-
> stelle von Vorwürfen. (Richard)
>   Das hat mir wieder geholfen, nicht so viele Schuldgefühle
> zu haben, weil ich nicht so selbständig bin. Ich habe inzwi-
> schen einiges ausprobiert, was ich früher niemals gemacht
> hätte, etwa alleine auszugehen. (Udo)
>   Dafür versteht Udo jetzt auch besser, warum ich mich
> teilweise zurückziehe und allein sein will. Daß sich das nicht
> gegen ihn wendet, sondern eben mit meiner Angst vor Ab-
> hängigkeit zusammenhängt. (Richard)

Indem wir die Ängste des anderen ernst nehmen, helfen wir ihm,
mehr Vertrauen zu seinen verborgenen ‹Talenten› zu entwickeln. Und
uns selber helfen wir natürlich auch. In dem Moment, wo wir uns nicht
mehr über ihn lächerlich machen oder sein Verhalten abwerten, können wir ähnliche Bedürfnisse bei uns selbst ans Tageslicht kommen
lassen. Richard hat viel von seiner Angst vor Abhängigkeit dadurch
verloren, daß er Udos Abhängigkeit akzeptieren lernte. Da, wo wir
uns verstanden fühlen, können wir gegenüber dem Freund und uns
selbst zugeben, wovor wir uns fürchten. Wenn er dann noch Verständnis zeigt, ist damit die Voraussetzung für eine Nähe und Vertrautheit
geschaffen, die nicht mehr ängstigt.

Thomas

Thomas (23) nahm zur Zeit unseres Gesprächs Schauspielunterricht in Hamburg. Eine länger dauernde Beziehung hatte er bis dahin nicht gehabt.

Meinen ersten Kontakt mit anderen Schwulen hab ich schon mit 14 gehabt. Das waren ältere Schwule, die sich in einer Schülerkneipe die Jungs geangelt haben. Die haben's auch bei mir probiert, aber ich hatte damals solche moralischen Skrupel, daß ich das nicht mitgemacht habe.

So richtig klar war mir das mit meinen Gefühlen da noch nicht. Ich wußte, daß ich geil auf Jungs war, weil ich mit Gleichaltrigen aus der Klasse so rumgegrabscht habe, aber daß das irgendwie schwul ist ... Ich hab nicht gedacht, daß das so bleibt. Ich dachte, es fängt mit Mädchen an, und es hat ja auch mit Mädchen angefangen, und erst mit 16, 17 kamen die schwulen Gedanken wieder. Zwei Jahre lang hab ich versucht, Beziehungen zu Mädchen herzustellen. Aber ich hab mich sehr einsam gefühlt. Ich war unheimlich beliebt in der Schule und hab viel gedacht: Warum hab ich keine Freundin? Als ich schließlich akzeptierte, schwul zu sein, wollte ich auf jeden Fall einen Freund haben. Ich hab immer besonders auf dunkelhaarige Männer geguckt, weil, ich bin selber blond, also das Gegenstück so. Einmal hab ich mich in einen Türken verliebt, der sehr lieb

175

aussah und auch sehr geheimnisvoll. Ich hab mir meinen Freund immer so vorgestellt: Das Gegenstück von mir, bloß in dunkel. Das war mein Traum.

Ich hab aber bis knapp 18 gebraucht, bis ich den ersten schwulen Mann kennengelernt und mit ihm geschlafen hab. Ich hab mich damals noch nicht in Schwulendiskos getraut, aber in einer Diskothek, wo ich regelmäßig hingegangen bin, schließlich so lange mit 'nem Typ geflirtet – und er mit mir –, bis wir endlich den Mut hatten, uns anzunähern. Ich war auch für ihn der erste Mann …

Das war 'ne richtige Beziehung, drei Monate lang. Wir haben von der großen Liebe bis ans Lebensende geträumt. Ich bin schon mit 17 von zu Hause ausgezogen gewesen, wir hatten Freiraum und konnten machen, was wir wollten.

Zwei Monate war ich total auf'n Wolken. Wir sind auch sofort total offen miteinander umgegangen, in der ganzen Stadt, und das war in Krefeld wirklich revolutionär. Ich hab sofort meinen Eltern alles erzählt, die ganze Schule, alle wußten das! Die haben uns dann auch gesehen, wie wir Arm in Arm durch die Stadt gegangen sind. Ich war damals wirklich richtig high.

Nachdem mir klar war, daß ich schwul bin, hatte ich mir sehr eine Beziehung gewünscht. Das Glücklichsein darüber, daß die Einsamkeit aufgehört hatte, war, glaub ich, viel wichtiger und größer als die Beziehung, die wir wirklich zueinander hatten. Wir waren beide so glücklich … Er auch, er hatte sein Coming Out schon viel früher gehabt und hatte nie 'ne Beziehung gehabt. Er war noch viel glücklicher, daß die Einsamkeit endlich vorbei war!

Wir haben Pläne geschmiedet für die Zukunft. Ich weiß noch, wie wir darüber geredet haben, daß wir später mal zusammen 'ne Kneipe aufmachen wollen. Wir haben wirklich rumgesponnen.

Ich hab mir vorgestellt, daß es überhaupt kein Problem wäre, wenn man immer zu zweit wäre. Wir haben zusammen den Tag verbracht, lange im Bett gelegen, zusammen Essen gemacht. Das fand ich alles 'ne kurze Zeit lang das Schönste auf der Welt. Ich konnte mir damals noch nicht vorstellen, daß mir das sehr bald überhaupt nicht reichen würde, was da ablief.

Auseinandergegangen ist das ganz bescheuert. Mich hat ein Diskjockey zu sich nach Hause eingeladen, der lange vorher schon auf mich abgefahren war, der das aber nie geäußert hat. Er hat gesagt: Du siehst doch so gut aus, du könntest doch jeden haben, du mußt dich nicht an diesen Typ hängen!

Ich hab mich unheimlich drüber geärgert, aber trotzdem hat es bei mir genau das bewirkt, was es sollte. Wir haben uns verabredet, und er hat mich in die Düsseldorfer Schwulenszene geschleift. Und ab da war es vorbei.

Ich hab damals gesehen, daß es noch viel mehr schwule Männer gibt, was es da überhaupt für eine schwule Welt gibt! Ich hatte die ja vorher nicht kennengelernt. Ich war so fasziniert und so abgelenkt und begeistert, daß ich mich von meinem Freund sehr schnell gelöst habe, weil er das nicht mitmachen wollte.

Ich wollte nur raus, raus, raus. Es war die totale Verwirrung, ich wollte erst mal alles erleben und nicht mehr in dieser Beziehung weiterleben.

Ich fand die Düsseldorfer Szene ziemlich beschissen und die Diskotheken alle doof, aber trotzdem hab ich als junger Schwuler, der gerade neu in die Szene eingestiegen ist, 'ne Menge Eine-Nacht-Beziehungen erlebt. Ich hab damals noch ein schlechtes Gewissen gehabt, fand das aber doch sehr aufregend.

Gleichzeitig bin ich in die Schwulenbewegung eingestiegen, hab dort auch einen Freund gehabt, und bin nicht mehr in die Sub gegangen. Das ist aber auch schnell kaputtgegangen, weil ich spätestens da gemerkt hab, daß ich überhaupt nicht gelernt hatte, in 'ner intimen Beziehung zu leben.

Mit 15 hatte ich mal ein 3/4 Jahr eine Beziehung mit 'ner Frau, mit Unterbrechungen, aber sonst hatte ich immer für mich alleine gelebt. Ich hatte gar nicht das Bedürfnis, jeden Tag meinen Partner zu sehen und immer mit dem zusammenzusein. Immer wenn ich zu meinem Freund gefahren bin, hatte ich das Bedürfnis, mich dort zurückzuziehen. Das ging, weil das ein großes besetztes Haus war. Ich bin da vor ihm weggelaufen und hab gemerkt: Ich will gar nicht immer mit ihm zusammensein!

Weil ich damals nicht fähig war, über so was zu reden – das hab ich eben auch nicht gelernt –, hatte ich nur das Gefühl: Mir ist alles so peinlich, ich will hier nur raus! Ganz ähnlich wie in der ersten Beziehung.

Ich war einfach nicht fähig, das, was da in mir passierte, rechtzeitig zu sagen, und so konnte der andere überhaupt nicht verstehen, was los war. Und wenn er es schließlich verstanden hat, war er sauer, daß ich das nicht früher gesagt oder gezeigt hab. Voller Scham bin ich aus dieser Beziehung geflohen.

Nach und nach bin ich mehr in die schwule Disco in Krefeld gegangen, am Schluß jeden Samstag. Meistens als letztes, wenn man vorher so richtig tanzen war, immer mit dem Vorwand, daß das die einzige Kneipe ist, die lange aufhat. Es hat mich da doch immer wieder hingezogen.

Ein paarmal hatte ich so One-Night-Geschichten, aber als Schwuler war ich bald in Krefeld frustriert. Hier kann man ja nicht alt werden, hab ich gedacht, und wollte raus. '81 war ein Freund von mir nach Berlin gezogen, und ich hab ihn da besucht, und das war so toll, da gab es nur noch Berlin für mich! Ich hab mich da unsterblich in einen Typen verliebt, es ist aber nie zu was gekommen. Aber der Wunsch nach einer festen Beziehung war gleich wieder da.

Nur, das wird sich immer wiederholen, wenn ich von weiteren Beziehungen erzähle: In dem Moment, wo ich in einer drinstecke, ist ganz schnell das Bedürfnis, 'ne Beziehung zu haben, wieder vorbei! Verliebt sein und eine Beziehung, das sind für mich immer zwei verschiedene Paar Stiefel.

Dieser Mechanismus hat sich bis heute immer wiederholt. Nur weiß ich heute darüber besser zu reden als damals, und ich kann mich und den Partner vielleicht besser vor so komischen Überraschungen schützen.

Einen Tag nach'm Abi bin ich nach Berlin gezogen. Da hab ich für einen Monat 'ne Beziehung gehabt, anschließend unheimlich viele One-Night-Affairs. Ich wollte erst mal alles auskosten. Hatte einen unheimlichen Nachholbedarf. Und hab in einem von Schwulen besetzten Haus gewohnt, hatte also einen Kontakt zu Schwulen, der anders war. D. h. mit Schwulen leben, mit denen wirklich was als Freunde anfangen zu können, nicht immer bloß dieses Sub-Ding.

Die Freundschaften sonst mit Schwulen waren mir immer nicht intensiv genug. Bis zu meinem Umzug nach Berlin waren mir meine Hetero-Freunde immer viel wichtiger als die ganze Schwulenszene.

178

Kurz bevor ich zur Schauspielschule nach Hamburg kam, hatte ich noch 2½ Monate eine Beziehung in Berlin. Es war wirklich eine sehr gute und intensive Beziehung, aber zusammenhängend damit, daß ich nach Hamburg ging, war mir meine eigene Sache, meine eigenen Ziele betreiben öfter wieder wichtiger als die Zweisamkeit.

Allerdings verliebe ich mich meistens in Leute, denen es anders-rum geht, denen Zweisamkeit wichtiger ist, als ihr eigenes Ding durchzuziehen. Die kein so promiskes Leben führen wie ich. Die auch keine Lust darauf hatten und das teilweise verurteilen. Und das gibt eben immer den Konflikt.

Irgendwo hab ich wohl 'ne Sehnsucht danach, dieses promiske Leben zu beenden und hab mich deswegen immer an diese Leute gehalten bzw. in sie verliebt. Ich hab immer geglaubt, jetzt ist dieses Leben auch vorbei, jetzt fängt das neue Leben an – in der Beziehung. Aber bevor das wirklich losgehen konnte, bevor ich mich wirklich eingelassen hab, ist das Bedürfnis nach meiner Freiheit, nach der Freiheit, mit anderen Männern schlafen zu können, danach, immer das tun zu können, was ich bestimme, und nicht, worauf sich zwei Leute einigen, wieder da. Eine intensive Beziehung konnte so gar nicht erst anfangen. Ich glaube, daß ich zu schwulen Männern noch gar keine richtig intensive Beziehung gehabt habe.

In meiner letzten Beziehung war das wieder dasselbe. Ich merkte, meine Güte, was der erzählt, wie er lebt und welche Wünsche er hat, das ist ja erschreckend, das ist ja bei den letzten 5 Freunden, die ich hatte, ganz genauso gewesen! Nie hat das länger als 2 Monate gehalten, und jedesmal, wenn ich eine Beziehung eingehe, steigert sich der Horror, daß es nach 2 Monaten sowieso wieder vorbei ist. Daß sich alles wiederholt.

Da gibt es gewisse Dinge, die ich eben immer wieder erlebe. Etwa daß der Partner sich zumacht, so ein männliches Sich-Zumachen, wo man das Gefühl hat, man muß jetzt Kätzchen spielen und sich in die Rolle der Frau setzen, wozu ich zwar eine Tendenz habe, was ich aber absolut hasse. Wenn sich diese Tendenz anbahnt, wenn ich merke, ich bin derjenige, der sich eher ankuschelt als der andere an mich, das sind Sachen, wo ich spüre, oh, da kommt so ein Rollenverhalten hoch, das ich nicht mag. Was irgendwann dazu führt, daß ich mich total eingeschnürt fühle und nur noch weg will.

Oder ganz simple Sachen, wie, wenn man sich verabredet, und ich sage, ich hab an dem und dem Tag überhaupt keine Zeit, weil ich da 'ne Probe habe und danach total kaputt bin und du nichts mehr von mir erwarten kannst, wo der dann sagt, ich will ja auch gar nichts von dir, nur bei dir sein, daß ich so gewöhnt bin von diesem eher alleine leben, daß ich da meine Ruhe haben will und allein bestimmen will, was ich mache. Wenn das jemand nicht versteht, da kann ich so hochgehen, daß für mich unheimlich viel Gefühl dabei kaputtgeht.

Andererseits gibt es eine Beziehung zu einem Typ in Berlin, die läuft schon über ein Jahr. Wir haben uns im letzten Sommer kennengelernt. Jedesmal wenn ich in Berlin bin, sehen wir uns und fühlen uns total wohl miteinander. Das ist nicht die feste Beziehung, wie ich sie mehrfach gehabt habe, aber ich habe das Gefühl, das ist die einzige Art, wie ich im Moment mit einem Mann umgehen kann. Diese Distanz, diese Freiheit.

Übrigens ist dieser Freund, den ich in Berlin habe, der erste unter meinen Freunden, von dem ich weiß, daß er meiner Mutter ähnlicher ist als meinem Vater.

Die anderen waren immer meinem Vater ähnlicher. Auch von meinen ganzen Sehnsüchten her, was ich von meinem Vater gern gehabt hätte. Was er vielleicht gar nicht erfüllt hat, aber was ich in ihn reinprojiziert habe.

Während dieser Freund in Berlin, der hat die Wärme und den Witz meiner Mutter. Das ist wohl der Grund, daß ich zu dem so 'ne ganz neuartige, so lange und viel freiere Beziehung führen kann.

Der hat auch eine enorme Bandbreite von weiblich bis männlich. Er kleidet sich oft in 'nen Fummel und hat 'ne unheimliche Tuntenkomik drauf. Auf der anderen Seite ist er Leistungssportler und hat einfach 'ne Männlichkeit – er kriegt beide gut unter einen Hut.

Deswegen ist er meiner Mutter sehr ähnlich, weil sie unter Jungs aufgewachsen ist, viel Sport gemacht hat als Mädchen, auf der anderen Seite aber schon 'ne sehr weibliche Frau ist.

Auch bei mir liebe ich diese weibliche Seite. Als Kind hab ich mich gern als Frau verkleidet, und in der Schwulenbewegung hab ich es ebenfalls mit großem Genuß getan. Ich hab mich richtig als schöne Frau empfinden wollen, hab mich gern in die Rolle als Frau reinversetzt. Das fand ich unheimlich aufregend. Das wollte ich auch schon als Kind: schöne Frau sein.

Heute ist das ja nicht mehr angesagt, und ich finde das Scheiße, weil ich mich dadurch selbst unter Druck setze, mich jungenhaft zu geben.

Das paßt natürlich alles wunderschön in die üblichen Klischees von Schwulen. Genauso wie mein Sexualleben. Ich habe die ganze Zeit, seit ich nach Berlin gegangen bin, ein vollkommen promiskes Leben geführt. Damit bin ich einer von denen, die hochgradig AIDS-gefährdet sind.

Es hat mich einfach gereizt, mit immer neuen Männern was zu machen. Die Bestätigung, die ich von ihnen bekomme. Aufregende Situationen, auf Klappen, in Kinos, Massenorgien – all so Sachen, die ich mal erlebt haben wollte. Das hat in Hamburg angefangen, und ich bin da in so ein Suchtverhalten reingerutscht, ein Jahr lang war das total schlimm! Da ging's mir total dreckig deswegen, so daß ich mir erst mal eine Zeitlang Ruhe gegönnt hab. Aber dann ging's wieder los. Bis das mit AIDS so kam.

Da hab ich mir geschworen – und das wird total schwer für mich werden –, mich da jetzt total zu beherrschen. Mit dem promisken Leben von heute auf morgen aufzuhören. Nur so schaff ich das. Wie beim Rauchen. Ich hab einfach eine Panik und Heidenangst vor AIDS. Das liegt auch im Interesse der Beziehung zu meinem Berliner Freund, weil der ebenfalls ziemlich Schiß hat vor AIDS.

Ich bin über mich selbst erschüttert, daß mich erst die Todesangst zu so einem Sinneswandel bringt. Ich hab schon x Krankheiten gehabt früher, aber ich bin trotzdem dieses Risiko immer wieder neu eingegangen.

Es ist einfach so: Ich werde am geilsten, wenn ich jemanden überhaupt nicht kenne. Ich muß ihn gar nicht so toll vom Äußeren her finden, ich muß nur spüren, der ist total geil auf mich, ich brauche mich da in keiner Weise moralisch unter Druck zu fühlen und mit dem kann man jetzt rumsauen. Da werd ich am geilsten, da ist mein

Schwanz steinhart. So Sachen hab ich eben auf der Klappe, im Kino oder in Dunkelräumen oft erlebt. Da waren oft Typen, mit denen ich nie ins Bett gehen würde, sondern mit denen ich nur solche Sachen machen würde.

Wenn ich mit jemandem ins Bett gehe, ist das heute nur jemand, der mir sehr wichtig ist. Sonst will ich mit dem überhaupt keine Nacht verbringen und ich haue sofort, nachdem ich mit dem geschlafen habe, ab. Dabei mache ich das eigentlich nicht gerne. Aber wenn ich im Bett liege mit jemandem, der mir wichtig ist, oder überhaupt wenn ich mit jemandem im Bett liege, dann bin ich oft impotent. Weil ich dann am liebsten erst mal stundenlang liegen würde und nur schmusen und streicheln.

In dem Moment ist es auch, wo ich mich verliebe. In der Regel ist es immer ein Problem, mit jemandem, mit dem ich eine Beziehung habe, so geil zu werden, daß ich einen Orgasmus kriege. Weil ich immer nur das Bedürfnis habe, zu liegen, zu schmusen, zu reden, zu streicheln. Mal so'n bißchen rumgeilen, aber dann auch wieder nicht. Dieses Ding da unbedingt abspritzen zu müssen, das ist für mich dann überhaupt kein Bedürfnis mehr.

Das ist jetzt erst anders bei dem Michael in Berlin. Ich werde von Mal zu Mal geiler auf den, ich empfinde seinen Körper als reizvoll – obwohl er kein Traumkörper für mich ist –, seinen Geruch, seine Sachen, seine Wäsche ... Das hab ich bei anderen Männern nie gehabt. Da stand immer nur das Kuschelbedürfnis im Vordergrund, diese Wärme, die ich bei den Klappenmännern natürlich überhaupt nicht bekam.

Ich muß dazu sagen, daß Michael taubstumm ist, so daß viel mehr über körperliches Berühren, über Blicke oder über Spüren voneinander läuft. Wir reden natürlich ziemlich wenig, und wenn, dann ausschließlich situationsbezogen, also was wir gerade eben zusammen erleben, und wenig über Vergangenheit und Zukunft.

Ich hab bei Michael 'ne ganz neue Art von Aufeinander-Zugehen und Miteinander-Umgehen gelernt. Bei ihm hab ich nie das Gefühl gehabt, daß ich meine Freiheit verliere, wenn ich mit ihm zusammen bin. Wenn ich an ihn denke, bin ich so ganz bei mir, dann erfahr ich eine ganz starke Ruhe. Ich denke, das ist unser Grundverhältnis.

Ich fühle mich bei ihm so bei mir, daß ich nicht diese Panik kriege. Wir haben z. B. nie Probleme mit Verabredungen. Sind wir zusammen, dann sind wir so lange zusammen, wie wir Bock drauf haben, und wenn er sich z. B. mit seinen taubstummen Freunden unterhalten will, was mir ja nicht so viel bringt, dann ist er eben mit denen zusammen, oder wenn ich tanzen geh, wo er nicht so viel davon hat, dann läßt er mich eben tanzen gehen. Und das ist vollkommen okay auf beiden Seiten! Das hab ich vorher noch nie erlebt.

9. Kapitel

Zwei Männer: Liebe und Macht

Die Tunten sterben aus. Moderne Schwule sind richtige Männer. Manchmal sogar schon mehr als die «echten», die Hetero-Männer. In fortdauernder Verunsicherung, was er denn nun eigentlich sei – Männchen oder Weibchen –, hat der schwule Mann begonnen, sich auf die Seite des vormals starken Geschlechts zu schlagen. Adam hat gewonnen.

Nie gab es so viele Lederbars wie heute, wo schwarzgewandete Prachtkerle mit finsterem Blick neben markig maskulinen Gestalten in abgewetzten Jeans, grobkarierten Cowboyhemden oder blütenweißen T-Shirts ihr Bier im Stehen hinunterkippen.

Bodybuilding-Studios könnten wahrscheinlich Warmbadetage einführen, so zahlreich drängt es Gleichgesinnte an die Muskelformer. Cock-Ringe um die Schwanzwurzel für permanente Erektionen, Spielzeuge (englisch vornehm: «Toys») für das totale Geilheitserlebnis und Poppers, damit «er» überhaupt noch hochkommt – Hilfsmittel haben Hochkonjunktur.

Der harte Mann ist bei den Schwulen im Vormarsch, während die Hetis noch zögern, ob sie den Trend zum Softi weiterverfolgen oder Rambo nacheifern sollten. Beiden gemeinsam ist offenbar der Zug zur Peitsche – Sadomasochismus als neueste Quelle zur Glückseligkeit ist in.

Dabei ist es gar nicht so lange her, da herrschte in schwulen Kreisen noch die ‹feminine› Komponente. Bis vor wenigen Jahren war Homosexualität aufs engste verknüpft mit minder oder stärker sichtbarer «Elegance». Der Ring mit Mini-Rubin am kleinen Finger verriet homophile Gesinnung ebenso wie das Rüschenhemd und die rosa Ringelsöckchen. Schwulsein schien untrennbar damit verbunden, daß man sich ans andere Ufer begab und die äußere wie innere Nähe zum Weiblichen suchte. Sowohl bei Lesben als auch bei Schwulen war der Trend, sich in Gestik, Verhalten und Kleidung dem anderen Geschlecht anzupassen, weit verbreitet. Nur so schien die Rechnung aufzugehen: Wenigstens einer von beiden mußte Frau sein (bzw. Mann bei den Lesben). Karikaturen und Komödien haben bis heute bewahrt, wie Schwule getreu dem allgemeinen Vorurteil glaubten, eine homosexuelle Beziehung solle sein wie eine Ehe. Die Trine zu Hause, der Macker auf Arbeit.

Vorbei die Zeiten, als Homosexuelle, inneren Trieben folgend, noch ihre weiblichen Seiten herauskehren konnten, sich mit Verve ans Staubwischen und Abwaschen machen durften – ein Schwuler heute hat Mann zu sein!

Kinseys Forscher stellten in ihrer großen Befragung 1981 fest: «Etwa ein Viertel aller befragten Männer lebte derzeit in einer homosexuellen ‹Paarbeziehung›, d. h. sie und ihre Partner lebten zusammen und hatten Sex miteinander. Bei diesen Paaren gab es in der Regel nur geringe Hinweise auf eine Geschlechterrollenaufteilung in ‹männliche› und ‹weibliche› Partner bei der Bewältigung der Arbeiten im Haushalt.» (Bell u. a. 1981, S. 107) Sehr lobenswert.

Nein, wirklich, ich finde es toll, daß endlich Schluß ist mit festgeschriebenen Rollenvorbildern – egal, ob für Heteros oder für Schwule. Jeder sollte seinen Neigungen entsprechend leben und nicht danach, wozu ihn ein angeborenes Geschlecht oder eine sexuelle Vorliebe zu verdonnern scheint. Aber ich fürchte: «Richtige Männer» werden Schwule nie! Da können sie sich Muskelpakete antrainieren, Drogen inhalieren und sich hinter noch so viel Leder verschanzen – es wird nicht gehen.

Beim Kampf – Mannsein gegen Schwulsein – zieht am Ende der Mann den kürzeren. Die meisten haben es längst begriffen und signalisieren zumindest unbewußt durch Straßschmuck am Lederkäppi, lebhaftes Kreischen in der Achterbahn oder sanften Kern hinter knallharter Schale, daß sie die feminine Seite ihrer Seele nicht vollends begraben haben. Der Macho-Kult der vergangenen Jahre demonstriert nur als andere Seite der Medaille, wie der Konflikt im schwulen Mann aussieht.

Wer heute zwanzig, dreißig oder vierzig ist, hat noch die volle Ladung herkömmlicher Männlichkeitserziehung mitgekriegt – falls er nicht zu den wenigen Glückspilzen gehört, denen das Schicksal weitherzige oder fortschrittliche Eltern beschert hat. Und weil es in diesem Buch um die heutigen schwulen Beziehungen geht und die Probleme, die dort auftreten, muß ich diese Kindheit in den 40er bis zu den 60er Jahren berücksichtigen. Was mit den Homosexuellen ist, die in unseren Tagen der Windel entwachsen, kann dann später mal jemand untersuchen.

Junge sein hieß damals: hart sein, immer «seinen Mann stehen», sich zusammenreißen («Ein Junge weint nicht!»). Es hieß siegen statt unterliegen (nur Frauen liegen unten ...), fordern statt (hin)geben. Sich beherrschen, Problemen standhalten und allein klarkommen.

Junge sein hieß, sich auf die Rolle als zukünftiger Ernährer einer Familie vorzubereiten, die optimalen Startlöcher für den Wettlauf um Posten und Karriere zu graben, kurz: frühzeitig Leistung zeigen!

Jungen toben, prügeln sich, machen sich schmutzig, können schnell laufen, Bälle weit werfen, interessieren sich für Fußball, Jungen kämpfen.

Und was tun Schwule? Glaubt man mal den Untersuchungen, die es dazu gibt (und ich neige aus eigener Erfahrung und wegen der vielen Berichte anderer Schwuler, die ich kenne, dazu), dann versagen sie, was die Erziehungsziele und was die Männlichkeit angeht, in ihrer Mehrzahl auf der ganzen Linie!

Nur rund 10 % waren wie Manfred, der übrigens heute Vertreter für eine Sportartikel-Firma ist:

> Ich habe sehr früh mit Fußballspielen angefangen. Mit
> sechs Jahren schon. Fußball spielen hat mir sehr viel Spaß
> gebracht. Das war mein A und O. Ich war bekannt dafür,
> daß ich ziemlich hart zur Sache ging. Als Verteidiger mußt
> du natürlich den Stürmer hart angehen. Das machte mir
> überhaupt nix aus. Mal hart zulangen und auch Verletzun-
> gen einzukalkulieren. Wir haben auch Cowboy und India-

ner gespielt, und das war natürlich auch überwiegend mit Jungs. Zu der Zeit hab ich kaum Kontakt zu Mädchen gehabt. Weil die auch meist nicht viel von Fußball gehalten haben. (Manfred, 28)

Zirka 60 % beschreiben sich, was ‹Jungenhaftigkeit› angeht, etwa so:

Spaß an den üblichen Jungenspielen hatte ich gar nicht. Ich spielte lieber mit den Mädchen, Seilspringen, Kriegen und so. Aber nicht etwa, weil ich Mädchen so gern mochte, sondern weil ich dieses Gegeneinander, diesen Wettkampf von den Jungs haßte. Außerdem hatte ich Angst, mir weh zu tun, weil es bei den Jungenspielen immer so ruppig zuging. Zu Hause spielte ich auch mit Puppen, ich hatte eine ganze Menge davon. (Karl-Heinz, 22)

Bei den restlichen 30 % ist es noch krasser:

Kapiert habe ich das nie, aber meine Arme und Beine funktionierten einfach nicht so, wie ich wollte. Sportlich war ich absolut Null. Wenn ich einen Ball warf, landete der überall, bloß nicht da, wo er sollte. Fußball war die reine Katastrophe! Ich versuchte, den Ball zu treten, aber das ging garantiert daneben, und ich landete auf meinem Hintern. Es war grauenvoll! Ich habe deshalb auch viel lieber schöne Sachen gesammelt, hübsche Muscheln und getrocknete Blumen. (Hubert, 31)

Früh müssen wir mit diesem Konflikt leben: Körperlich ein Junge zu sein und doch andere Dinge zu wollen und zu mögen, als es typische Jungen tun.

Wir werden erzogen zu Konkurrenz und Durchsetzungsvermögen, Einsteckenkönnen und Siegen – auch wenn das unseren Gefühlen völlig zuwiderläuft. Man bereitet uns vor auf die Rolle als Familienvater und Ehemann, mit der wir später nichts anfangen können. Uns wird beigebracht, was ein Mann in unserer Gesellschaft braucht – nur nicht, was ein Schwuler braucht.

Sich in diesem Kuddelmuddel von Rollenverhalten zurechtzufinden, ist eine komplizierte Angelegenheit, und nicht ohne Grund liegen hier viele Konfliktmöglichkeiten homosexueller Partnerschaften.

Um die eigene Rolle als Schwuler akzeptieren zu können, müssen wir einen Großteil dessen, was uns unsere Eltern und Lehrer mit auf den Weg gegeben haben, als überflüssigen Ballast abwerfen. «Männer lieben Frauen» – ich nicht! «Ein Mann ist hart» – ich nicht! «Ein Mann weint nicht» – ich doch!

Selbstverständlich sind viele dieser «Lehrsätze» Schwachsinn, und wir Schwule sind mit unserem Verhalten bereits da, wo Hetero-Männer erst noch hinkommen müssen. Doch die Programmierung auf ‹normal› zu löschen und mit ganz neuen Daten zu füttern, kann einen verdammt ins Schleudern bringen.

Das können ganz banale Sachen sein, etwa die Sache mit dem Obenliegen beim Sex. Wer sich bumsen läßt, ist die Frau, oder?

> Sich als Mann hingeben zu können, dazu gehört 'ne Menge! Man assoziiert das noch immer mit passiv, und passiv ist unmännlich. Krieg das mal aus deinem Kopf raus! Ich habe immer und ewig Probleme damit gehabt, mich bumsen zu lassen. Selber der Aktive zu sein, klappte prächtig, aber mich auf'n Bauch zu legen und was mit mir machen zu lassen, das dauerte furchtbar lange, bis das ging. (Rolf, 27)

Ebenso durcheinander kann einen ‹Nähe-Typ› bringen, wieso er sich nichts Schöneres vorstellen kann als einen starken Mann. Wo er selbst doch eigentlich auch so zu sein hätte.

> Das mit meinem Selbstbild ist absolut schizophren. Ich sehne mich nach einem starken Mann, der mich beschützt, und gleichzeitig hasse ich mich dafür. Das ist unglaublich zwiespältig. Ich will diese Schwäche nicht, aber ich fühle mich schwach und hilflos. (Armin, 21)

Er sehnt sich nach der starken Schulter, die Geborgenheit gibt, nach der sicheren Insel im verschlingenden Meer. Und was findet er? Viele, viele bunte (karierte, schwarze) Schwule, genauso schwach und unsicher, genauso anlehnungsbedürftig und gehemmt. Ein schier endloser Kampf zwischen Stark-sein-sollen und Schwach-sein-Wollen, der mitverantwortlich für die Kürze vieler Freundschaften ist.

Bleibt nur die unerquickliche Liebe zu Hetero-Männern, die ohne den Schuß Weiblichkeit im Blut als Zielscheibe schwuler Sehnsüchte dienen. Vielleicht ergibt sich ein kleines Abenteuer, ein Seitensprung aus der Ehe, aber Partnerschaften wohl kaum. Die müssen Schwule nun mal untereinander schließen.

Der Konflikt, Mann zu sein, aber schwul, belastet das Selbstbild und den Umgang mit sich selbst sowie untereinander sehr. Sowohl die Tunte, die als Karikatur hysterischer Damen (sie ist nun mal keine Dame) inzwischen fast nur noch auf der Bühne zu sehen ist, als auch der Macho-Schwule, ebenfalls nur eine Karikatur von Männlichkeit (er ist nun mal kein Bauarbeiter), demonstrieren: Es ist schwer, in einer Gesellschaft als Schwuler klarzukommen, wo Geschlechterrollen immer noch so weit auseinanderliegen.

> Manchmal denke ich, du bist nicht Fisch und nicht Fleisch. Ein Mann bist du nur äußerlich, und eine Frau bist du auch nicht. Innen drin ist das munter durcheinandergemischt. Mit Frauen verstehst du dich bestens, aber lieben tust du Männer. Machos findest du einerseits zum Kotzen, aber heimlich beneidest du sie um ihre Männlichkeit, und sie machen dich geil. Auf keine Seite gehörst du richtig!
> (Rainer, 34)

So ganz stimmt das allerdings auch nicht. Warum sonst all der Trouble zwischen Lesben und Schwulen? Sind Schwule etwa keine Männer, bloß weil sie nicht mit jeder Faser Maskulinität ausstrahlen?

Spurlos geht die gesamte Erzieherei natürlich nicht an uns vorüber, und wenn man der Wissenschaft trauen darf, tut die Biologie ihr übriges, um uns zum Männlichen hinzuzerren. Da kommen wieder die vielen kleinen Gemeinsamkeiten zwischen Hetero- und Homo-Mann zum Vorschein, die schon im Sex-Kapitel mitmischten. Kleine Auffrischung des Gedächtnisses gefällig? Gerne doch.

Erstens: Männliche Wesen haben mehr ‹Aggress›. Was soviel heißt wie «Ärmel hoch und fix drauf zu!». In allen Handlungen schwingt stets ein Unterton von «Ran an die Buletten», ob beim Autofahren oder im Bett. Das legt uns die Biologie mit in die Wiege (wo Jungen schon unruhiger sind als Mädchen – im Durchschnitt gesehen, natürlich). Mama und Papa geben sich zudem einige Mühe, diesen Trend noch zu verstärken. Falls er in der Kindheit noch nicht richtig zur Geltung kommt, hat er nach der Pubertät nochmals eine Chance. Und wirklich: Ab diesem Alter werden viele von den einst so zaghaften, zurückhaltenden, ‹femininen› Jungen männlicher.

Daher rührt auch die oft beklagte ‹Schnelligkeit› von Männern (und Schwulen). Rein ins Bett, drei Minuten Liegestütze, fertig. «Ich bin schon wieder Erster!» Alles parallel zur Kurve männlicher Erregung, ab wie eine Rakete, Höhepunkt, Absturz zum Boden. Während die Frau noch dabei ist, ihren Lustpegel in Gang zu bringen, ist der Mann längst fertig.

Konflikte lösen Männer auf dieselbe Weise: Total und sofort. Entweder es geht oder Schluß. Nicht lange fackeln.

> Wenn ich eine Beziehung angefangen habe, ging das immer sehr schnell. Ich glaube heute, daß das immer zu schnell ging. Man lernt jemanden kennen, schläft mit dem ja auch ziemlich schnell als Schwuler, dann ist das auch ganz wunderbar im Bett, und dann kann man auch noch über was miteinander reden oder hat irgendwelche gemeinsamen Interessen, und plötzlich hat man dann eine Beziehung.
>
> Bei mir geht überhaupt alles sehr schnell. Ich treff sehr schnell Entscheidungen, ich werf auch sehr schnell Grundsätze über Bord, die ich eigentlich habe – alles geht bei mir wahnsinnig schnell. (Günter, 28)

Der Macho-Kult treibt es auf die Spitze. Sexualität und Aggression verbinden sich zum absoluten sexuellen Erlebnis. Drogen schüchtern das Gewissen ein, Poppers erlauben geile Höhenflüge. Lust total. Das Taschentuch am rechten Fleck signalisiert, was dich erwartet, Dunkelräume gestatten ungehemmtes Zugreifen. Hier können Männer, frei von weiblichen Einschränkungen, Phantasien wahr werden lassen.

Zweitens: Männer wollen siegen. Die Besseren, Erfolgreicheren sein, Männer wollen Macht. Ohne Macht fühlen sie sich unsicher, ohne Sieg als Versager. Bloß, was machen zwei, wenn jeder von beiden der Mächtigere sein will?

Bei 'ner schwulen Beziehung ist ja am Anfang gar nicht klar: Wer ist denn nun der Stärkere? Weil, das sind ja zwei Männer. Bei Hetero-Beziehungen gibt es natürlich welche, bei denen die Frau die stärkere ist, aber das muß sich erst mal zeigen. Zunächst ist das so, daß die Frau von ihrer ganzen Erziehung her und so zurücksteckt und sagt, ja, Liebling, so wird's gemacht. (Günter, 28)

Wettbewerb zwischen Männern taucht in fast jeder schwulen Beziehung auf.

Ich merkte immer mehr, daß das eine echte Wettkampf-Beziehung war. Wir lieferten uns dauernd Tänze ... Auge um Auge. (Philip, in «Lovers», S. 60)
Der wichtigste Zankapfel in unserer Beziehung war Macht. (Neill, in «Lovers», S. 133)

Fast jede Frage eignet sich dazu, Machtspielchen zu inszenieren. Wer macht die Dreckarbeit? («Ich bin nicht der Typ dazu ...») Wer bestimmt, was man zusammen macht?
Schauplatz Nr. 1 schwuler Machtkämpfe ist jedoch der Sex. Wer hat den größeren Schwanz? Wer ist toller im Bett? Wer liegt oben? Wer hat mehr Erfahrung, weiß es besser? Wer hat die geileren Seitensprünge?

Es hat mich ewig gewurmt, daß mein Freund schon mit Hunderten von Männern im Bett war – und ich nicht! (Karl, 25)

In typisch männlicher Doppelmoral werden Seitensprünge des anderen angeprangert, während eigene nicht zählen.

Wenn er mit jemand anderem ins Bett geht, bin ich tierisch eifersüchtig. Ich komm dann mit der Einstellung, die ich bei mir habe, bei ihm nicht klar. Da sieht das ganz anders aus. (Thorsten, 24)

Sex wird zur Leistung, sowohl innerhalb als auch außerhalb der Beziehung. Wie oft und wie lange kann ich? «Was, deiner steht nicht mehr?

Okay, tschüs dann!» Der Nächste, bitte. Wenn der Freund fremdgeht, ärgert man sich nicht so sehr darüber, *daß* er das getan hat, sondern, daß er einem zuvorgekommen ist. Seitensprünge können auch zum Problem werden, weil man den Dritten gern selbst gehabt hätte – bei Heteros ein seltenes Phänomen.

Kann man einen Konkurrenten lieben? Eigentlich nicht, folglich leiden Schwule in Beziehungen genau unter dieser Konkurrenz. Und machen weiter wie bisher.

> Es fällt sehr schwer, dieses Miteinander im Wettbewerb zu durchschauen. Man macht das fast automatisch. Es heißt immer, Schwule hätten es leichter als Heteros, weil da Gleichheit wäre. Meine Erfahrung ist eine andere. Der Wettbewerb ist um so härter, weil keiner nachgeben will. (Wolfgang, 29)

Vielleicht liegt das mit daran, daß wir als Kinder schon die Rolle des Versagers spielen mußten, dessen, der immer verliert. Das wollen wir nie, nie wieder erleben. Diese Demütigung, diese Abwertung!

Ein Erbe aus dieser Kindheitserfahrung dürfte auch der dritte Punkt sein, an dem Männlichkeit unsere Freundschaften wie ein Sack Mehl belastet: Es ist die Angst vor Schwäche.

Nie sagte einer laut, daß er sich fürchtet, schwach zu sein, und ich habe kein einziges Zitat zu diesem Punkt. Dabei zeigt sich Angst vor Schwäche in so vielen Bereichen, daß sie schwer zu übersehen ist. Schwule hassen die Schwäche in sich, wollen sie überwinden mit makkerhafter Kleidung und männlichem Gehabe. Schwule hassen damit sich selbst, denn sie sind *auch* schwach. Der Freund natürlich ebenfalls, was die Sache weiter verkompliziert.

Wer Schwäche haßt, kann schwerlich Frauen akzeptieren. Haß auf Frauen – er kommt durchaus bei Schwulen vor, wenn auch nicht so häufig, wie oft angenommen – nimmt uns damit die wichtigsten Verbündeten, die wir haben. Im Haß auf Frauen zeigt der Schwule, daß er sich noch längst nicht mit seiner Position zwischen allen Geschlechterstühlen abgefunden hat. Der neue Trend zum Macho versucht, das Rad zurückzudrehen, dem Sexualobjekt seine weiblichen Seiten zu nehmen, sich selbst zu «entmuttern», um eine klare Identität zu finden. Viel besser wäre es für unsere Freundschaften, wenn wir bereit wären, uns unabhängig von vorgegebenen Rollenbildern eine Identität zu suchen. Unsere «weiblichen» wie unsere «männlichen» Eigenschaften zu einem Gesamtcharakter zu entwickeln, wo beides Platz hat. Das würde viele Konflikte entschärfen, die in schwulen Beziehungen brodeln.

Angesichts der beschriebenen Männlichkeitserziehung werden wir uns vor allem Mühe geben müssen, die «weiblichen» Anteile anzunehmen: Schwachsein akzeptieren, Verletzbarkeit annehmen, geduldig und behutsam miteinander sein, sich auf etwas einlassen, auch wenn nicht sofort ein Erfolg zu sehen ist.

Weder die Biologie noch die Erziehung können uns festnageln. Die Spanne vom weichen zum extremen Macho-Mann ist viel größer als die vom männlichen zum weiblichen Durchschnitt. Der Unterschied liegt zudem nicht in den Eigenschaften, sondern in der Häufigkeit, mit der er vorkommt. Genauer gesagt: Ein Mann *muß* nicht schnell und aggressiv sein – es liegt ihm nur näher, erscheint ‹passender›. Alles andere kostet mehr Überwindung und Mühe, wird deshalb weniger gern getan.

Und da sind wir am entscheidenden Punkt: Wollen wir Partner und Freunde sein oder lieber Konkurrenten?

Die entscheidenden Fehler, die bei dieser Frage in schwulen Beziehungen gemacht werden, sind wieder typisch männlich: Lösung hier und heute, außerdem total. Ruck zuck, weg damit!

Fehler Nr. 2: Lippenbekenntnisse. Statt Änderungen das große Wort schwingen. Muß ich dazu mehr sagen? Nee, wer sich angesprochen fühlt, kann sich ja jetzt mal fünf Minuten schämen. Und anschließend den Rest lesen. Der ist nämlich wichtiger.

Wie sind schwule Paare damit umgegangen, Rollenverhalten zu überwinden?

> Es war eine langsame Entwicklung, nichts Überstürztes. Das fand ich wichtig. Keiner wurde in was hineingedrängt, was er nicht wollte. Das ist vielleicht ein wichtiger Punkt für Beziehungen. Daß ein Partner in eine Rolle gedrängt wird, in die er gar nicht will, die er aber dem Partner zuliebe übernimmt. Dann wird's zur Gewohnheit, man macht das lange, dann ist es festgefahren und es gibt kein Zurück mehr. (Martin, 42)

Ich kenne eine ganze Reihe von Freundespaaren, die schon viele Jahre zusammen sind, und wo ich den Verdacht habe, daß es dort über 20 Jahre so gut klappt, weil die ihre Rolle gefunden haben. Man hat zumindest den Eindruck, das klappt dadurch wie geschmiert. Es gibt Aufgabenverteilungen bis hin zu dem Bild, Topf und Deckel haben sich gefunden. Wo jeder das bekommt, womit er auch glücklich sein kann, auch was das Intimste anbelangt.

Ich selbst habe immer noch den Wunsch, Rollen könnten überwunden werden, stelle aber an mir fest, daß das so lupenrein gar nicht geht. Und sei es, daß es in den Beziehungen, die ich hatte, immer dann am besten funktionierte, wenn Rollen da waren. Allerdings keine durchgängigen! Vielleicht, weil ich mich genügend gewehrt habe, durchgängig eine Rolle zu spielen, Männlein und Weiblein, Abwasch und Schreibarbeit – das wechselte durchaus. Aber im Tagesgeschehen klappte es am besten, wenn jeder an diesem Tag seine Rolle gefunden hatte, die jedoch anders aussehen konnte als noch gestern. Aber sie war wie so ein Aufprallkissen, so daß zwei verschiedene Welten nicht zu stark aufeinanderknallen. Eine Art Pufferzone.

Die erste Beziehung, die ich eingegangen bin, da war ich noch naiv, das lief am Anfang noch fürchterlich in Rollenaufteilungen ab, bis hin ins Bett. Das wurde so richtig klischeehaft angegangen, weil ich mir ein anderes Zusammenkommen nicht vorstellen konnte.

Mein jetziger Freund, der ja 'ne ganze Ecke jünger ist, hatte es am Anfang unheimlich drauf, eine ganz bestimmte Rolle auch im Intimsten einzunehmen. Und neulich meinte er: «Eins finde ich ganz toll, dieses Mäuschen wie vor ein paar Jahren bin ich nicht mehr, und ich hab auch gar nicht das Bedürfnis danach.»

Das hätte man natürlich auch ganz anders machen können, daß ich als der Ältere gesagt hätte, hör mal zu, auf dieses ganze Rollenverhalten steh ich nicht, das wollen wir mal lassen. Da wäre der total erschüttert gewesen, und nichts wäre gelaufen.

Also auch in bezug auf das Rollenverhalten, dem wir uns als junge, unerfahrene Schwule gar nicht erwehren können, kann unglaublich viel passieren im Zusammenleben, wenn man darüber spricht. Wenn man immer mehr Vertrauen zueinander entwickelt und dann auch über seine Bedürfnisse miteinander reden kann. Da kommt ein unheimliches Spektrum an neuen Erfahrungen hinzu, die auch Rollen immer wieder verändern. (Michael, 45)

Michaels Erfahrungen zeigen ganz deutlich: Es gibt keine schnellen Lösungen. Falls wir unser angelerntes Männer-Verhalten ändern wollen, müssen wir Geduld mit uns (und unserem Freund) haben. Sofern wir es überhaupt wirklich wollen! Denn das Haupthindernis bei der Beseitigung etwa von Macht in Beziehungen ist nicht die Stärke des einen, sondern der unbewußte Wunsch des Schwächeren nach Abhängigkeit. ‹Nähe-Typen› sind da besonders anfällig – aber dazu stand ja bereits was im vorigen Kapitel.

Auch in diesem Fall kann nur eine langsame, behutsame Veränderung etwas bewirken, die Schritt für Schritt den Mut zur Selbständigkeit wachsen läßt. Damit zwei Männer sich auch ohne ‹Einer oben – einer unten› lieben können.

Tomas

Tomas (29) lebt in Hamburg zusammen mit zwei anderen Männern in einer Wohngemeinschaft. Er ist Mitglied in der GLSM (Gruppe Leder und S/M). Seit vier Jahren ist er fest befreundet.

Warum bist du mit Günther zusammen?

Die Frage ist unglücklich gestellt. Das ist ja keine Entscheidung, 'ne Beziehung zu haben oder nicht zu haben. Es ist mehr so, daß ich jemanden kennenlerne, der mir gefällt, daß ich den wiedersehen möchte und sich daraus das Zusammenleben ergibt.
Warum ich mit ihm jetzt zusammen bin, das weiß ich eigentlich nicht. Ich bin eben gern mit ihm zusammen.

Was war, bevor ihr euch kennengelernt habt?

Zwei oder drei Jahre, bevor ich Günther kennenlernte, bin ich in die Lederszene gekommen. Das war mir sehr wichtig gewesen, weil ich sehr stark Lederträume hatte und sehr stark sadomasochistische Phantasien. Deshalb fühlte ich mich da hingezogen und wollte da reinkommen. Ich hab alles mögliche angestellt, um reinzukommen. Hab aber gemerkt, daß es schwer war, dort Leute kennenzulernen. In den Bars blieb ich kleben, deshalb hab ich mich organisiert im MSC (= Gemeinschaft von Schwulen, die auf Leder und S/M stehen). Aber da das alles sehr ritualisiert abläuft in den Clubs und ich die Rituale nicht kannte, blieb ich da genauso außen vor. Ich habe auch Schwierigkeiten, einfach locker jemanden anzumachen, und hing da einfach rum wie Falschgeld.

Ich hatte aber sehr feste Vorstellungen davon, wie der Mann aussehen muß, auf den ich abfahre. Auf den ich jede Nacht gewichst hab. Und dieser Mann kam natürlich nicht!

Wie sah er aus?

Das war der starke, schwarze Typ, der mich nimmt und weiß, was mit mir zu passieren hat. Der existierte halt nicht. D. h., es gab zwar viele Typen, die sich so dargestellt haben, aber ich hab mich auf die nicht einlassen können. Da waren zu viele Steine dazwischen. Ich bin mit denen einfach nicht warm geworden.

Ich stand in den Bars oder im Park immer wieder vor der gleichen Situation. Da waren Typen, die durchaus attraktiv waren und wo auch ab und zu was lief, aber der Funke ist nicht übergesprungen. Immer wieder die gleichen Fragen, die gleichen Augenblicke – es hat sich im Grunde ständig wiederholt.

Die waren mein Spiegelbild, und das war mir zu langweilig. Ich wollte ein anderes Leben, ich wollte nicht mein Leben neben mir im Bett liegen haben. Ich fühle mich sehr stark hingezogen zu Welten, die mir fremd sind. Die nicht meine sind.

Obwohl, als ich Günther kennenlernte, sagte ich mir, du kannst mit so einem Mann keine Beziehung eingehen! Er entsprach in keinem Punkt dem, was ich als Vorstellung von einem Mann hatte. Günther ist kein Ledertyp, sondern kommt aus einer Szene, zu der ich keinen Kontakt hatte. Und die ich absolut unmöglich fand!

Das war 'ne ganz lange Zeit eine kolossale Schwierigkeit, daß ich mir immer gesagt hab, du kannst doch mit solch einem Mann nicht zusammenleben, der nichts von dem hat, was in meinen Phantasien so eine wichtige Rolle spielt.

Dabei ist es in Wirklichkeit sehr wichtig in der Beziehung zu Günther, daß er was anderes repräsentiert. Er arbeitet als Masseur, er hat einen völlig anderen Hintergrund als ich, er denkt anders, er redet anders – dadurch entwickelt sich eine große Spannung. Und das finde ich sehr schön.

197

Du hast also kaum ein Bedürfnis nach Harmonie?

Doch! Ich hab sogar eine ganz große Sehnsucht nach Harmonie. Ich sehne mich immer nach Harmonie, aber ich kann Harmonie nur sehr schwer zulassen. Da muß erst viel geschehen, bis es dazu kommt. Harmonie ist für mich etwas zu Erkämpfendes, das hat sehr viel mit Auseinandersetzung zu tun.
Ein wichtiges Moment meiner S/M-Phantasien ist, daß es zu einem Kampf kommt, daß es irgendwie zu einer Form der Auseinandersetzung kommt. Das Verhältnis von Unterwerfung und Dominanz, daß das erst hergestellt werden muß. Daß es nichts Vorgegebenes ist. Und das finde ich sehr reizvoll.
Harmonie entsteht erst durch Auseinandersetzung und zerfällt auch immer wieder. Das sind wirklich nur Momente. Und als solche auch sehr schön.
Was anderes finde ich langweilig. Ich frag mich, wie überhaupt was wachsen soll, wenn dauernde Harmonie da ist. Das kann ich nicht verstehen.

Du hast also Günther kennengelernt. Und da hattest du, was du wolltest.

Da hatte ich erst mal nur Kopfweh, Bauchweh und Dünnschiß. Ich hab nie verstehen können, wie Leute davon reden können, was für ein schönes Gefühl es ist, verliebt zu sein. Ich finde es ein ganz schmerzhaftes Gefühl, verliebt zu sein, weil ich irrsinnig viele Sachen aufgeben muß.
Ich erinnere mich an ein Gespräch, das Günther und ich ganz am Anfang mal geführt haben, und da fragte der: «Was hast du eigentlich in den letzten Jahren gemacht?» Und mir fiel einfach nichts mehr ein! Es gab nichts zu erzählen. Natürlich ist was passiert, aber die Frage ging ja da hin, was läuft in dir ab, was geht in dir vor? Und das ist ja erst mal eine ganz schmerzhafte Feststellung, daß nichts in dir passiert. Ein ganz taubes Gefühl.
Dieses Gefühl war am Anfang unserer Beziehung ständig da. Dieses Abschiednehmen von einer vertrauten Welt.

Hat sich Günther genauso in die Beziehung reingeschmissen wie du?

Verhaltener. Aber das hing mit den unterschiedlichen Temperamenten zusammen. Günther hat eine andere Strategie, sich jemandem zu nähern als ich. Er guckt sich die Dinge an, guckte sich die Leute an, mit denen ich zusammen bin, guckte sich an, wie ich lebe, und wahrte zu allem erst mal 'ne gewisse Distanz.
Meine Strategie ist die: Alles rauskriegen, was nur greifbar ist. Gucken, wie der andere reagiert. Eine permanente Provokation. Um Konflikte zu provozieren, um rauszukriegen, was passiert da jetzt. Wie reagiert der, was sagt der jetzt?
Und er hat sich das gefallen lassen. Hat gesagt, spinnst du? Aber er hat dann die Scherben auch mit weggekehrt. Er hat einfach viel gelassener auf vieles reagiert als ich.

Er war also bereit, mitzuspielen.

Er hat sich voll auf mich eingelassen – viel mehr als ich auf ihn! Obwohl ich ein viel größeres Interesse geäußert habe, verbal und emotional.
Er kommt aus einer Szene, wo die Leute alle arbeiten, wo die Trennung von Arbeit und Freizeit ganz radikal läuft, und ich komme aus 'ner Szene, wo das ganz anders ist. Ich lebe mit Studenten zusammen in einer Wohngemeinschaft, es ist alles chaotischer und diffuser.
Er sagte: «Ich finde es spannend, kennenzulernen, wie du lebst» – und ich hatte vor seiner Welt nur Angst! Die hat mich nur bedroht. Die Elsen, die morgens 'ne halbe Stunde eher aufstehen, nur damit alles stimmt in ihrem Gesicht ...

Hat sich dein Verhältnis dazu inzwischen verändert?

Das hat dadurch einen Bruch bekommen, daß sich Günther verändert hat. Er findet diese Welt, in der ich gelebt hab, sehr reizvoll. Und der Reiz ging auf Kosten seines alten Freundeskreises. Die Beziehungen zu seinen alten Freunden sind zerbrochen, die haben das nicht ausgehalten, daß Günther plötzlich auf Sachen abgefahren ist, die ihnen sehr fremd sind.

Günther fand auch die Form der Auseinandersetzung, die wir hatten, reizvoll. Das ist eine ganz andere Form gewesen als die, wie er sich mit seinen alten Freunden auseinandergesetzt hat. Da ist der Faden zu ihnen abgerissen.

Aber er hat sich dadurch nicht aus seiner Welt gelöst. Er ist nach wie vor eine halbe Stunde früher aufgestanden, hat sehr stark einfach ganz bestimmte Dinge gepflegt, die ihm wichtig sind. Was mir erst mal völlig unverständlich war. Er hat da sehr stark auf seinem Leben bestanden.

Es ist auch in den fast vier Jahren, die wir jetzt zusammen sind, nie ein Punkt gewesen, daß wir zusammenziehen. Weil uns beiden klar ist, daß wir dadurch die Einzigartigkeit des Einzelnen, die Individualität, zu stark gefährden. Die – das wissen wir schon – ein ganz wichtiger Motor unserer Beziehung ist.

Ich denke, das Wichtige ist, daß wir das Fremde am anderen immer wieder erleben. Das ist zwar schmerzhaft, daß ich vor ihm stehe und mich frage, mit wem bin ich da eigentlich zusammen, wer ist das überhaupt? Dieser Moment existiert genauso wie der Moment von totaler Verschmelzung.

Zusammenwohnen würde aber auch die Momente des Fremdseins öfter mit sich bringen ...

Ja, da ist ganz klar die Angst, daß dieses Fremdsein sich ins Uferlose bewegt. Daß wir keine Möglichkeit mehr sehen, uns zu entwickeln. Auch alleine zu entwickeln. Daß der andere ständig präsent ist.

Du willst also nicht mit deinem Freund zusammen wohnen?

Ich denke, es ist schon ein Traum, mit dem anderen auch zusammen zu leben. Mit dem anderen wirklich alles zu teilen. Das, was ich da mache, daß ich nicht mit meinem Freund zusammenziehe, ist im Grunde ja auch was ganz Feiges. Es ist die Feigheit vor dem, was uns da erwartet. Wir haben Angst, da könnten Dinge passieren, die uns trennen. Deswegen machen wir das erst mal gar nicht.

Vielleicht braucht ihr noch ein paar Jahre ...

Ja, vielleicht. Zuweilen ist das schon eine Sehnsucht, wo ich mich frage, was mach ich eigentlich in dieser Wohngemeinschaft, aber gleichzeitig bin ich auch froh, weil zumindest auch geographisch was festgestellt ist, was ich auch innerlich sehr stark spüre. Es sind einfach auch Kilometer, die uns trennen. Ich bin froh, daß diese Kilometer sich auch irgendwo widerspiegeln, daß die existieren. Daß es 'ne Mühe ist, in die U-Bahn zu steigen oder 20 Minuten mit dem Fahrrad zu fahren, um an ihn ranzukommen.

Das ändert aber für dich nichts daran, daß ihr eine sehr enge Freundschaft habt.

Ja.

Wie weit kannst du deine S/M-Bedürfnisse in eure Freundschaft integrieren?

Also, Günther hat mit der S/M-Szene nichts zu tun. D. h., er hat viel weniger Schwierigkeiten mit ihr als ich. Günther hat überhaupt keine Probleme, in den Fickraum zu gehen, aber er würde nie sagen: Das ist meine Szene. Günther findet Leder attraktiv, aber nicht stimulierend. Er steht auf andere Sachen.
Meine S/M-Phantasien und die Beziehung mit Günther, das ist ein einziges Desaster. Wir haben eine Sexualität, die zuweilen sehr geil ist und zuweilen sehr schön ist und zuweilen auch sehr routiniert ist. In unserer Sexualität wird das Trennende ganz klar. Es kostet oft Mühe, uns zu nähern. Ich finde, das ist ein ganz mühseliges Geschäft mit der Sexualität und überhaupt nichts Selbstverständliches.
Am Anfang war ich natürlich todtraurig, daß ich nun nicht den Lederkerl gefunden habe, und ich wußte nicht, wie soll ich das eine mit dem anderen verbinden. Aber wir waren in den ersten Monaten unserer Beziehung dermaßen mit uns beschäftigt, daß ich mit der ganzen S/M-Szene überhaupt nichts zu tun hatte. Weil ich gar keine Energie dafür hatte.
An meinen Schwierigkeiten mit der S/M-Szene hat sich nichts geändert. Ich stelle immer wieder Versuche an, damit anders umzugehen, und mache seit langem diese Ledergruppe mit, aber das sind im Grunde alles Bienenflüge um irgendwelche Blüten, und die

Blüten bleiben halt verschlossen. Manchmal finde ich es auch ganz gut so.

Was sehr schwierig war in unserer Sexualität, war das Ficken. Ich hab immer Schwierigkeiten gehabt, mich ficken zu lassen. Es ging in anonymen Geschichten relativ unproblematisch. Aber je intensiver wir uns kennengelernt haben, desto schwieriger wurde es. Und mit Günther war es sowieso katastrophal. Wir haben ganz lange gebraucht, daß es überhaupt lief. Das waren wirklich furchtbare Anstrengungen, zuweilen war es sehr künstlich. Und zuweilen auch ganz locker.

Da fühl ich mich wie jemand, der gerade in die schwule Szene reinkommt. Wir können uns schwer auf was beziehen. Dadurch bleibt aber auch sehr viel Spannung drin. Es ist zuweilen auch sehr frustig, aber ich glaube, wir haben Angst vor Routine, vor dem Alltag. Wir haben schon sehr viel Alltag, wir sehen uns fast jeden Tag. Da ist einfach vieles an Wiederholung vorgegeben. Ich bin immer froh, wenn es Bereiche gibt, die von dieser Routine nicht gefressen werden. Wo dieses Holprige und Unzugängliche sich ganz deutlich manifestiert. Die Sexualität ist auf jeden Fall so ein Moment.

Das ist natürlich auch ein Weg, sich abzugrenzen, sich nicht zu nahe zu kommen.

Es gibt Nähe, aber es gibt auch Ferne. Es gibt einfach auch ganz stark Ferne. Ferne ist auch ein genauso kreatives Moment wie die Nähe. Die Nähe ist nicht festgeschrieben.

Da ist also das Klischee durchbrochen, daß feste Beziehung auch feste sexuelle Beziehung beinhaltet.

Aber diese Klischees stimmen doch nicht! Das ist doch ein Vorteil, den wir Schwule haben, daß die allgemeinen Klischees von Beziehung nicht so einfach übertragbar sind. Und das wissen ja auch die meisten Schwulen.

Wir haben Phasen, wo wir nicht miteinander schlafen. Wo einfach keine Lust mehr da ist.

Was wir manchmal ganz toll finden würden, wäre, wenn was zu dritt laufen würde. Aber dazu bin ich noch zu verklemmt. Das wäre aber etwas, was wir mal angehen wollen. Aber bisher hat es sich noch nicht so richtig ergeben. Die Vorstellung ist aber sehr reizvoll.

Fühlst du dich eigentlich eingeengt durch die Beziehung?

Ich hab mich noch nie so frei gefühlt wie jetzt. Daß Beziehungen auch einengen, das ist ja klar. Daß es oft schwierig ist, miteinander auszukommen und Konflikte auszutragen. Aber Freiheit habe ich noch nie so intensiv erlebt, ich habe noch nie so viel von mir erfahren wie in der Beziehung. Und das heißt ja Freiheit.

Wie äußert sich das?

Daß nichts ungeschehen ist. Daß alles, was passiert, beobachtet wird, mitgekriegt wird, mitgelebt wird, miterfahren wird. Daß nichts verpufft. Daß alles kostbar ist. Daß ich nichts machen kann, was der andere nicht bemerkt. Und dadurch alles, was geschieht, reflektiert werden muß.
Das ist ja eine kolossale Freiheit, wenn alles ernst genommen wird. Wenn alles bedeutungsvoll ist. Dadurch kann ich mich entwickeln. Dadurch bleibt nichts dazu verdammt, sich immer wieder zu drehen.
In der Zeit, bevor ich den Günther kennengelernt hab, hatte ich oft das Gefühl, daß ich mich immer wieder drehe in Sehnsüchten, in Wünschen und in Träumen immer wieder das gleiche erlebt habe und nicht wußte, wie ich da rauskommen soll. Was ich falsch mach. Daß ich mich drehe, das passiert heute noch ganz genauso, aber es ist ein anderes Drehen. Es ist ein Drehen, das immer wieder hinterfragt wird. Was machste denn da, warum machst du das? Dadurch wird nichts Alltag, alles wird zuerst mal holprig und steiniger. Das ist sehr gut.
Ich versteh nicht, wie man sich in einer Beziehung unfrei fühlen kann. Beziehungen sind doch der Grund, überhaupt Freiheit zu erleben.

Von vielen wird aber gerade das als Unfreiheit verstanden: ständig beobachtet zu werden, ständig kritisiert zu werden.

Erratum

Thomas Grossmann
Beziehungsweise andersrum
panther 5884

Durch ein bedauerliches Versehen, das wir zu entschuldigen
bitten, ist der Text von Seite 201 auf Seite 203 wiederholt worden. Den richtigen Text der Seite 203 entnehmen Sie bitte der
Rückseite dieses Blattes.

Ja, vielleicht. Zuweilen ist das schon eine Sehnsucht, wo ich mich frage, was mach ich eigentlich in dieser Wohngemeinschaft, aber gleichzeitig bin ich auch froh, weil zumindest auch geographisch was festgestellt ist, was ich auch innerlich sehr stark spüre. Es sind einfach auch Kilometer, die uns trennen. Ich bin froh, daß diese Kilometer sich auch irgendwo widerspiegeln, daß die existieren. Daß es 'ne Mühe ist, in die U-Bahn zu steigen oder 20 Minuten mit dem Fahrrad zu fahren, um an ihn ranzukommen.

Das ändert aber für dich nichts daran, daß ihr eine sehr enge Freundschaft habt.

Ja.

Wie weit kannst du deine S/M-Bedürfnisse in eure Freundschaft integrieren?

Also, Günther hat mit der S/M-Szene nichts zu tun. D. h., er hat viel weniger Schwierigkeiten mit ihr als ich. Günther hat überhaupt keine Probleme, in den Fickraum zu gehen, aber er würde nie sagen: Das ist meine Szene. Günther findet Leder attraktiv, aber nicht stimulierend. Er steht auf andere Sachen.
Meine S/M-Phantasien und die Beziehung mit Günther, das ist ein einziges Desaster. Wir haben eine Sexualität, die zuweilen sehr geil ist und zuweilen sehr schön ist und zuweilen auch sehr routiniert ist. In unserer Sexualität wird das Trennende ganz klar. Es kostet oft Mühe, uns zu nähern. Ich finde, das ist ein ganz mühseliges Geschäft mit der Sexualität und überhaupt nichts Selbstverständliches.
Am Anfang war ich natürlich todtraurig, daß ich nun nicht den Lederkerl gefunden habe, und ich wußte nicht, wie soll ich das eine mit dem anderen verbinden. Aber wir waren in den ersten Monaten unserer Beziehung dermaßen mit uns beschäftigt, daß ich mit der ganzen S/M-Szene überhaupt nichts zu tun hatte. Weil ich gar keine Energie dafür hatte.
An meinen Schwierigkeiten mit der S/M-Szene hat sich nichts geändert. Ich stelle immer wieder Versuche an, damit anders umzugehen, und mache seit langem diese Ledergruppe mit, aber das sind im Grunde alles Bienenflüge um irgendwelche Blüten, und die

Aber Kritik ist doch die einzige Möglichkeit, dich zu spüren! Wenn mich jemand nicht mehr kritisiert, heißt das doch, daß er mich nicht mehr beobachtet, heißt ja, daß er mich im Grunde nicht wahrnimmt. Daß er mich stehenläßt. Mich vergißt.

Hast du mal mit Günther die Situation gehabt, daß du gesagt hast, also nee, so geht das nicht weiter, ich kann so eine Beziehung nicht haben?

So was ist vorgekommen. Z. B. vor ein paar Wochen, da war ich für vier Tage verreist. Und in diesen vier Tagen ist er jede Nacht losgezogen. Fand ich schon nervig. Absolut nervig wurde es, wie er das erzählt hat!

Da bin ich völlig ausgeflippt. Hab gesagt, bei dir ist ja nix abgelaufen in den letzten Jahren, es ist im Grunde genommen genau diese alte Tour, du gehst in die Sub und da wird alles gefressen, was da ist, und der Alte ist ja sowieso nicht da, also morgen wieder und übermorgen wieder und überübermorgen wieder, dann kommt er halt, und dann hab ich wieder mal mein Soll erfüllt für die nächsten 4 Wochen!

Ich hab ihn ganz fertig gemacht. Und er reagiert dann auch sehr heftig: «So kannste mit mir nicht umgehen, das lasse ich mir nicht gefallen, das sind Vorwürfe, die einfach nicht stimmen!»

Dann dauert es lange, bis wir uns wieder nähern, bis wir wieder aneinander rangekommen sind.

Aber stellt so was die Beziehung in Frage?

In so einem Moment schon. Da frage ich mich schon, was habe ich mit ihm zu tun? Er ist mir fremd. Ich will damit nichts zu tun haben! Ich bekämpf so 'ne Haltung überall, so'n Umgehen mit Leuten, und er macht das voll! Er hat das voll auf der Platte. Dann ist für mich die Beziehung natürlich auch nicht sichtbar.

Und wie kommt ihr dann wieder zusammen?

Indem wir uns dann trotzdem sehen, trotzdem nebeneinanderliegen und uns trotzdem berühren und miteinander reden. Uns halt nicht aus dem Weg gehen.

Das ist so'n Ding, was wir ganz am Anfang festgelegt haben. Daß wir uns nie in einem Konflikt trennen dürfen. Daß nix verheerender ist, als einen Konflikt zu unterbrechen. Daß wir da nicht voreinander fliehen dürfen – auch wenn es schwer auszuhalten ist. Dadurch ist es auch möglich, daß wir uns wieder nähern.

Das war für euch beide klar?

Ja. Ich weiß gar nicht, warum sich Günther drauf eingelassen hat. Er hatte so 'ne Ideologie drauf: Was ich nicht weiß, macht mich nicht heiß. Aber er fand es dann wohl auch richtig.

Warum ist dieses Verhalten so selten bei Schwulen, warum geben sie oft so schnell auf?

Ich glaube, viele Schwule sind maßlos feige und verunsichert und ängstlich. Das hängt wohl auch mit unserer Geschichte zusammen. Daß man uns das gut eingeimpft hat, feige zu sein, ängstlich zu sein. Daß wir allen Grund dazu haben, so zu sein. Die Angst zu überwinden ist halt wirklich schwierig.
Dieses Gefühl «Ich bin alleine» hat sich so kolossal verfestigt und ist so ein Gespenst, daß man lieber alles aufgibt, alle Träume, alle Wünsche, alle Phantasien, alles, was auch sehr kreativ ist, damit dieses Eine, diese Beziehung immer bestehen bleibt.
Das ist die Crux vieler Beziehungen! Die Leute sind von der Angst, alles zu verlieren, durchwachsen.
Sie lassen sich nicht auf Beziehungen ein, sie lassen sich auf das Fremde nicht ein. Die Angst vor dem Fremden steckt offensichtlich ganz tief drin. Wo Bewußtsein sein sollte, ist Angst – und die blockiert.

Während du Konflikten nicht aus dem Weg gehst...

Weiß ich nicht. Es hängt alles damit zusammen, wie ich die Zeit vor meinem Coming Out erlebt hab. Das war eine grauenhafte Zeit. Es hat einfach alles gebrodelt, alle Tassen haben gescheppert, und es durfte kein Laut nach draußen dringen. Das will ich halt nie wieder erleben!

Sag bitte noch mal, was dir Günther bedeutet.

Er ist, mal ganz banal gesagt, auch Mittel zum Zweck. Durch ihn
   komme ich mir näher. Lerne ich mich kennen. Und umgekehrt ist
   es wahrscheinlich ähnlich.

Der Freund als Spiegel.

Ja. Aber eben nicht als Spiegelbild! Und daß wir so fest aneinander
   halten, hat damit zu tun, daß wir das eben nicht aufgeben wollen.
   Daß wir uns selbst noch nie so nahe waren wie in dieser Beziehung.
   Das ist der Motor unserer Beziehung. Wir können dadurch Dinge
   machen, die wir alleine nicht machen könnten. Wer als Single in die
   Sub geht, der mag zwar formal ungebunden sein, offen für alles,
   aber ihm sind natürlich viel strenger die Hände gebunden, der
   Druck ist viel größer, er ist viel unfreier als jemand, der eine Beziehung hat und in die Sub geht. Die Beziehung macht überhaupt ein
   Gehen, ein Bewegen erst möglich. Ohne Beziehung ist das alles
   nicht drin.

Das ist ein deutliches Bekenntnis zur Zweierbeziehung – oder?

Mit Günther habe ich sicher die intensivste und häufigste Form der
   Annäherung. Aber intensive Annäherungen habe ich auch mit anderen.
   Alle Beziehungen ändern nichts daran, daß du im Endeffekt alleine
   bist. Und ich denke, in einer Zweierbeziehung erfährst du das alles
   am intensivsten. Deine Einsamkeit, deine Sehnsucht . . .

Aber auch Momente der Überwindung dieser Einsamkeit.

Ja, sicher.

10. Kapitel

Jugendkult – gibt's den?

Mit kaum einer Aussage kann man so treffsicher geballte Zustimmung kriegen wie mit «Schwule stehen nur auf junge Typen». Da nickt es von ganz hetero bis ganz homo in trauter Eintracht. Jaja, so sind sie!

«Jugendkult», dieser Vorwurf sitzt. Hat jemand einen viel jüngeren Freund, wird er mit einer Mischung aus Bewunderung, Neid und Abscheu («Was will denn der süße Knabe mit dieser alten Schabracke?») gemustert. Der zahlt bestimmt dafür! Unmöglich! Gleichzeitig wird dem «süßen Knaben» der Hof gemacht, will jeder versuchen, ihn für sich zu gewinnen. Verlogenheit hoch drei.

«Jugendkult bei Schwulen», so klingt die beliebte Arie in den Medien – gleich nach der «Promiskuität». Sie versetzt besorgte Mütter in Angst und Schrecken und verhilft Politikern zu Ausreden, wieso dem § 175 immer noch die Stange gehalten werden muß.

Jugendkult bei Schwulen – gibt's den wirklich? Oberflächlich betrachtet sicher. Ein taufrischer 18jähriger wird es gewiß leichter haben, in fremden Betten zu landen, als ein angestaubter Endfünfziger. Männer sind halt so: «Gewöhnlich wird das Interesse des Mannes stärker von einer jüngeren Frau erregt als von einer älteren», schrieben Ford und Beach in ihrer Studie über menschliches Sexualverhalten (S. 92). Aber wieso «Frauen»? Wir waren doch bei Schwulen?

Eben. Die Tatsache, daß jüngere Körper anziehender gefunden werden als ältere, hat nichts mit Schwulsein zu tun. Der feiste Bürovorsteher, der die 16jährige Auszubildende in den Po kneift, hat «Geschmack», der ältere Schwule, der einen 16jährigen Schüler anmacht, ist «pervers». Moral mit zweierlei Maß.

Glücklicherweise werden Heteros allmählich ehrlicher, was ihre Sehnsüchte angeht, und die «Lolitas» in Filmen und Pornoheften demonstrieren, daß Männerlust das «Unverbrauchte» liebt. Selbst Frauen entdecken inzwischen ihre Freude an gutaussehenden Jünglingen und glatten Körpern.

Natürlich ist das alles wieder nur die halbe Wahrheit. Wenn alle bloß Jüngere suchen würden, gäbe es keine Freundschaften – eine geradezu zwingende Logik! Aber es gibt sie. Komisch, nicht? Schaue ich auf das Alter der von mir interviewten Paare, dann muß mindestens die Hälfte auch ältere Partner akzeptieren. Alles, von 2 bis zu 22 Jahren Altersunterschied, war vertreten.

Aufregender als dies war jedoch für mich die Entdeckung: Weder die geringe noch die große Differenz war verantwortlich für Dauer oder Erfolg der Beziehung. Im Gegenteil: Diejenigen Schwulen, die am längsten befreundet sind, liegen oft altersmäßig am weitesten auseinander.

Aber nun mal der Reihe nach: Erstens gibt es eine große Zahl von Schwulen, denen das Alter ihres Freundes weitaus weniger bedeutet, als man gemeinhin annimmt. Zweitens gibt es viel mehr Schwule, als ich selbst vermutet habe, die sich einen älteren Freund wünschen, ja, mit einem Jüngeren gar nichts anfangen können!

Ich wollte nie einen jüngeren Freund! Als ich 18 war, wollte ich einen, der 20 oder 21 war, als ich 22 war, mußte der 24 oder 26 sein – nie jünger. Das ist bis heute so geblieben. (Detlef, 51)

Ich habe mich immer zu Älteren hingezogen gefühlt. (Jan, 26)

Und ihre Zahl nimmt zu. Vergleicht man die Kontaktanzeigen der vergangenen 10 Jahre miteinander, kann man einen steigenden Anteil von solchen finden, durch die ein Gleichaltriger oder älterer Freund gesucht wird. Ich denke, ein Prozeß der Normalisierung.

Bleibt die sicher weiterhin große Gruppe jener, die brav das Klischee erfüllen. Die lieber einem knackigen Jugendlichen nachstieren als einem noch so gut erhaltenen Vierziger. Die einen jüngeren Freund allemal vorziehen und bei denen ein Älterer kaum eine Chance hätte.

Um ehrlich zu sein: Meine Freunde waren auch alle jünger als ich – bis zu sieben Jahre. Aber gerade weil ich selbst betroffen bin, habe ich viel in meinen Gefühlen gewühlt, um den Motiven auf die Spur zu kommen: Was bewegt uns, diesen scheinbar von der Jugend so begeisterten Teil der Schwulen dazu, unbedingt einen Jüngeren nicht nur im Bett, sondern auch sonst an unserer Seite haben zu wollen?

Um noch mal ehrlich zu sein: Es ist Angst. Es ist die tief im Innern sitzende Angst vor einem überlegenen Partner. Vor einem, der es mit uns aufnehmen kann.

Ein jüngerer Partner, vielleicht sogar noch im Coming Out, bewundert dich, schaut zu dir auf. Weil er meist noch keine Vergleichsmöglichkeiten hat, ist die Gefahr, sich ihm gegenüber zu blamieren, gering. Ich bleibe der Starke, der Sichere. Derjenige, der weiter ist, reifer ist und so. Ein Gleichaltriger oder Älterer durchschaut mich schneller, und dann bin ich vielleicht nicht interessant genug mehr für ihn.

Es hat lange gedauert, bis ich mir das eingestanden habe – merkwürdigerweise finde ich seitdem Gleichaltrige gar nicht mehr so reizlos –, und ich glaube, bei den meisten steckt dasselbe dahinter. Gerade bei jenen, die ich im vorletzten Kapitel zu den «Abstand-Typen» gezählt habe. Jüngere, so glauben wir, sind automatisch schwächer, unerfahrener. Bei Jüngeren können wir den Lehrer spielen, vielleicht auch den Vater oder wenigstens den großen Bruder. Bei Jüngeren haben wir Macht und Einfluß, sind die Stärkeren.

Das Verrückte ist nur: Das funktioniert nicht. Oder nur für kurze Zeit. Schon bald fügt sich der Jüngere nicht mehr, wird sich selbst seiner Macht bewußt. Wenn der Ältere mit Geld, Wissen, Können und was weiß ich noch seine Macht begründet, so liegt sie beim Jüngeren in der einfachen Tatsache, daß er dableibt. Er würde in Null Komma nix jemand anderen finden, er ist ja noch jung ...

In diesem Moment muß sich zeigen, was beim Älteren stärker ist, der Wunsch nach uneingeschränkter Macht oder der nach Freundschaft.

Wo die Macht bewahrt werden soll, erlebt man das übliche Spiel: Der Jüngere kriegt den Laufpaß. Weg damit, neue Jungs her. Ein Teil der Szene lebt davon. Auch die Stricherszene.

Natürlich spielen auch noch andere Motive eine Rolle, wenn es darum geht, sich einen jüngeren Partner zu suchen. «Besitzerstolz», daß so was Reizvolles zu einem gehört. Geilheit auf einen jungen Körper. Oder auch die Sehnsucht, einem jungen Menschen das zu geben, was man selbst nicht gekriegt hat. Was aber reizt die Jüngeren so an einem älteren Freund? Früher stand ich dem fassungslos gegenüber, weil ich das überhaupt nicht begriff. Inzwischen weiß ich es.

> Es ist nicht so, daß ich eine Vater-Sohn-Beziehung anstrebe, nein, nur fühle ich mich von älteren Leuten allgemein besser verstanden. (Michael, 20)

> Bei ihm fühle ich mich einfach geborgen. Er hat eine ruhige Ausstrahlung. Natürlich finde ich es auch gut, daß ich mit in seinem Haus wohnen kann. Ich selbst könnte mir nie so was leisten. (Harry, 27)

> Mit älteren Männern habe ich nie schlechte Erfahrungen gemacht. Sie waren unheimlich interessiert an allem, was ich gemacht habe. Sie haben mir geholfen, wenn das nötig war. (Peter, 19)

Früher dachte ich wie wohl viele von uns: Das arme Bürschchen wird von so einem alten Knacker verführt. Nie habe ich mich gefragt, wieso diese ganzen «armen Bürschchen» denn freiwillig bei ihrem Freund blieben.

Auffällig ist jedenfalls, daß fast nur ältere Männer Probleme mit einem großen Altersunterschied haben.

> Jahrelang konnte ich nicht glauben, daß er sich wirklich für mich interessiert, obwohl ich fast 15 Jahre älter bin. Ich konnte es einfach nicht fassen, daß ein lieber, gutaussehender junger Mann mich liebt. (Herbert, 39)

Der Altersunterschied war sehr problematisch für mich. Ich
habe mir ständig darüber Gedanken gemacht, während
Rudi immer lachte und sagte: ‹Du spinnst!› (Friedrich, 44)

Manchmal waren es auch ganz typische Probleme, die den Älteren auf
die Palme brachten.

Mit einem soviel Jüngeren befreundet zu sein, ist manchmal
ganz schön nervig. Er ist fürchterlich lebhaft und will immer
alles ändern. Ich soll mich ändern, am besten schon gestern.
Da komm ich manchmal nicht mit und denke, es wäre besser, mit einem Gleichaltrigen zusammenzusein.
(Bernhard, 34)

Das war, offen gesagt, die größte Überraschung für mich. Ich hatte
immer nur die Vorteile des Älteren und die Nachteile des Jüngeren
gesehen. Dabei gibt es beides für beide. Eigentlich klar, aber blind
wie ich war, hatte ich das nie sehen wollen.

Die ablehnende Haltung solchen Beziehungen gegenüber ist aner-
zogen und durch nichts gerechtfertigt. Selbstverständlich gibt es Ab-
hängigkeiten, wo gibt es die nicht? Ein 17jähriger ist zum Beispiel von
seinen Eltern weitaus abhängiger als von seinem selbst ausgesuchten
Freund. Natürlich gibt es Mißbrauch, unfaires Verhalten usw. Aber
durchaus auf beiden Seiten. Einen jüngeren Freund zu haben ist bestimmt nicht das Zuckerschlecken, für das es immer gehalten wird.

Es gibt keinen Grund zu glauben, ein größerer Altersunterschied
zwischen Freunden würde die Beziehung schwieriger oder aussichts-
loser machen als zwischen Partnern desselben Alters. Ihre einzigen
«typischen Probleme» sind der Neid anderer Schwuler, die keine Ahnung haben, und eine verlogene und mit Vorurteilen vollgestopfte
Umwelt. Sonst nix. Mal abgesehen davon, daß mit steigendem Alter
beider Partner die Differenz immer mehr an Bedeutung verliert.

Wer das alles immer noch nicht glauben mag, kann sich ja das nun
folgende Gespräch mit Friedel und Thorsten durchlesen. Mich jedenfalls hat es von einem ganzen Bündel von Vorurteilen befreit.

Friedel und Thorsten

Zweiundzwanzig Jahre liegen zwischen den beiden. Thorsten (24) studiert in Kiel, Friedel (46) ist bei der Kripo. Vor acht Jahren trafen sie in einer Laienspielgruppe der Niederdeutschen Bühne aufeinander.

Thorsten: Friedel hat eine Rolle im Weihnachtsmärchen gespielt, und ich war Statist. Ich war 16, Ende 16. Zu Weihnachten hatte ich, für alle, die ich kannte und mit denen ich in einem engeren Kontakt stand, etwas gebastelt. Das hatte Friedel mitbekommen und mir auch etwas geschenkt, einen Opernführer. Darüber habe ich mich riesig gefreut, weil Oper immer schon was ganz Großes für mich war.

Ich war auch Weihnachten bei seiner Familie drüben, und er hat mich mal mitgenommen nach Hamburg in die Staatsoper, was ein ganz starkes Erlebnis für mich war.

Dadurch hat sich ein starkes Interesse füreinander entwickelt – gar nicht mal so sehr sexuell ausgerichtet.

Erst mal war es eine Freundschaft, diese geistige Beziehung war schon sehr wichtig. Das finde ich auch immer noch sehr wichtig, daß die geistige Beziehung vorweggegangen ist, daß sich eine ungeheuer schöne Liebe entwickelt hat, bevor wir miteinander ins Bett gegangen sind.

Mir ist damals nach relativ kurzer Zeit klargeworden, daß ich mit einem Mann zusammenleben möchte und nur mit Männern Sex haben möchte.

Warum bist du diese Beziehung eingegangen, wo Friedel doch viel älter ist als du?

Thorsten: Vorrangig wollte ich sie, weil ich ihn liebe. Dann kam hinzu, daß ich überhaupt nichts von der Szene wußte, aber bestimmte Vorstellungen von ihr hatte. Ich sagte mir, als Schwuler alleine durchs Leben gehen und von einem Schwanz zum anderen zu springen und solche Geschichten, das findest du eigentlich widerlich, das willst du nicht. Eine Beziehung, das ist eben was Reelles. Ich habe damals auch, ohne daß mir das bewußt war, ein geistiges Weiterkommen erwartet. Ich wollte mich weiterentwickeln und habe gemeint, dieser wesentlich ältere und gebildete Mann kann mir dabei helfen.

Friedel: Darf ich mal was dazu sagen ... Er hat mit Sicherheit was davon gehabt, daß er einen Älteren kennengelernt hat. Er hatte ja Möglichkeiten, die ein Junge in dem Alter nicht hat. Z. B. regelmäßig nach Hamburg in die Oper zu fahren. Wer kann das? Wenn er irgendwo hingefahren werden wollte, war das kein Problem. Als wir uns kennengelernt haben, bin ich ganz weit zurückgegangen, als ob ich auch so jung wäre, und hab mit ihm gemeinsam noch mal eine wahnsinnig schöne Zeit verlebt. Alles, was ich ganz toll fand, was mich beeindruckt hat, das hab ich noch mal mit ihm erlebt. Das war im Bereich der Musik, des Theaters. Wir haben Orte aufgesucht, die mir vertraut waren, und wo es mir richtig 'ne Lust verschafft hat, da noch mal hinzugehen und es jemandem zu zeigen. Guck mal, hier bin ich früher gewesen!

Ich glaube, es ist sehr wesentlich, wenn so ein riesiger Altersunterschied da ist, daß der Ältere für eine gewisse Zeit weit in seine jüngeren Jahre zurückgeht, den anderen an die Hand nimmt und ihm dann in einer kurzen Zeit die ganzen Jahre wieder vorführt bis zu dem Punkt, wo er dann steht. Davon hat der Jüngere 'ne ganze Menge.

Du hast ihm quasi die «Highlights» präsentiert.

Friedel: Die Bonbons, ja.

Nur, irgendwann sind die Höhepunkte aufgezehrt...

Friedel: ... dann sind die aufgezehrt, dann kommt der mühsame gemeinsame Weg.

*Für Thorsten lag also der Reiz eurer Freundschaft in der Möglichkeit,
viel Neues in kurzer Zeit kennenzulernen, und für dich, die Freude am
Zeigen und Erleben zu genießen...*

Friedel: Eben. Er hatte ein sehr großes Interesse an den Dingen, die
mich interessierten, und an den Dingen, die ich erlebt hatte. Und
soweit es möglich war, bin ich in diese Zeit wieder eingestiegen.
Das war für mich 'ne schöne Zeit. Da hat man so einige Jahre Jugend noch mal...
Thorsten ist wie ein leerer Schwamm gewesen. Wenn ich ihm Dinge
erzählte, die ich erlebt habe und die mich faszinierten, dann hat er
das unheimlich genossen. Das ist natürlich unheimlich schön, wenn
du jemanden findest, der da total mitfährt.
Zum Beispiel, wenn ich erzählte, daß ich bei den Bayreuther Fest-
spielen war, wen ich da gehört hatte, dann verklärten sich seine
Augen. Dann lief das vor meinen Augen wie ein Film ab, ich
konnte ihm das schildern, und er hat das in sich aufgesogen. Das
war auch nicht sexuell orientiert, zu der Zeit sicher noch nicht.
Ich hatte eigentlich wahnsinnige Angst davor, mit Thorsten in eine
solche Sache verwickelt zu werden. Ich hab das also nicht geplant.
Denn darüber war ich mir im klaren: Wenn ich mich auf eine Beziehung einlasse, dann knallt das in meiner Ehe. Bisher konnte ich
ziemlich gut mal abhauen und einen Abend in die Szene tauchen.
Und dann war ich wieder zurück. Aber in eine Beziehung einzu-
steigen, das ist für eine Ehe tödlich. Das läßt sich auf die Dauer
nicht verheimlichen.
Wenn Thorsten da nicht einige Schritte gemacht hätte, wäre es
nicht soweit gekommen. Da wäre es eher so 'ne freundschaftliche
Beziehung geblieben. Insofern lief erst mal in Richtung Sexualität

nicht viel, da wurde nur mal so ein bißchen rumgestichelt, mal so
angetestet, aber sonst nichts.

Thorsten: Ich wußte ja auch überhaupt nicht, (*lacht*) was man machen kann!

Und was war mit der Angst, daß Thorsten unter 18 war?

Friedel: Ich hätte von meiner Seite aus nicht den entscheidenden
Schritt getan. Ich hätte Thorsten nicht angefaßt. Das hab ich mir
fest vorgenommen.

Also irgendwann hat Thorsten dich verführt . . .

Thorsten: Das ist so gekommen. Wir waren im Theater, wollten dann
noch zum Essen, natürlich weit, weit weg von Kiel, weil das eine
günstige Gelegenheit bot, mal wieder miteinander zu sprechen.
Wir haben nett gegessen, und auf der Rückfahrt ist Friedel einen
kleinen Umweg gefahren. Er fing so'n bißchen an zu frotzeln und
sich über die Lippen zu streichen mit dem Finger, beim Fahren.
Das fand ich ganz schön erregend. Irgendwann hab ich gesagt,
willst du nicht mal rechts ranfahren.

Friedel: Da war ich echt geschockt, das hätte ich nicht gedacht. Da
sagt der zu mir, willst du nicht mal rechts ranfahren, und ich sagte,
ja, gleich. Ich mit schwarzem Anzug und Fliege, er auch . . .

Thorsten: Das war doch sehr kurios. Zwischen Schneewehen und im
kalten Auto . . . War ja im Grunde genommen unmöglich, aber es
war doch sehr heiß, ja.

Da waren dann die ganzen Bedenken vergessen?

Friedel: Als er sagte, willst du nicht mal rechts ranfahren, da waren
meine Vorsätze flöten. Das war alles nicht mehr realistisch. Für
mich war da nichts mehr zu machen. Das ist so, als wenn du 'ner
Katze ein Stück Wurst vor die Nase hältst. Da konnte ich nun nicht
widerstehen.

Danach haben wir eine Zeit erlebt, wo wir uns viel zu selten sehen konnten. Wenn wir uns vorher einmal in der Woche gesehen haben, dann war das in Ordnung. Es war schön, wenn man sich gesehen hat, aber wenn man sich nicht gesehen hat, war das auch nicht so schlimm. Dann sagte man, na gut, dann eben nächste Woche. Aber jetzt war etwas passiert, was dazu führte, daß man ständig das Bedürfnis hat, sich zu sehen oder zumindestens miteinander zu telefonieren.

Damit waren wir natürlich in der Gefahrenzone. Man stand ständig unter dem Druck, was macht er jetzt, ach, wenn man bloß mal telefonieren könnte! Ich konnte nicht, und er konnte nicht. Man hat einen Vorwand gesucht, «Ich hol mir mal ein paar Zigaretten», dann schnell an die Telefonzelle, und «Hallo, was machst du? Geht's dir gut?» und so.

Es kam also eine Zeit, wo man die Beziehung, die man vorher ganz offen leben konnte, plötzlich vernebelte vor anderen. Das haben wir beide getan, er hat es getan und ich hab es getan. Er gegenüber seinen Eltern und ich gegenüber meiner Frau. Wir haben das völlig vernebelt.

Wir haben dann beratschlagt, wie man sich legal treffen könnte. Da hab ich Thorsten in meine Familie einbezogen. Er ist häufig bei uns zu Hause gewesen, das reichte schon, wenn er da irgendwo saß, wenn sich die Blicke mal kreuzten. Hauptsache, man konnte sich sehen.

Thorsten: Wir haben auch noch Theater zusammen gemacht.

Friedel: Ich hab ihn da in die Bühne reingezogen. Wir haben Möglichkeiten geschaffen, die unverdächtig waren, um uns zu sehen, und haben mal 'ne Stunde rangehängt.

Aber dann kam auch eine Zeit, wo wir wegen des enormen sexuellen Verlangens, was beiderseitig da war, uns ganz extrem auf uns konzentriert haben und kaum noch rausgegangen sind. Wir standen etwa vor dem Problem, wir können uns am Mittwoch abend von 19 bis 22 Uhr sehen, was machen aus diesen drei Stunden? Wir haben die Möglichkeit, zusammen ins Theater zu gehen oder ins Kino oder ein Bier trinken, oder wir haben die Möglichkeit, irgendwo mit dem Auto hinzufahren. Irgendwo...

216

Thorsten: Auf einen kleinen Feldweg ...

Friedel: Wir hatten da so unsere speziellen Stellen, wo wir hinfuhren.
Und für die haben wir uns dann entschieden.

Ohne Angst deinerseits, Thorsten, oder warst du da schon 18?

Thorsten: Ach, nö. Ich meine, die Gefahr war natürlich da, und wir
waren uns auch der Gefahr bewußt, daß das illegal war, aber das
andere war halt stärker, diese Liebe.

Friedel: Wir haben uns getroffen und das gemacht, was wir wollten,
haben aber aufgepaßt wie die Luchse!
Schließlich habe ich Thorsten gefragt, was passiert, wenn meine
Frau das spitzkriegt und mir die Koffer vor die Tür schmeißt? Wie
verhältst du dich dann? Da hat er gesagt, dann komm ich mit dir,
das ist für mich ganz klar, dann ziehen wir zusammen und bleiben
zusammen.
Das ist für mich ein enormes Erlebnis gewesen. Danach haben wir
beide sehr genau gewußt, was wir wollten, zumindestens hatten wir
einen Weg, den wir gehen konnten, und haben langsam, auf gegenseitige Absprache hin, dieses Lügen und Vernebeln abgebaut.

Thorsten: Das war aber, als ich dann 18 war.

Friedel: Man konnte also, wenn man wollte, merken, was los ist. Das
hab ich zu Hause gemacht, und das hat auch Thorsten gemacht.
Meine Frau ist, ohne daß ich das gemerkt hab, bei Pro Familia
gewesen und hat sich beraten lassen, und Thorstens Eltern mochten mich mit einemmal nicht mehr leiden.

Wie hat sich der große Altersunterschied ausgewirkt?

Friedel: Der wirkt sich mit Sicherheit erst dann aus, wenn man zu-
sammenzieht. Weil man dann auch eng miteinander Kontakt hat,
weil man die vier Wände miteinander teilt.
Für den Älteren wirkt sich das so aus: Zunächst muß man mit der
Lümmelhaftigkeit eines Jüngeren fertig werden. Ich bin ja ein ge-

standener Mann, der ganz bestimmte Vorstellungen hat, ganz bestimmte Dinge erlebt hat und daraus ganz bestimmte Verhaltensweisen entwickelt hat. Der eingefahren ist wie 'ne Dampflok. Und nu kommt da plötzlich einer an und sagt, das nicht und das nicht und das gefällt mir nicht. Das führt mit Sicherheit zu Konflikten. Schon mal, man ist ruhiger, man ist gesetzter, man will dieses nicht, man will jenes nicht.

Thorsten: Man richtet die Wohnung anders ein ...

Friedel: Ja, nur mal die Wohnungseinrichtung! Es wurde um jedes Bild, was wo hängt, wurde gekämpft. Thorsten hängte alle Bilder ganz hoch, was ich unmöglich fand, und ich kämpfte um jeden Zentimeter tiefer ...

Thorsten: Im Schlafzimmer hängen sie jetzt überall, unten und oben.

Friedel: Während früher, ich muß sagen, ich hab so was bestimmt in meiner Ehe. Meine Frau hat das einfach so hingenommen. Ich sagte, das machen wir so, und dann wurde das auch so gemacht. Und hier habe ich Widerspruch erlebt, mußte mich erst mal dran gewöhnen.

Du hast also gelernt, daß man es auch anders machen kann ...

Friedel: Ich konnte mich nicht so verhalten, wie ich mich vorher verhalten hab. Wir mußten uns regelrecht zusammenraufen. Wobei ich, wie ich das jetzt sehe, mit Sicherheit viele Konzessionen machen mußte, was mit 45 ja nicht so einfach ist.
Ich habe zum Beispiel immer meine Schuhe so ausgezogen und in die Ecke gefeuert. Plötzlich sollte ich das nicht mehr. Das hat noch nie jemand bemängelt, und ich mach das schon seit 30 Jahren so! Du kannst davon ausgehen, daß ich unruhige Zeiten erlebt habe, bis wir uns zusammengerauft haben. Ich mußte eingefahrene Verhaltensweisen, eingefahrene Denkweisen zu einem gewissen Teil abbauen.

Thorsten: Das ist aber auch etwas sehr Positives!

Friedel: Auf der anderen Seite ist es natürlich als älterer Partner auch wieder toll gewesen, so einen jungen Partner zu haben, der auch ausgesprochen süß war damals. Heute ist er ja auch noch süß, aber damals noch mehr, is ganz klar, so'n richtiger knackiger Bengel. Dadurch ist das etwas leichter gefallen. So was hat ja nicht jeder ... Und ich hab ihn ja nicht halb gehabt, ich hab ihn ja voll gehabt. Das Gefühl hab ich damals immer gehabt, total. Was die Beziehung betraf, die menschliche Beziehung, da war er voll auf meiner Seite.

Hattest du nie Angst, er könnte sich einen Jüngeren suchen?

Friedel: Die brauchte ich bei Thorsten nicht zu haben, weil er auf diese Typen überhaupt nicht abmarschiert. D. h., wenn wir uns heute trennen würden, kann ich mir nicht vorstellen, daß er sich einen Gleichaltrigen sucht und mit dem eine Beziehung eingeht. Das würde wieder ein Älterer sein. Das ist, glaub ich, bei ihm so drin. Vielleicht 35 oder so, aber keinen Gleichaltrigen oder gar Jüngeren.

Hast du dich immer reifer gefühlt als andere in deinem Alter, Thorsten?

Thorsten: «Reifer gefühlt» – das würde so was Arrogantes an sich haben. Nein, das möchte ich nicht sagen. Aber es ist so, ... diese ganzen Erlebnisse haben natürlich schon einen Reifeprozeß gefördert, das ist ganz klar. Auch im Selbstbewußtsein, auch in den Dingen, die ich erlebt hab und die ich für wichtig halte. Das sehe ich natürlich kaum bei anderen dieses Alters.

Gab es für dich Probleme damit, daß Friedel soviel älter ist und so viele Erfahrungen hat?

Thorsten: Ich habe eigentlich dieses Alter und diese Erfahrungen nie so recht akzeptiert. Ich hab mir, als wir zusammengezogen sind, gesagt, wir leben in einer Partnerschaft, und eine Partnerschaft ist es nur, wenn man gleichberechtigt ist, und aus dieser Sicht kann ich eben nicht akzeptieren, daß er alles bestimmt. Ich hab gesagt, okay, du hast es 20 Jahre lang so gemacht, aber deswegen heißt es noch lange nicht, daß du das bei mir auch noch machen mußt. Deswegen heißt das noch lange nicht, daß diese Sachen das Nonplus-ultra sind und alles so weiterlaufen muß.

Du hast dich also nicht eingepaßt?

Thorsten: Nein. Ich hab höchstens was übernommen, wenn ich das für sinnvoll gehalten hab. Natürlich war da was Aufmüpfiges, vielleicht auch ein bißchen Motziges, Flegelhaftes drin, das mag schon sein. Nur, aus 13 Ehejahren nimmt man wahrscheinlich einigen Schrott mit, ganz klar. Und das hat zu Anfang damit auch Probleme gegeben.

Friedel: Er mußte letzten Endes auch lernen, gewisse Dinge zu ignorieren. Einfach mal festzustellen, das gefällt mir zwar nicht, aber das muß ich so hinnehmen. Mußte ich auch, aus Erfahrung her das eine oder andere ignorieren, während Thorsten in seinem jugendlichen Überschwang natürlich noch versuchte, bestimmte Dinge bei mir abzustellen, wo ich nicht bereit war, das zu machen.

Thorsten: Andererseits – für mich war nie entscheidend, wie alt und wie jung ein Partner ist. Für mich ist wichtig, daß da menschlich und geistig was abläuft. Friedel war zufällig zwanzig Jahre älter, und wir waren uns sympathisch. Ich bin ja nicht richtig auf die Suche nach einem Älteren gegangen – das hat sich so ergeben. Und was das Sexuelle angeht, wir haben guten Sex miteinander, wir haben auch Sex miteinander, wo ich nicht mal wüßte, ob das Jüngere machen würden. Insofern besteht kein Grund für mich, auf einen Jüngeren scharf zu sein.

Ihr lebt jetzt seit längerem zusammen. Seid ihr immer noch so aufeinander fixiert wie am Anfang?

Friedel: Unsere Beziehung ist gesetzter geworden. Alles hat sich normalisiert. Wir haben eine lange Zeit gehabt, wo wir sehr aufeinander fixiert waren und keinen Kontakt zur Außenwelt hatten. Wir waren froh, daß wir uns hatten. Irgendwann waren wir so weit, daß wir sagten, Mensch, wir kennen gar niemanden! Es wäre doch toll, wenn man jetzt bei jemandem anrufen könnte, kommt ihr mal vorbei, oder wir kommen mal vorbei. Wir haben einfach Freunde gesucht, dafür war ein echtes Bedürfnis da. Wir waren offen, Leute kennenzulernen.

Nach welcher Zeit etwa?

Friedel: Nachdem wir uns etwa 3 Jahre kannten.

Thorsten: Man kann es wohl so sagen: Nachdem wir uns in unserer Wohnung zurechtgefunden hatten. Nachdem wir gemerkt haben, daß wir manchmal abends nur alleine dasaßen und daß wir auch kaum wohin gehen konnten.

Friedel: Wir haben also Kontakt gesucht, und da hab ich die Erfahrung gemacht, und das hab ich als sehr schlimm empfunden, wenn wir Schwule kennenlernten – wir wollten ja auch gern andere Schwule, etwa Pärchen, kennenlernen, weil dann Sexualität überhaupt kein Problem ist, wir brauchen auch nicht zu erklären, warum wir so sind, sondern normale, zwischenmenschliche Beziehungen wollten wir aufbauen –, daß von außen her ständig versucht wurde (und ständig versucht wird), in eine solche Partnerschaft einzugreifen.
Die Leute sehen diese Partnerschaft, sie sehen etwas, was sie sich selbst wünschen, ohne zu erkennen, wie schwer das auch sein kann. Die sehen nur diesen kleinen Bengel und, ach, der ist ja süß, und den möchte ich gerne haben. Manche Leute gehen rigoros in eine Beziehung rein.
Man öffnet ihnen die Tür, die kommen ganz harmlos auf einen zu und beginnen sofort, an der Beziehung zu raspeln. Wir haben einige solche Leute kennengelernt, die z. B. so ätzend sind, daß sie ein normales Gespräch gar nicht führen können, sondern daß ein Gespräch so angesetzt wird, daß nach ganz kurzer Zeit Konflikte zwischen mir und Thorsten aufgebaut werden, wir den ganzen Abend gegeneinander ausgespielt werden und ich am Schluß schon schäumend vor Wut mit dem Rücken an der Wand steh! Und dann stellen sie sich plötzlich auf die Seite von Thorsten und zeigen mit dem Finger auf mich und sagen, och, was ist das denn für einer? Mit wem bist du denn da befreundet?

Letzten Endes zielt das darauf ab, Thorsten rauszuziehen aus der Beziehung. «Wenn er mit dem befreundet ist, dann könnte er auch mit mir zusammen sein.» Ob das so ist, möchte ich allerdings stark bezweifeln. Oder die Freundschaft kaputtzumachen, nach dem Motto «Was ich nicht habe, soll der auch nicht haben!».

Wäre «Fremdgehen» für euch ein Problem?

Friedel: Wenn ich heute einen flüchtigen Sex haben will, dann kann ich ihn haben, und Thorsten kann ihn auch haben, ohne daß da allzuviel passiert. Ich könnte mir zwar vorstellen, wenn Thorsten dreimal in der Woche losgeht und ausgeschlafen nach Hause kommt, das würde mir irgendwo stinken, das würde mit Sicherheit auch der Beziehung schaden. Aber wenn er mir erzählen würde, er hat letzte Woche einen kennengelernt, und er hat auch mit dem geschlafen und weiter ist nichts gewesen, dann würde das mich nicht sehr belasten. Und das würde Thorsten genauso halten. Aber bisher haben wir, wenn wir fremden Sex hatten, den gemeinsam gehabt. Fanden wir auch gar nicht so schlecht.
Wichtiger ist aber, daß wir insgesamt auch mal wieder mehr allein machen, jeder für sich. Etwa, wenn Thorsten hier abends sitzt und Bücher lesen muß. Dann gehe ich schon mal raus und gehe in die Szene. Das mache ich ganz genußvoll, auch ohne daß ich da jemanden kennenlerne.

Thorsten: Also weniger den sexuellen Kontakt zu anderen, sondern eben den menschlichen, geistigen. Damit man nicht stehenbleibt.

11. Kapitel

Die liebe Umwelt mischt kräftig mit

Ich lernte Stefan kennen und verliebte mich in ihn. Auf recht umständliche Art und Weise erfuhr ich, daß auch er schwul war und mich liebte. Ich war wohl der glücklichste Mensch auf der Welt, ich fühlte mich plötzlich geborgen, sicher, und begann durch seine Hilfe allmählich, mich als Schwuler zu akzeptieren.

Wir waren recht lange zusammen, bis wir beschlossen, gemeinsam eine Wohnung zu nehmen. Unsere Liebe und Zusammengehörigkeit ist in der Zeit immer stärker geworden, und es war wunderschön.

Das Wochenende, bevor wir unsere Wohnung beziehen wollten, fuhr Stefan zu Freunden in die Nähe von Köln. Ich hatte am Freitag noch Bereitschaftsdienst und wollte Sonnabend nachkommen.

Als ich mittags eintraf, erfuhr ich, daß Stefan mit zwei anderen Freitag abends in einer Schwulenkneipe gewesen war. Beim Verlassen des Lokals war er von einem «Normalen» angemacht und niedergeschossen worden. Stefan war tot. Ermordet von einem ach so tugendhaften, moralisch denkenden normalen Heterosexuellen. (Heiko, 34)

Man darf nicht über Partnerschaftsprobleme schwuler Männer schreiben und so tun, als handelte es sich dabei immer nur um seelische Konflikte. Als gäbe es nicht die ganz alltäglichen Seitenhiebe gegen Schwule und Homosexualität. Oder sogar grauenvolle Vorfälle wie jenen in Köln, von dem ich nur zufällig erfuhr, weil Heiko davon erzählte.

Man darf nicht über Beziehungskonflikte von Schwulen schreiben und so tun, als wären wir selbst an allem schuld. Okay, wir fürchten uns oft vor radikalen Veränderungen, sind manchmal zu bequem, manchmal auch arrogant oder unausstehlich. Statt miteinander zu reden, verbergen wir unsere Gefühle hinter einer Maske, statt Schwächen zuzugeben, spielen wir den starken, unabhängigen Macho. Vieles, was in schwulen Beziehungen so schwierig ist, haben wir selbst zu verantworten.

Aber eins darf dadurch nicht in Vergessenheit geraten: Schwule Beziehungen sind ohne Diskriminierung nicht vorstellbar. Bis in die intimsten Ecken folgt uns das Unbehagen oder der Haß einer Umgebung, die Homosexualität noch immer lieber totschweigen als akzeptieren will.

Ich wehre mich dagegen, den Schwarzen Peter allein zugeschoben zu bekommen. Mir wird übel, wenn ich all den Scheiß über schwule Freundschaften lese, der sich via Medien, Kirche und Politik über uns ergießt.

So leicht will ich es unseren Gegnern nicht machen: Die Probleme, die ich mit meinem Freund habe oder hatte, nur auf meine Kappe zu nehmen, einen Bußgang nach Canossa anzutreten und damit diejenigen freizusprechen, die in vielfältiger Weise ihre Hände mit im Spiel haben. Und weil wir dies selbst nur allzugern übersehen, möchte ich in diesem und im nächsten Kapitel beschreiben, wie direkter Einfluß auf Freundespaare (also während sie zusammen sind) und indirekter Einfluß (Klotz am Bein aus der Kindheit) dazu beitragen, daß schwule Beziehungen so oft scheitern.

Es ist schon merkwürdig. Einerseits wird Schwulen gern vorgeworfen, sie seien bindungsunfähig, aber wenn wir jemanden gefunden haben, läßt man uns spüren, wie sehr wir an der Norm vorbeileben.

Seine Mutter würde nie auf die Idee kommen, uns beide zu Familienfeiern einzuladen. Da fungiert er immer bloß unter

dem ‹immer noch nicht verheirateten Sohn›, über den sie
sich hinter seinem Rücken das Maul zerreißen.
(Bernhard, 37)

Wenn Eltern deinen Freund nicht wollen, ja seine Existenz vertuschen, wenn alte Freunde und Bekannte dich weiterhin als Single be-
handeln, dann reißt das permanent alte Wunden und Schuldgefühle
auf. «Irgendwie ist es nicht richtig, was ich tue!»

Leider mangelt es den meisten Schwulen an Selbstbewußtsein. Sie
spielen mit, übernehmen die für sie bestimmte Rolle und verleugnen
ihre Gefühle. Ich kenne ein Paar, das seit vier Jahren befreundet ist
und zusammenwohnt – ans Telefon darf aber immer nur der eine von
den beiden. Es könnte ja seine Mutter sein, die nicht wissen soll, daß
ihr 38jähriger Sohn mit einem Mann zusammenlebt. Sie würde es nie
billigen. Davor hat er Angst.

Überhaupt: Gemeinsame Wohnung! Im Zeitalter von Wohnge-
meinschaften und ‹wilden Ehen› sollte es eigentlich kein Problem
mehr sein, zu zweit eine gemeinsame Wohnung zu nehmen, oder?

Als sich im Haus rumgesprochen hatte, daß wir schwul sind,
gab es schon öfter Ärger mit dem Besitzer. Er meckerte
rum, weil unser Hund angeblich den Hausflur verschmutzte
oder weil wir zu laute Musik hörten. Als das mit AIDS dann
durch die Presse ging, hatte er plötzlich ‹Eigenbedarf› und
kündigte uns. (Johannes, 39)

Zusammenwohnen – dieses für Ehepaare selbstverständliche Recht
gilt noch lange nicht für schwule Paare. Partnerschaften homosexueller Männer werden abfällig beurteilt oder völlig ignoriert, wie
etwa im Steuerrecht.

Ein schwuler Mann ist stets in der höchsten Steuerklasse, egal, ob
er einen Freund mitversorgt oder sogar noch dessen Kind. Rechtlich
gesehen ist er alleinstehend, auch wenn er seit 20 Jahren fest befreundet ist. Eine gemeinsame Steuererklärung, bei jedem noch so kurz
verheirateten Ehepaar eine Selbstverständlichkeit, ist für schwule
Paare undenkbar.

Stirbt einer von beiden, verfällt die Rente. Bei Erbschaftsfragen
kann sich der andere zudem mit der Familie herumschlagen, die über

viele Jahre kein Interesse an ihrem ‹verlorenen Sohn› zeigte, nun aber abkassieren kommt, was dieser als kinderloser, erfolgreicher Berufstätiger im Lauf der Jahre angeschafft hat.

Als ‹Single› mußt du all die Arbeit machen, die Familienvätern und Verheirateten nicht zugemutet wird: Jobben zu Weihnachten und Ostern, Urlaub in der ‹ferienfreien Zeit›. Wird dein Freund krank, darfst du ihn nicht ebenso selbstverständlich besuchen wie ein Familienmitglied. «Zutritt nur für Angehörige».

> Gegenüber dem Klinikpersonal war er nur ‹mein Onkel›. Das mußte so sein, sonst hätte er nicht kommen dürfen. Die haben sowieso schon merkwürdig geguckt, daß einer jeden Tag Besuch von seinem Onkel kriegt. Aber was blieb uns übrig? (Harry, 63)

Fast gewöhnt man sich an diese ganzen, selbstverständlichen Benachteiligungen im schwulen Alltag. Woran ich zumindest mich nie gewöhnen werde, ist, wie Medien, Politiker, Wissenschaftler und Hallelujah-Truppen beider Staatskirchen Klischees über Schwule unters Volk streuen. Einer *muß* Weibchen sein, sonst kommt das Weltbild normbewußter Redakteure ins Wanken: «Walter strickt, während Karl-Rudolf im Hobbykeller eine Jugendstil-Lampe lötet.»

Ob Viel-Männerei, Jugendkult, frei ausgelebte Sexualität oder was sonst noch Nettes unser Leben zu bieten hat, die Suppe wird eifrig am Kochen gehalten, um ja niemanden auf die Idee kommen zu lassen, schwules Leben sei lebenswert.

Wissenschaftler befragen einsame Schwule und veröffentlichen dann Thesen über die Bindungsunfähigkeit ‹der Homophilen›. Sie zählen die Sexualpartner pro Jahr, kippen beinahe vom Stuhl und stoßen ein entsetztes: «Krankhaft!» aus.

Familien- und Reisepapst Johannes Paul II. will schon den Hetero-Paaren die Lust aneinander verderben, gleichgeschlechtlicher Liebe erteilt er mit der Regelmäßigkeit einer Kuckucksuhr Absage auf Absage. Und seine Angestellten dürfen zwar homosexuell sein, aber keinesfalls mit einem Partner ‹ehe-ähnlich› zusammenleben. Bei den Protestanten sieht es kaum besser aus.

Das gesammelte Gebräu anti-schwuler Propaganda macht es schließlich nicht bloß schwer, endlich voll und ganz zu der eigenen

Form der Liebe und Sexualität zu stehen, sondern auch, überhaupt Freundschaften einzugehen und durchzuhalten.

> Ich habe es nie geschafft, mit einem Mann länger zusammenzubleiben. Ich bin den Ekel vor dem, was wir da miteinander machen, nie losgeworden. Meine christliche Erziehung steht immer noch dazwischen. Ich bekomme Gewissensbisse, fühle mich schuldig, mache den anderen dafür verantwortlich, hasse ihn, hasse mich – es ist ein Teufelskreis. Da komme ich nicht raus. (Nikolai, 47)

Während heterosexuelle Ehen alle erdenkliche Unterstützung durch ihre Umwelt bekommen, werden Schwulen Knüppel zwischen die Beine geworfen. Mit dem Ergebnis, daß es in ihren Partnerschaften knallt.

> Als in meiner Bank bekannt wurde, daß ich schwul bin, hat man mir nahegelegt, zu kündigen. Es gab auch gar keine andere Möglichkeit, die hätten mir das Leben dort zur Hölle gemacht. Aber viel schlimmer war, daß es von da ab zwischen mir und meinem Freund immer öfter Streit gab. Er warf mir vor, ich sei zu tuntig und deshalb selbst dran schuld, daß sie mich raushaben wollten. Im Grunde waren wir beide frustriert und ließen das aneinander aus.
> (Willi, 39)

Schwule Paare haben wenig Beistand und müssen gegen Vorurteile und mehr oder weniger verdeckte Feindseligkeit kämpfen. Manchmal ist es fast ein Wunder, daß es dennoch so viele wagen und durchhalten.

Irgendwie gelingt es ihnen, sich von diesen Anmachereien nicht unterkriegen zu lassen, vielleicht sogar noch enger zusammenzurükken, sobald der Druck von außen steigt.

Dazu gehört jedoch eine ausreichende Portion Selbstbewußtsein und das Gefühl: Ich habe ein Recht darauf, so zu leben, wie ich will!

Wo das fehlt, sieht es schwarz aus für schwule Partnerschaften. Wer nicht zu sich selbst steht, zu seinen Gefühlen und seiner Zuneigung, wer nicht in gesunde Empörung über Diskriminierung verfällt und damit sich und seinen Partner vor Ersatz-Gefechten schützt, muß scheitern.

Ich kann nicht jemanden lieben, wenn ich ihn, mich und unsere Gefühle zueinander hasse. Ich kann nicht positive Gefühle jemandem gegenüber entwickeln, solange ich mir von meiner Umwelt sagen lasse, ob das gut oder schlecht ist. Kirchenfürsten, Politiker, Wissenschaftler – sie alle müssen endlich lernen, daß schwule Liebe nicht schlechter oder besser ist als heterosexuelle – nur anders.

Und wir müssen versuchen zu lernen, uns nicht mehr von denjenigen die Suppe versalzen zu lassen, die unsere Freundschaften kaputtmachen wollen!

Martin und Walter

Die beiden sind ein ganz ausgefallenes Paar – sie leben im Zirkus. Seit 19 Jahren sind Martin (41) und Walter (32) befreundet, und inzwischen reisen sie im Sommer gemeinsam herum, während sie den Winter in ihrem Schweizer Haus verbringen.

Walter, wie sieht der ideale Mann für dich aus?

Walter: Man kann da nicht nur auf Optik gehen, wie er aussieht. Mein idealer Mann, der war mal sehr schlank, sehr groß, schwarze Haare, Schnurrbart – da sitzt er! (*zeigt auf Martin*) An Eigenschaften: Daß er sehr ehrlich ist, sehr korrekt mir gegenüber. Ich muß natürlich auch ehrlich sein.

Schwierig, nicht?

Walter: Das ist verdammt schwierig! Man kriegt oft einen Hammer auf den Kopf, wenn man ehrlich ist, und das ist das, was ich in unserer Freundschaft noch nie bekommen habe! Vielleicht ist es heute weniger schwer, ehrlich zu sein, als am Anfang.

Martin: Ich habe am Anfang unserer Freundschaft befürchtet, daß ich Charakterzüge habe, die der Walter nicht mag. Ich habe bestimmt längere Zeit versucht, die zu verstecken. Oder ich habe ihm nicht gesagt, was ich nicht mag, damit Walter nicht, wenn er mich ärgern will, genau das tut.

Walter: Das ist für mich eine Lebenslehre geworden! Martin sagte einmal, ich trau mich gar nicht, dir zu erzählen, daß ich es hasse, wenn man mich kitzelt. Nachher tust du es, wenn du mich ärgern willst!
Das ist mir unheimlich rein! Ich habe mir vorgenommen, daß ich ihm das nie bestätigen werde. Daß ich, auch wenn ich noch so eine Wut auf ihn habe, ihn nie kitzeln würde. Die ganzen neunzehn Jahre habe ich das auch durchgehalten.

Seht ihr Unterschiede zwischen eurer und Hetero-Beziehungen?

Martin: Ich glaube schon, daß es Unterschiede gibt. Ich möchte mich selbst verwirklichen, und der andere soll sich auch selbst verwirklichen. Da könnten es homosexuelle Beziehungen leichter haben. Jeder könnte sich in seinem Beruf verwirklichen und sich entwikkeln. Ich finde nichts so pervers wie eine homosexuelle Zweierbeziehung, wo die sich angleichen. Das sieht man oft, wo sie wie Zwillinge aussehen. Eine Beziehung wäre echter und besser, wenn jeder seinen Typ verwirklicht. In der heterosexuellen Welt ist das bisher nicht so einfach, weil noch zu viele Frauen mit Kindern, Heim und Herd in diese Rolle gedrängt werden. Sie kann sich kaum selbst verwirklichen.
Da sehe ich zwischen zwei Männern eine Chance, das anders zu machen. Sie wird nur leider meist nicht genutzt, es wird die heterosexuelle Welt nachgespielt.

Walter: In unserer Wohnung, da gab es immer mein Zimmer und Martins. Obwohl, wir brauchten es praktisch nicht. Martin hat sein Bett vielleicht zwei oder drei Male gebraucht, wo er krank war. Es gab aber immer seins.
Das ist etwas, was wir brauchen und was in einer Ehe auch wieder nicht ist: Es gibt ein Schlafzimmer, ein Wohnzimmer, es gibt ein

Kinderzimmer. Die Küche ist noch ein bißchen der Frau, und vielleicht der Bastelkeller dem Mann. Das ist alles so zusammen, und bei uns war es immer ein Stück getrennt.

Martin: Auch in den Arbeitsbereichen. Was die Emanzipation der Frau versucht, nämlich eine gleichberechtigte Partnerschaft einzuführen, wäre ja bei uns wirklich ideal vorgegeben. Daß mal der Walter mit dem Staubsauger rumrennt und mal ich, oder daß jeder das Geschirr spült. Daß man da wechselt. Die Chancen wären einfach da, mehr als in einer festgefahrenen Hetero-Beziehung. Da ist halt die Frau seit Generationen am Geschirrspülen.
Es gibt einige wenige Dinge, da hat es sich irgendwann eingespielt, der Walter macht's besser als ich, und dabei bleibt's.

Also mehr nach Fähigkeiten?

Martin: Ja. Solange ich allein in meiner Wohnung war, habe ich meine Knöpfe angenäht und auch mal gebügelt, aber Walter ist halt viel schneller im Nähen und Bügeln, also macht er das meistens. Warum soll ich mich damit abmurksen?

Walter: Umgekehrt ist es mit der Buchhaltung. Ich mache das nicht so gern. Martin ist praktisch der Buchhalter der Familie. Aber nicht so, daß ich überhaupt keine Ahnung habe wie ein Hausweibchen, wo der Mann alles macht und sie hat keine Ahnung, sondern ich bin informiert. Wenn Martin es im nächsten Monat nicht kann, ich glaube, dann kann ich es. Ich gehe auch sehr ungern in Supermärkte einkaufen, das weiß der Martin, und deshalb geht meistens er. Er muß nicht, wenn er nicht will. Dann geh ich. Wir tun uns halt in dieser Beziehung was zuliebe, indem wir das tun, was der andere nicht so gern macht.

Für wie wichtig haltet ihr die Aufteilung. Daß jeder seinen Bereich hat?

Walter: Die ist enorm wichtig! Ich brauche für mich das Bewußtsein, daß ich ich bin, daß ich eine Ecke habe, die mein Reich ist! Ich finde es wichtig, daß nicht alles so in einem Topf ist. Es ist doch viel besser, daß ich sage, ich geh in mein Zimmer, und sei es, um zu lesen, als daß ich eines Tages ausraste und mit Türen knalle.

Habt ihr mal vorgehabt, euch zu trennen?

Martin: Es gab eine Zeit, wo ich mir das überlegt habe. Wo ich eine
Krise hatte. Das hatte zu tun mit dem Entscheid, daß Walter zum
Zirkus ging. Eigentlich, bevor er ging. Wo er mit seinem Bruder
trainiert hatte, und ich mir überlegte, ob das so gut geht. Ob das
auch meine Richtung ist, oder ob ich nicht lieber mein braves bür-
gerliches Leben weiterführe, in Zürich bleibe und Werbetexte
schreibe.
Ich dachte damals, daß das nicht machbar ist, wenn Walter Jahr für
Jahr acht oder neun Monate unterwegs ist und ich in Zürich bleibe.
Kann man das dann noch als Freundschaft bezeichnen? Ich habe
mir die Frage gestellt: Ist es nicht besser, ich trenne mich völlig von
ihm und führe mein eigenes Leben, wo er nicht mehr drin vorkommt?

Walter: Bei mir waren in der Zeit ähnliche Gedanken. Ich war hin-
und hergerissen. Manchmal dachte ich, ich möchte meinen Weg im
Showgeschäft machen und muß halt meine Freundschaft dafür op-
fern. Aber ich habe diese Gedankengänge mehr verdrängt.

Martin: Vielleicht hängt das auch damit zusammen, daß Walter für
mich nicht der Traumprinz war. Ich fand ihn sympathisch und sehr
interessant, aber es war nicht so, daß ich von ihm geschwärmt und
schlaflose Nächte gehabt hätte, nachdem ich ihn gesehen habe.
Das ist mir auch schon passiert, aber all die, das waren vielleicht
drei oder vier Beziehungen, wo ich dachte, nur noch den und sonst
gar keinen, der sieht so toll aus, die sind schon in den Startlöchern
gescheitert.
Beim Walter war ich nicht Hals über Kopf verliebt, von daher waren die Bedingungen relativ gut.

Walter: Das war sowieso sehr gut, daß wir uns stufenweise kennengelernt haben. Er war für mich fast unnahbar. Ich hatte eine andere
Schutzmaßnahme, ich dachte, ach, das hält sowieso nicht lange –
weil er mein Traumprinz war.
Alles ging sehr stufenweise. Erst hat man sich einmal in der Woche
getroffen, dann öfter, dann blieb er zwei Nächte bei mir, dann drei.

Nach zwei Jahren haben wir eine Wohnung genommen, gingen aber beruflich jeder unseren eigenen Weg – ich im Showgeschäft und Martin in seiner Werbeagentur.
Ich habe dann angefangen, zwei Tourneen allein zu machen, wodurch wir über acht Monate getrennt waren. Wir sind das Risiko eingegangen, daß sich in der Zeit das Gefühl verändert. Dann hat Martin gesagt, na ja, ich komme mal für eine gewisse Zeit mit, für ein Jahr, und dann ist er hängengeblieben beim Zirkus. Aber auch da wieder stufenweise. Wir haben zusammen im Wohnwagen gewohnt, aber jeder hat seinen speziellen Job gehabt. Eigentlich erst seit vier Jahren, nach fünfzehnjähriger Freundschaft, tun wir alles zusammen, wohnen, leben, arbeiten.

Martin: Es war eine langsame Entwicklung, nichts Überstürztes. Das fand ich wichtig. Keiner wurde in was hineingedrängt, was er nicht wollte. Das ist vielleicht ein wichtiger Punkt für Beziehungen. Daß ein Partner in eine Rolle gedrängt wird, in die er gar nicht will, die er aber dem Partner zuliebe übernimmt. Dann wird's zur Gewohnheit, man macht das lange, dann ist es festgefahren, und es gibt kein Zurück mehr.

Walter: Bei uns gibt es nicht mal eine Gemeinschaftskasse. Hier im Zirkus schmeißen wir jeder soundso viel in die Haushaltskasse, aber wenn wir essen gehen, werde ich heute noch manchmal von Martin eingeladen. Oder er von mir. Es kann aber auch sein, daß beide getrennt zahlen. Nicht wie in der Ehe, wo immer der Papa zahlen muß.

Gilt die Selbständigkeit auch für sexuelle Kontakte?

Martin: Zuerst nicht. Das begann, als Walter monatelang auf Tournee war.

Walter: Es gab aber vorher schon mal etwas, eine Dreier-Beziehung. Das war damals was, was wir uns überhaupt nicht vorstellen konnten, wir sind da reingeschlittert. Das war der Werner.
Das ging über ein Jahr, und ich steh dazu, ohne Probleme. Es war eine irre schöne Sache. Der Werner war oft bei uns. In unserem

Freundeskreis damals in Zürich haben alle den Kopf geschüttelt, die konnten das nicht verstehen. Es kamen tausend blöde Fragen. «Liebst du den jetzt mehr?» Und wir fanden keine Antwort! Es war eine tolle Dreierbeziehung, auch eine sehr offene. Wir haben immer gesagt: Werner, der Martin und ich gehören eigentlich zusammen, du gehörst jetzt dazu, wenn du aber einen anderen findest, dann fühl dich frei, dann laß eher uns sausen, als daß du uns später Vorwürfe machst, wegen euch zwei habe ich den tollsten Mann meines Lebens verpaßt! Das fand er ganz richtig. Nach einem Jahr waren wir in Urlaub gefahren, und er konnte nicht mit, hat praktisch die Wohnung gehütet. Und gleich, nachdem wir zurückkamen, hat er erzählt, daß er jemanden kennengelernt hat. Das Tolle ist, er ist heute noch mit dem zusammen!

Er hat uns als Beispiel genommen. Wir haben noch heute Kontakt, wir besuchen uns und mögen uns immer noch sehr. Das war das erste Mal, daß eine sexuelle Beziehung außerhalb stattfand.

Martin: Ich mein, das gab es früher schon, daß man jemanden toll fand. Gerade bei mir, wo ja der Walter vom Aussehen her nicht mein Traumprinz war. Ich habe oft meinem Ideal, dem blonden Typ, nachgesehen.

Eines Tages lief mir einer über den Weg, ich habe ihn angequatscht, und weil Walter den Abend Ballett mit seinen Hupfdohlen hatte, sind wir miteinander nach Hause. Es war auch ganz toll. Beim zweitenmal kam Walter früher nach Hause. Wir waren zwar nicht gerade miteinander im Bett, aber . . . Erst war ein bißchen Aufregung.

Walter: Nicht mal große Aufregung, ich war erstaunt . . .

Martin: Vielleicht hat er mir gar nicht so was zugetraut.

Walter: Dann kam die Geschichte mit Werner und kurz danach diese achtmonatige Trennung. Das war 1975.

Martin: Das war sieben oder acht Jahre nachdem wir uns kennengelernt haben. Diese Trennung war eine einschneidende Sache für mich. Ich habe ihn oft besucht, sooft das möglich war, aber ich habe trotzdem zu Hause in Zürich mein Leben geführt und etliche Kontakte gehabt.

Wie dann Walter zurückkam, war für beide die spannende und auch bange Frage: Wie geht es nun weiter? Wie guckt man sich jetzt an?

Es gab aber dazwischen keine längeren Beziehungen zu anderen?

Walter: Da gab's eine Geschichte in Wien, wo wir fast zwei Monate gastierten, in die ich mich auch gefühlsmäßig, also nicht nur sexuell hineinbegab. Für mich war ganz klar, daß ich auf keinen Fall in Österreich bleiben würde. Von daher habe ich es fast genossen, laß dich fallen, laß dich verliebt sein – du gehst ja nachher weg.
Das war das erste Mal, daß ich realisiert habe, daß man unabhängig voneinander zwei Personen gern haben kann. Daß man fähig ist, Gefühle auf mehrere zu verteilen.

Martin: Ich habe mehrere Eine-Nacht-Geschichten gehabt, aber auch etwas, was länger gedauert hat. Ich fand es aber wichtig, daß ich allen, die ich kennengelernt habe, gesagt habe, daß ich einen Freund habe. Dadurch habe ich mich ein bißchen geschützt, damit sich nicht jemand mir an den Hals schmeißt und findet, ich sei der Mann seines Lebens.
Einer, der Gabriel, hat sich trotzdem in mich verliebt. Der ist dann kurz nach Walters Rückkehr auf Nimmerwiedersehen von Zürich weggezogen.

Gab es da nie Eifersucht?

Martin: Ganz am Anfang gab es Eifersuchtsszenen, vom Walter her. Ich war mir da noch nicht ganz sicher, weil er nicht mein Traumtyp war. Gefühlsmäßig war es für mich noch nicht die feste Bindung. Da hat er mich mal vor die Alternative gestellt: Der oder ich!

Walter: Ja, das war ein Typ, der mir sehr unsympathisch war. Das war nach vier Monaten. Wir waren essen, und am Nebentisch saß so ein Barock-Engelchen mit blonden Löckchen und Pausbacken, der flirtete ganz unverschämt mit Martin.
Irgendwann kam ich dahinter, daß die sich trafen. Da habe ich Martin vor die Alternative gestellt.

235

Martin: Aber die Situation gibt es heute noch. Für viele tönt das vielleicht unverständlich, aber wenn Walter mit einem Typ flirtet und auch im Bett landet, den ich auch nett finde, dann macht mir das weniger aus, als wenn ich den unsympathisch finde. Vor einem Jahr in Hannover, das war auch vielleicht nur für eine Nacht, aber der war mir von Anfang an unsympathisch, vom Scheitel bis zur Sohle. Da bekam ich nach Jahren erstmals richtige Eifersuchtsgefühle, wie der Walter mit so einem Typen gehen kann!

Statt mit dir ...

Martin: Vielleicht war's das ...

Walter: Wenn ich mehr drauf geachtet hätte oder Martin mir zu erkennen gegeben hätte, was ihm das ausmacht, ich glaube, ich hätte den fallenlassen. Ich hätte diese Rücksicht genommen, auch wenn ich den noch so sympathisch gefunden hätte.

Monogam lebt ihr also nicht.

Martin: Das Sexuelle ist natürlich dadurch abgeflaut. Das ging parallel. Wenn du auswärts deine sexuelle Befriedigung hast, brauchst du sie nicht mehr zu Hause.

Walter: Aber man muß nie was vorspielen! Wir haben uns nie angelogen. Martin hat nie gesagt, ich gehe zu meinen Eltern, und war dann woanders hin.

Martin: Man hat aber auch dem anderen nicht vorgeschwärmt, ach, der war toll!

Walter: Ich meine, am Anfang tut es vielleicht noch ein bißchen weh, wenn man das so richtig vor Augen geführt bekommt. Das muß nicht sein. Das ist nicht verlogen oder versteckt, nur ein bißchen vertuscht.
Wir haben nie große Diskussionen über die Dinge geführt, aber wir haben, glaube ich, ein unheimlich gutes Gespür zueinander. Vom Gefühl her verstehen wir uns sehr gut. Deshalb gab es dann auch

236

irgendwann den Zeitpunkt, wo man sagen konnte, ich stell dir hier den Michael vor, mit dem habe ich was gehabt. Ohne den anderen damit zu verletzen.

Walter: Es kam drauf an, daß man das Gefühl behielt: Ich bin ihm wichtiger, zu mir kommt er wieder zurück, auch wenn er gestern abend was mit jemand anderem gehabt hat. Das gab eine gewisse Sicherheit.

Martin: Man macht ja die Erfahrung, er war zwar bei einem anderen, aber jetzt ist er wieder bei mir.

Walter: Einerseits das, andererseits das Vertrauen, daß *ich* sein Freund bin. Ich bin sein Freund. Mit mir spricht er, wir gehen auch durch die Scheiße durch, er hält zu mir. Bin ich krank, pflegt er mich. Und trotzdem kann man mal jemand anderes haben, und das ging auch wechselweise.

Martin: Was wir mal besprochen haben, war, daß man doch den größten Teil seiner Zeit sich gegenseitig schenkt. Das ist wichtig für eine Beziehung, daß man sich füreinander Zeit nimmt. Und wenn ich mal 'ne Nacht weggewesen bin, dann bin ich die nächsten zwei oder drei Tage und Nächte wieder mit dem Walter zusammen.

Hattet ihr keine Angst, das könnte die Beziehung zerstören?

Walter: Nein, bis auf diese Sache am Anfang. Aber die Ehrlichkeit muß natürlich auch dem Dritten gegenüber bestehen. Daß ich klarmache: ich bin befreundet, und dazwischen kommst du nicht! Dann kann er selbst entscheiden, geht er das Abenteuer ein oder läßt er es bleiben.

Martin: Manchmal ist es schwer verständlich für mich, wie jemand an Walter oder mich herantreten kann, wo wir so lange zusammen sind. Man weiß von vornherein, daß es vielleicht zwei tolle Monate gibt und mehr nicht.

Walter: Mit dem Fremdgehen wird bei Schwulen aber auch viel falsch gemacht. Mein Zahnarzt war über fünf Jahre befreundet, und nach drei Jahren fingen sie an, fremdzugehen. Aber da ging es gleich knallhart, d. h. die gingen zusammen in die Sauna, und jeder ist irgendwo verschwunden. Das gab natürlich Komplikationen! So was machen Martin und ich bis heute nicht. Wenn einer das Bedürfnis hat, in die Sauna zu gehen, dann trennen wir uns. Er geht heute, ich geh morgen. Ich will nicht da sein, wo er jetzt was macht. Da würde ich mich heute noch gehemmt fühlen.

Genauso, wenn wir zusammen ausgehen, dann gehen wir auch zusammen nach Hause. Nur in ganz wenigen Fällen, und das ist wieder eine Sache vom Feeling, ist es anders. Etwa wenn ich merke, Martin lernt jemand kennen, daß ich sage, du, ich gehe noch woanders hin. Aber nicht, daß ich dableibe und fast daneben sitze und gucke, wie sich das entwickelt. Das ist etwas, was ich sehr oft bei Freundschaften gesehen habe, die nachher in die Brüche gegangen sind. Man nimmt sich knallhart die Freiheit, ohne die Auswirkungen zu beachten. Im ersten Moment geben sie sich großzügig, aber wenn sie sehen, der andere kriegt was ab und ich nicht, dann keifen sie sich an. Diese Freundschaften scheitern.

Vom Feeling her seid ihr euch ähnlich, sonst auch?

Walter: Ich glaube nicht. Ich bin wahnsinnig lebendig, so daß Martin manchmal schon Mühe hat damit. Umgekehrt – obwohl ich es ja auch an ihm liebe, daß er so ruhig ist – habe ich manchmal die Mühe, daß ich sage, mein Gott, dich muß man wieder in den Arsch kneifen, damit mal was passiert!

Martin: Wir haben eine Astrologin hier beim Zirkus, die hat gesagt, wir haben sehr viele Punkte, wenn man die Geburtshoroskope gegenüberstellt, wo die Beziehung einfach funktionieren muß! Vor allem unsere Gefühlswelt liegt sehr nahe beieinander. Viele Probleme braucht man gar nicht zu diskutieren, sondern wir haben das gegenseitig gefühlt, wie weit man gehen kann, wo ist die Grenze, was kann man dem anderen zumuten und was nicht.

Die hat uns aber auch gesagt, die Verstandesebene, das sind zwei Welten! Das weiß ich aber auch. Gewisse Diskussionen breche ich mit dem Walter einfach ab. Zum Beispiel über Politik, da kann ich einfach mit ihm nicht reden. Rechts und links – das ist noch viel zuwenig deutlich gesagt, wir sind noch weiter auseinander!

Walter geht auch vom Fernseher weg oder stellt das Radio ab, wenn Nachrichten kommen. Das kann und will er nicht hören. Und Musik, also ich höre vorwiegend Klassik und was davon abgeleitet ist, der Walter steht unheimlich auf jede Show, auf Musicals vor allem. Damit habe ich mich abgefunden.

Es gibt Dinge, die auch heute noch weit, weit auseinander sind, wo wir nie zusammenfinden. Aber das braucht es auch nicht.

Walter: Das waren aber auch noch nie Punkte, die extrem gestört haben. Da trennen sich unsere Welten, aber das ist auch nicht so schlimm.

Hat sich viel in eurer Beziehung geändert über die Jahre?

Martin: Ich glaube schon sehr vieles. Dadurch gehen ja auch Beziehungen kaputt. Es verändert sich ja jeder. Wir haben uns vielleicht parallel verändert. Wir haben das sehr gut nebeneinander gemacht.

12. Kapitel

Zum Scheitern programmiert?

Die erste Liebesbeziehung, mit der du klarkommen mußt, ist die zu dir selbst. Solange du dich selbst nicht liebst, wirst du nie und nimmer einem anderen glauben, daß er es tut. Solange du dich nicht als wertvollen Menschen ansiehst und dich annimmst, so wie du bist, wirst du nie die Geborgenheit eines anderen annehmen können. Was immer dein Freund auch unternimmt, stets wirst du zweifeln und nach Belegen suchen, daß du ihm gleichgültig bist: «Er kann mich gar nicht lieben, er meint gar nicht mich! Er wird mich wieder verlassen, und ich bin einsam wie zuvor.»

Folglich verläßt du ihn lieber, bevor er es tut. Oder sorgst für Unstimmigkeiten, bis er geht. Es sei denn, du glaubst, ein liebenswerter Mensch zu sein, ein Mensch, der es wert ist, gemocht und akzeptiert zu werden. Für den es ‹normal› ist, daß er geliebt wird.

Für heterosexuelle Männer und Frauen gibt es viele Gründe, eine Partnerschaft einzugehen: Liebe, jemanden fürs Bett zu haben, gemeinsam Kinder zu kriegen, versorgt zu werden. Bis hin zum Beweis für die Umwelt: Jemand will meine Ehefrau/mein Ehemann werden. Ehestandsdarlehen, Familiengründungsdarlehen – es wird viel geboten, damit Heteros zusammenbleiben. Da bleibt man dann sogar zusammen, wenn man sich nur noch anödet oder dauernd streitet.

Schwule bleiben nur aus einem Grund zusammen: Weil sie sich mögen und Freude am Zusammensein haben. Vielleicht auch noch, weil sie Angst vorm Alleinsein haben – aber damit hat sich's. Keine gesellschaftlichen Stützen, keine Zwänge, zusammenzubleiben, nichts.

Vor genau zehn Jahren machten zwei Hamburger Psychologiestudenten im Rahmen ihrer Diplomarbeit eine bemerkenswerte Untersuchung. Sie befragten 69 Männer, die mehr als drei Jahre befreundet waren (jeweils nur einen pro Paar), und 67, die nicht bzw. noch nie länger als 12 Monate befreundet waren.

Es gab teilweise krasse Unterschiede im Verhalten. Die Befreundeten waren selbstsicherer, akzeptierten ihre Homosexualität besser und zeigten weniger Angst vor engen Bindungen.

Guckt man sich das noch genauer an, ergibt sich folgendes typisches Bild eines befreundeten Homosexuellen (durchschnittlich, gell):

- zeigt ein größeres Selbstwertgefühl, ist bereit, dem Freund Bestätigung zu geben, fordert sie aber auch für sich
- er akzeptiert seine sexuelle Neigung und macht sich nicht ständig selber Vorwürfe
- er ist deshalb auch offener gegenüber seiner Umwelt, insbesondere gegenüber seiner Familie
- er ist selbstsicher, kann eher mal Frust wegstecken und auf eigene Bedürfnisse verzichten, um auf den anderen einzugehen
- er lebt gern mit einem Freund zusammen, sucht also Nähe und hat weniger Angst vor einer engen Bindung
- er hat mehr Kontakt zu seiner Familie, die ihn dadurch auch seelisch unterstützt.

Was also braucht ein Schwuler, damit er nicht dauernd scheitert mit seinen Freundschaften? Er muß sich selbst achten können, Vertrauen zu sich und anderen haben, sich seiner selbst sicher sein, selbst«bewußt» sein.

Leider trifft das alles nur auf wenige Schwule zu. Tief drinnen sind wir überzeugt: Ich bin minderwertig. Ausschuß. Überflüssig. Kurz: Nicht liebenswert. Meine Freundschaft kann nicht funktionieren, sie wird nicht halten!

Aber warum bloß? Was zum Donnerwetter geschieht in unseren Hirnen und Herzen, das uns so klein und erbärmlich macht? Das uns mutlos macht und jegliches echte Vertrauen in unsere Fähigkeiten und unseren Wert zerstört?

Es sind nicht die saudummen Sprüche der Politiker, es ist nicht die Diskriminierung, die wir jetzt und heute erfahren. Das alles bestätigt uns nur in unserer Haltung, die längst feststeht. Der Boden für unser wackliges Selbstbewußtsein wurde früher gelegt. Viel früher! Und wo der schwankt, kann ein noch so stabiles Haus immer wieder zusammenkrachen. Die allergrößte Belastung für schwule Beziehungen ist schon da, bevor wir auch nur beginnen, einen Freund zu suchen.

Wir müssen zurückschauen, dahin, wo wir als Kinder die ersten Erfahrungen mit uns und unserer Umwelt sammeln. Wo die Weichen gestellt werden für Selbstbewußtsein oder Minderwertigkeitsgefühl. Da sieht es nämlich bei den meisten von uns schlimm aus.

Fragt man Schwule nach ihrer Kindheit, dann hört man oft: «An und für sich hatte ich eine glückliche und behütete Kindheit.» Alles vergessen, weg – lieber nicht mehr dran denken! Man muß schon nachhaken, tiefer bohren, bis all das auftaucht und ins Gedächtnis zurückfindet, was dort verdrängt und weggeschoben harrt. Dann hört man bestimmte Schlagworte immer wieder: Alleinsein, Isolation, Einzelgänger, Außenseiter. Früh lernen Schwule, nicht dazuzugehören.

> Ich war sehr isoliert und einsam. (Thomas, 21)

> Ich bin ganz stark ein Einzelgänger gewesen. Ohne es zu wollen, ich habe das gehaßt, aber ich habe nie geschafft, das zu ändern. (Wolfgang, 21)

> Ich war ein Außenseiter, aber ich weiß nicht, woran das lag. Sicher nicht an meiner Veranlagung, denn die entwickelte sich erst in der Pubertät. (Michael, 21)

Natürlich ist es nicht unser homosexuelles Verhalten, das viele von uns bereits in der Kindheit zu Einzelgängern macht. Und doch hängt es damit zusammen.

In einem früheren Kapitel schrieb ich bereits, daß Anderssein schon früh spürbar wird. Anderssein in den Bedürfnissen, Anderssein im Spielen, Anderssein, was die Menschen angeht, mit denen wir uns wohl fühlen.

242

Im Grund war ich als Kind ziemlich viel allein, ziemlich einsam. Mit sehr viel Phantasie gesegnet – oder gestraft, ganz wie man will. Und deshalb, weil ich so verträumt war, habe ich wenig Kontakt zu anderen Kindern gehabt. Mit Mädchen habe ich mich viel wohler gefühlt, mit denen konnte ich meine Phantasien viel besser in die Wirklichkeit umsetzen. Wir haben uns verkleidet und allen möglichen Kram gemacht. Mit Jungen ging das nicht, die wollten bloß radfahren oder mit Autos spielen und Fußball spielen. Fußball hat mich nie interessiert. (Heiner, 38)

Ich war auch sehr schlecht in Sport, was ja nun sehr wichtig ist. Du warst ja nur ein Junge, wenn du sportlich was drauf hattest, und ich war da halt 'ne Niete. Ich hatte den Spitznamen ‹Bleierne Ente›. Wenn wir in Riegen eingeteilt wurden, blieb ich immer als Letzter übrig. (Ingolf, 27)

Wer nimmt schon einen Jungen für voll, der dauernd mit Mädchen spielt und sich lieber verkleidet, als mit ‹Matchbox›-Autos Wettfahrten zu veranstalten, der sportlich eine Null ist oder gar Beethoven und Tschaikowsky hört?

Ob offen oder unterschwellig, du spürst die Ablehnung, vielleicht gar Verachtung, die dir bereits früh von den anderen entgegenschlägt. Nur die Mädchen halten zu dir, bieten dir Anerkennung und Zuneigung. Und deine Mutter, wenn sie bereit ist, auch einen sensiblen und sanften Sohn in ihr Herz zu schließen. Jungen und Männer, denen womöglich frühzeitig dein besonderes Interesse gilt, nehmen dich nicht für voll. Dein Herz merkt sich das.

Mit Mädchen spielen macht zwar Spaß, ist aber irgendwie «falsch». Konsequenz: Rückzug. Noch mehr Isolation. Aus der Not wird eine Tugend. Bücher können nicht weglaufen, zudem kann man sie in der Geborgenheit der Wohnung lesen und braucht nicht auf die Straße. Mit Puppen schaffen wir uns dazu eine eigene Welt nach unseren Regeln.

... bevorzugte ich selbst im Sommer, mich in meinem Kinderzimmer zu beschäftigen, wo ich mich inmitten meiner Legosteine, Bücher und Puppen sehr viel wohler fühlte als draußen, wo die «Straßenjungs» spielten. Ich war ängstlich, kontaktscheu und sehr still. (Hans, 24)

Je länger dieser Zustand andauert, desto vertrauter wird das Alleinsein. Wir beginnen uns darin wohlzufühlen – oder reden es uns wenigstens ein. Insgeheim sehnen wir uns nach Freunden oder einem engen Freund. Und verlernen gleichzeitig völlig das, was man für Freundschaften braucht: vertrauen können, sich auf jemanden einstellen können, Frust erdulden und dann wieder gut zusammenkommen. Ohne daß uns dies bewußt wird, steigt unsere Angst vor engen Bindungen.

In der Pubertät kommt das immer stärkere Hingezogenfühlen zu Jungen und Männern dazu – ein weiterer Grund für Isolation.

Meine Klassenkameraden hatten größtenteils Freundinnen, während ich allein war und von Rüdiger träumte. Ich wußte ganz genau, daß ich davon niemandem erzählen darf. Aber ich war entsetzlich einsam damit. (Peter, 35)

Viele Schwule leben in diesem isolierten Zustand, diesem Abgesondertsein, viele Jahre. In unserem Herzen brodelt eine Mischung aus Sehnsucht nach einem Freund und beißender Angst vor all dem, was mit einer Partnerschaft verbunden ist.

Du entdeckst, daß du schwul bist – was dich noch weiter von der Umwelt entfernt. All der Müll, der sich in unseren Köpfen bezüglich Homosexualität und dergleichen festgesetzt hat, verseucht unser Denken und Fühlen. Wir halten uns für abartig, sündig, schlecht, minderwertig und verachtenswert, unsere Gefühle gegenüber Männern für falsch und krank.

Ich habe es immer wieder bei mir unterdrückt, weil es ja nicht normal ist. Meine Zukunftsvorstellung war immer noch, daß es auf 'ne Frau bei mir rausläuft. Ich dachte immer noch an Familie und Kinder, eben das gutbürgerliche Leben. Daß ich mit einem Mann eine Freundschaft haben könnte, war für mich undenkbar. (Hans, 24)

244

Die meisten von uns verstecken ihre Gefühle, leugnen sie, lehnen sie aus ganzem Herzen ab. Du versuchst es mit Mädchen und bestätigst dir damit aufs neue, daß du ein Versager bist. Du verliebst dich in Heteros, die dich spätestens nach dem Abspritzen beiseite schieben und dir was von einer tollen Frau vorschwärmen. Vielleicht läufst du sogar zum Therapeuten oder versuchst, ganz Schluß zu machen.

Ich will hier nicht all das wiederholen, was bereits in meinem Buch «Schwul – na und?» über diese Zeit im Leben von Schwulen geschrieben steht. Worauf es ankommt, ist, daß du als Schwuler von klein auf Ablehnung zu spüren kriegst. Wie soll man so ein wirkliches Selbstwertgefühl entwickeln? Wie sollst du dich akzeptieren, wenn es die anderen überhaupt nicht tun? Wie willst du deine Ängste, dein mangelndes Vertrauen wieder ausgleichen?

> Der Punkt ist, daß es mir dreckig ging, bis ich einundzwanzig war. Das war eine ganz schlechte Zeit. (Matthias, 26)

> Wenn Leute heute sagen, ich möchte noch mal zwanzig sein, dann sage ich, nee, ums Verrecken nicht! Ich möchte meine Jugend nicht noch mal durchleben müssen – einmal reicht! Bis ich einundzwanzig war, gab es nur unheimliche Zweifel und eine totale Unterdrückung meiner Gefühle, weil ich merkte, meine Bekannten und Schulfreunde verliebten sich in Frauen, und bei mir war das nicht so. Unterschwellig kriegt man das ja mit, daß das nicht normal und nicht gewünscht ist, deshalb habe ich es lange unterdrückt. (Volker, 35)

Wenn du schließlich akzeptierst, daß du schwul bist (obwohl, «abfinden» wäre wohl das richtigere Wort), hast du viele Jahre Heimlichtuerei, Selbstvorwürfe, heimliche Sehnsüchte, Isolation und Minderwertigkeitskomplexe hinter dir. Wer in einer Gesellschaft wie der unsrigen aufwächst, die trotz aller Fortschritte Homosexualität, «mädchenhaftes Verhalten» bei Jungen und Anderssein mit Ablehnung registriert, kann nur mit unsäglicher Anstrengung ein echtes Selbstbewußtsein entwickeln.

Doch genau dies brauchen wir Schwulen. Sonst durchstehen wir keine einzige Krise mit einem Partner, sonst trauen wir ihm nicht bis zur nächsten Ecke. Wir bleiben unfähig, all den Frust zu ertragen, den jede enge Bindung notwendigerweise mit sich bringt – jede enge Beziehung, wo zwei Menschen mit all ihren Wünschen und Ängsten aufeinanderprallen. Da muß es manchmal knallen, da wird man sich von Zeit zu Zeit unverstanden fühlen. Wenn dann kein Vertrauen da ist, kein Selbstvertrauen und keines in den anderen, der genauso schwul (= «minderwertig») ist wie man selbst, wird die Freundschaft scheitern.

Und Kirche, Politiker und Presse tönen mit erhobenem Zeigefinger: «Schwule sind nicht bindungsfähig!» Diese heuchlerischen Arschlöcher! Sie haben eifrig mitgestrickt daran, daß wir so geringe Chancen zum Lernen haben.

Die Isolation verstärkt unsere Ängste, macht uns abhängig vom Urteil der anderen, weckt Zweifel an unserem Wert als Mensch. Eine schwere Bürde für Beziehungen!

Hier liegt übrigens auch eine Quelle für die Typenbildung, welche ich im Kapitel 8 beschrieben habe. Sie ist eine persönliche Antwort auf die Unerträglichkeit, alleine klarkommen zu müssen. Der eine, der ‹Abstand-Typ›, geht den unabhängigen Weg. «Ich brauche keinen, ich bin selbständig!» Mit aller Kraft lernt er, stark zu sein, sich seine Schwäche und Angst nicht anmerken zu lassen. Der ‹Nähe-Typ› macht es genau umgekehrt. Er demonstriert sich selbst und anderen, wie sehr er auf Hilfe angewiesen ist. «Rettet mich – allein bin ich verloren!»

So sorgt unsere Kindheit und Jugend dafür, daß wir es später so verdammt schwer mit unseren Freundschaften haben. Wer es nicht glaubt, möge sich mal mit Schwulen unterhalten, bei denen es besser gelaufen ist. Bei denen die Isolation entweder nicht so stark war oder früh aufgebrochen wurde. Sie tun sich alle weitaus leichter in späteren Jahren, sowohl dabei, einen Freund zu finden, als auch, die Freundschaft zu erhalten.

Zum Beispiel Patrick. Er ist heute 27 und seit fünf Jahren mit Ulli zusammen. Als Patrick fünfzehn war, lernte er Rolf kennen.

> Wir haben uns in der Schule kennengelernt. Rolf war zwei Jahre älter als ich, kräftig gebaut, ein ganz lieber Mensch. Es war eine unheimlich schöne Freundschaft zwischen uns, die während der ganzen Schulzeit andauerte. Zu Beginn

waren wir beide sehr schüchtern und vorsichtig, aber nach ein paar Wochen sind wir das erste Mal miteinander ins Bett gegangen. Es war riesig! Das war soo toll – ich denke, wir waren wirklich sehr verliebt.

Seine Mutter war phantastisch, wir durften bei ihm übernachten, obwohl sie genau wußte, was da zwischen uns lief. Ich glaube, ich habe nie eine so schöne Zeit erlebt.

Wir haben so richtig alles ausprobiert und waren unzertrennlich. Natürlich nicht so offen, an der Schule erst recht nicht. Aber sobald wir allein waren, hingen wir nur so aneinander.

Als Rolf mit der Schule fertig war und zur Bundeswehr ging, konnten sie sich nur noch selten sehen. Patrick verliebte sich in dieser Zeit in jemand anderen.

Aber Rolf ist heute immer noch einer meiner besten Freunde! Ich bin unheimlich froh, daß ich ihn damals gefunden habe und wir so lange zusammen waren. Wir waren jung und alles war unkompliziert, wir hatten auch kaum irgendwelche Schuldgefühle. Ich habe ihn wirklich geliebt.

Seit damals fiel es Patrick immer leicht, jemanden zu finden, mit dem er zusammensein konnte. Er hat wenig Probleme damit, sich auf seinen Partner einzustellen, seine Freundschaften sind lebendig und offenherzig. Es macht Spaß, ihn und seinen Freund miteinander zu erleben.

Jungen, die früh Liebesbeziehungen zu anderen Jungen oder zu Männern hatten, strahlen oft dieses unbekümmerte Selbstverständnis aus, das den meisten Schwulen abgeht. Viel von dem, was angeblich «typisch schwul» ist, wird man bei ihnen vergeblich suchen. Unterschiede akzeptieren, eigene Verantwortung übernehmen, Schwächen zugeben – all das scheint ihnen weitaus leichter zu fallen als jenen, die bis zwanzig oder gar länger versteckt und isoliert ihr Leben fristen mußten.

Ähnlich sieht es übrigens mit vielen jungen Freundespaaren aus, die heute zusammen sind. Manchmal packt mich der pure Neid, wenn ich sehe, wie unverkrampft sie miteinander umgehen, wo ich entweder bei mir selbst oder bei meinen Freunden alle naselang die Folgen der «schlimmen Jahre» registriere.

Schlußfolgerung von's Janze: Trotz AIDS und alledem dürfen wir nicht aufhören, die gesellschaftliche Anerkennung der Homosexualität zu fordern. Diskriminierung zerstört nicht bloß einen kleinen Teil von uns, sondern zertrümmert genau das, was uns als wesentlicher Schutz gegen eine feindlich gesinnte Umwelt bleibt: unsere Freundschaften.

Diskriminierung läßt uns zu Männern heranwachsen, die vor lauter Verwürgungen nur schwer in der Lage sind, Liebe anzunehmen und zu geben. Die vor lauter Angst Beziehungen scheitern lassen oder unmögliche Partnerschaften nicht aufgeben, um sich andere Freunde zu suchen.

Und wir müssen versuchen, miteinander und aneinander das wiedergutzumachen, was man uns angetan hat. Doch dazu komme ich im letzten Kapitel.

Wolfgang

Als die Nazis an die Macht kamen, war Wolfgang (60) gerade sieben Jahre alt und sein Freund Klaus noch nicht geboren. Weder sonderlich günstige Voraussetzungen, um als Schwuler zu leben, noch um einen Freund zu finden. Trotzdem, seit über 30 Jahren sind sie zusammen! Klaus, heute zweiundfünfzig, befindet sich gerade auf einer Kur, als mir Wolfgang erzählt, wie es für ihn mit dem Schwulsein anfing.

Also, es hat so mit 14 angefangen, in der Pubertät, mit Freunden, natürlich ohne zu wissen, daß ich schwul bin. Es war im Krieg. Als 17jähriger bin ich nach Rußland gekommen, im Grunde genommen als Kind. Da standen Männerbeziehungen ja unter besonderer Strafe, also KZ oder mindestens Strafkompanie. Aber selbst da habe ich Erlebnisse gehabt. Das ist eben der Trieb, man denkt da nicht weiter. Das Gefühl war da, obwohl ich das nicht genau definieren konnte. Ich fand eben Männer attraktiv . . .

Aber du wußtest, daß es verboten ist . . .

Das schon – trotzdem wurden die wenigen Gelegenheiten ausgenutzt. Aber ich wußte noch nicht, daß man auch unter Männern richtige Partnerschaften aufbauen konnte. Solche Gedanken hatte ich zu dem Zeitpunkt überhaupt nicht, das kam erst viel, viel später. Nach dem Krieg, 1949, also mit 23, hab ich mich vom Elternhaus abgenabelt und ging nach Hannover. Mir war klar, daß meine Gefühle in eine andere Richtung gingen, ich wollte Freiheit.

249

Wolltest du dir einen Freund suchen?

Ja und nein. Irgendwie hat man als junger Mensch das Bedürfnis, sich auszuleben. Ich kriegte ja mit, daß es in Hannover schwule Lokale gab, und mein Nachholbedarf war ganz schön groß.
Aber auf eine Beziehung «auf Lebenszeit» war ich zu der Zeit überhaupt nicht aus. Soweit reichten meine Überlegungen wohl auch gar nicht. Ich wollte nur einen Freund haben, mit dem man eben tanzen ging oder mit dem man abends mal ein Bierchen trinken konnte, mit dem man klönen und Probleme besprechen konnte. Also ein bißchen mehr als ausschließlich Sex.
Aber irgendwie bin ich immer gleich in eine feste Bindung reingesegelt. Im Herbst 1955 schließlich in die jetzige.
Wir lernten uns auf eine sehr nette Art kennen. Obwohl das «Wie» dabei an sich ja gar nicht so wichtig ist. Ich kenne z. B. ein Freundespaar, die sind sich auf einer Klappe begegnet und sind zusammengeblieben. Ich finde, irgendwie muß man ja einen Menschen kennenlernen, ob das nun in einer Kneipe ist oder in der Klappe ...
Also, wie gesagt, ich habe nun besonders nette Erinnerungen an meine erste Begegnung mit Klaus: In Hannover habe ich einen sehr guten Bekannten, Horst, der damals nebenan wohnte. Das war ein richtiger Filou; jedesmal, wenn wir irgendwo hingingen, hatte der sofort Kontakt. Der Horst lernte lauter nette Jungs kennen, aber er mochte nie eine feste Bindung eingehen, jedenfalls damals noch nicht.
Seit kurzem war er mit Klaus zusammen, und so begegneten wir uns beim Adventskaffee in der Wohnung von Horst. Klaus war mir durchaus sympathisch, obwohl, ich habe nicht gleich meine Fühler ausgestreckt, wegen des Altersunterschiedes – ich bin immerhin acht Jahre älter. Horst meinte zu mir, er könnte mit Klaus nichts anfangen, der würde ihm immer Gedichte von Ringelnatz und Tucholsky vorlesen wollen, obwohl er ganz andere Dinge im Sinn habe, wenn sie zusammen wären ...
Aber ich sagte, wieso denn, das fände ich doch gut, das wäre ja der ideale Partner für mich, so ein bißchen romantisch und so! Weil ich selber doch eher ein recht nüchterner Mensch bin.

Wie hattest du dir deinen idealen Partner vorgestellt?

Nachdem zwei Freundschaften mit Jüngeren auseinandergegangen waren, hatte ich mir fest vorgenommen: Jetzt kommt nur noch ein älterer Partner für dich in Frage, wo du dich auch mal anlehnen kannst und der dich mal führt, wo eine gewisse Beständigkeit vorliegt.

Äußere Ansprüche habe ich eigentlich nicht gestellt, Haarfarbe oder so war mir egal. Was ich allerdings ganz gern mochte, war, wenn jemand ein bißchen kompakt war. Ich war damals sehr schlank und hab mir gesagt: Dünn bist du selbst, also der Partner darf ruhig so'n bißchen das Gegenstück sein, das fand ich auch sexuell ganz attraktiv.

Wichtig war mir noch, daß man miteinander reden kann. Ich finde es auch heute noch schrecklich, wenn man in Lokale kommt und da Ehepaare sieht, die stundenlang zusammensitzen und die Umwelt beobachten, ohne daß da ein Wort gesprochen wird.

Wie seid ihr dann zusammengekommen?

Nun, Horst sagte in seiner drastischen Art: Wenn du willst, kannst du ihn haben. Der paßt sicher gut zu dir! Ich sagte: Nein, ich will nicht! Ich will endlich mal was Gesetztes!

Aber dann, zu Silvester, hat es doch gefunkt. Da gab es einen schwulen Ball, und ich habe fast den ganzen Abend nur mit Klaus getanzt. Zu früher Stunde sind wir dann bei mir gelandet. Und, ja, das war der Anfang ...

Störte euch nicht, daß Homosexualität verboten war?

Natürlich war das ein ganz allgemeines Problem, weil man ja immer und ständig bemüht sein mußte, nur ja nicht aufzufallen und erwischt zu werden. Uns beiden kam allerdings zugute, daß wir relativ tolerante Wirtinnen hatten. Weil Klaus fast ständig bei mir war, hat mich meine Wirtin mal gefragt, ob er denn gar kein Zimmer hätte, weil er so oft bei mir schlief. Die war eine gewitzte Frau und hat garantiert mitgekriegt, was da lief.

Soweit es die Berufstätigkeit zuließ, sind wir ständig zusammengewesen, sogar in der Tischzeit. Wir arbeiteten nämlich im selben Hause, Klaus in einem Laden und ich in einem Büro darüber. Das waren natürlich gute Voraussetzungen, um unsere Beziehung zu festigen.

Ich habe schöne Erinnerungen an unsere Wochenenden, die wir in den beiden schwulen Lokalen verbrachten, die Hannover damals hatte. Das eine war das «Wielands Eck», und das andere war im ehemaligen Luftschutzkeller unter dem Leineschloß und wurde «Der Königliche Kartoffelkeller» genannt. Man mußte die Kellertreppe runtersteigen und durch eine dicke Eisentür. Es war feucht und muffig, was aber der Stimmung und Gemütlichkeit nicht geschadet hat. Das war ein gemischtes Lokal mit Lesben und Schwulen, und es ging immer hoch her. Besondere Höhepunkte waren die gelegentlichen Kloppereien unter den Frauen, bei denen auch schon mal die Fetzen flogen. Wir Jungs standen dabei meistens ängstlich an der Wand. Die Versöhnungsfeiern waren dann immer wunderschön. Überhaupt gab es da ein ganz starkes Zusammengehörigkeitsgefühl. Da wurde auch schon mal für einen Kranz gesammelt, wenn jemand gestorben war, oder für ein Päckchen, wenn einer im Knast saß, weil er mit einem anderen Mann erwischt worden war.

Wie ging es dir mit deiner Freundschaft mit Klaus?

Durch Bekannte kamen wir günstig an eine kleine Mansardenwohnung. Die haben wir uns mit einfachsten Mitteln trotz immer knapper Kasse urgemütlich eingerichtet. Endlich hatten wir ein eigenes Nest und konnten ganz für uns dasein. Es war ein wunderschönes Jahr, bis ich von meiner Firma nach Hamburg versetzt wurde. Klaus sagte, was soll's, dann kündige ich eben und suche mir in Hamburg neue Arbeit und bleibe bei dir! Wo du hingehst, da will ich auch hingehen.

Das fand ich natürlich ganz toll, mit dieser absoluten Kompromißlosigkeit hatte ich nicht gerechnet.

Zuerst wohnten wir wieder getrennt zur Untermiete und konnten uns nur in Lokalen treffen, weil wir weder zu ihm noch zu mir aufs Zimmer gehen konnten. Das war ganz schön belämmert. Doch schließlich habe ich eine kleine Wohnung für uns beide ergattert, die wir uns einigermaßen leisten konnten. Zum Glück war es nun nicht mehr notwendig, in einschlägigen Pensionen für eine gemeinsame Nacht Geld auszugeben. Mit der Zeit war uns das dann doch zu teuer.

Unser Zusammenleben wurde nach und nach auch dadurch immer schöner, weil bei beiden die Lohntüte etwas dicker wurde. Das ging zwar recht langsam voran, machte aber allmählich vieles einfacher. In der Wohnung haben wir schöne Jahre verbracht. Nur wenn mal einer von uns seine Kollegen zu Besuch hatte, dann mußte der andere solange verschwinden, denn so liberal war man zu der Zeit nicht.

Wie liberal wart ihr bezüglich Fremdgehen?

Tolerant waren wir da nie. Aber es wäre blöde, wenn ich sagen würde, daß ich in diesen 30 Jahren niemals fremdgegangen bin. Das würde Klaus von sich bestimmt auch nicht behaupten. Aber wenn schon, dann haben wir nicht darüber gesprochen. Oder wenn einer beim anderen das Gefühl hatte, da war doch etwas, der kommt mir so anders vor, diese kleinen Details, an denen man das erkennt ... dann hat man trotzdem nie gebohrt. Das wollten wir nie voneinander wissen, wenn wirklich mal was gewesen sein sollte.

Vielleicht sind wir ja auch recht monogame Typen, ich wohl noch etwas mehr als Klaus. Wir leben zwar nach all den Jahren nicht mehr in den Flitterwochen, aber wir sind durchaus auch heute noch sexuell zusammen, auch kontinuierlich. Natürlich nicht jeden Tag, wie es früher war.

Was hat eure Beziehung so lange zusammengehalten?

Wir wissen beide, daß es völlig falsch wäre, einen Menschen umformen zu wollen. Man muß den anderen so akzeptieren, wie er ist. Denn ich lasse mich nicht umkrempeln und kann das bei meinem Partner auch nicht. Und weil wir das wohl beide von Anfang an wußten, haben wir auch nie den Versuch gemacht. Natürlich war es auch mal recht schwierig, sich zusammenzuraufen und die Eigenständigkeit des anderen zu respektieren, und man muß durchaus auch Kompromisse machen können. Aber es ist ein gewaltiger Unterschied, ob man zu etwas gezwungen werden soll, oder ob man hier oder da nachgibt und sich dem anderen anpaßt, weil man ihn

253

liebhat. Man spürt dann auch, daß der andere genauso empfindet. Das ist wohl überhaupt das wichtigste, etwas zu tun oder zu lassen, nur weil man weiß, daß der Partner sich darüber freut. Ich glaube, das kann man Liebe nennen.

Und was auch sehr wichtig ist: Heute wie vor 30 Jahren können wir immer noch miteinander reden. Wir haben immer ein Thema, ohne danach zu suchen, und es passiert, daß wir nicht zum Lesen oder Fernsehen kommen, weil wir uns so viel zu erzählen haben. – Wir gehen eigentlich nur noch recht selten in schwule Lokale. Da guckt man von rechts nach links und achtet auf jeden, der rein-kommt, es gibt auch mal interessierte Blicke – nur – sprechen tun wir dann kaum miteinander.

Ihr lebt jetzt in zwei verschiedenen Wohnungen in diesem Haus. Wieso?

Das kam, als Klaus im Außendienst war. Er kriegte oft Kundenbesu-che, und ich mußte von der Bildfläche verschwinden. Deshalb haben wir gesagt, wir müßten eine Gelegenheit finden, da einen gewissen Freiraum zu haben. Klaus fand eine Wohnung, die nicht weit weg von meiner lag, und das machte diese äußerliche räum-liche Trennung möglich. Aber wir waren inzwischen so sehr aufein-ander fixiert, daß das nicht die Ideallösung war.

Als mein Mietvertrag auslief, nahm ich diese Wohnung hier, und wir warteten darauf, daß eine zweite Wohnung hier im Hause frei wird. Das klappte auch, und es war sogar die Wohnung auf der gleichen Etage. Na, das war natürlich *die* Lösung überhaupt! Wir können heute praktisch im Schlafanzug rüber- und 'nüberrennen, wir leben also zusammen, aber Freiraum ist auch da; das finden wir sehr positiv.

Nun ja, im Hause weiß sicherlich sowieso jeder, was hier in der 3. Etage läuft. Das ist doch ganz klar, wenn man da 16 Jahre wohnt. Wir sind ja auch wie Licht und Schatten, wir gehen zusammen weg und kommen zusammen nach Hause; und Frauen, die hier ein- und ausgehen, die kannst du zählen . . .

Inzwischen seid ihr so 'ne Art Rentner-Ehepaar . . .

Ja, mit sechsundfünfzig bin ich in Pension gegangen und hatte vor, für Klaus die Schreibtischarbeiten zu machen und manchmal mit ihm rumzufahren. Das ist aber nix geworden. Klaus hatte vor drei Jahren einen Herzinfarkt und mußte dann am Herzen operiert werden. Mit seiner Gesundheit ging es in den vielen folgenden Monaten ständig auf und ab, und das hat mir jede Menge Sorgen und Aufregungen gebracht. Er war oft im Krankenhaus oder zu Kuren weg. In der Zeit war ich viel allein und habe mich sehr nach der unbeschwerten Zeit zurückgesehnt, mit den vielen schönen Urlaubsreisen und überhaupt den gemütlichen Wochenenden.

Die letzten Jahre waren für uns beide sicher ganz schön schwer. Aber es hat auch sehr viel Positives gebracht. Ich glaube, Schwierigkeiten solcher Art können eine Beziehung noch viel tiefer und fester machen. Das hat sich auch schon 1965 gezeigt, als ich neun Monate schwer krank war und Klaus die Probleme und Sorgen mit mir hatte. Damals wie jetzt haben wir gemerkt, wie gut es ist, wenn man füreinander da ist.

Durch meine vielen Besuche bei Klaus in Krankenhäusern und Kurheimen ist es mir heute ziemlich egal, ob die Leute darüber nachdenken, ob wir wohl schwul sind. Mit einigen Ärzten und Therapeuten haben wir auch ganz offen darüber gesprochen, und ich fand es immer toll, wie «normal» die dann reagiert haben. Genauso war es auch bei einigen Mitpatienten von Klaus, die die Dinge richtig sahen.

Ich habe ihn ja regelmäßig besucht, bin eine Woche oder 14 Tage dagewesen, und die anderen haben natürlich gesehen, was da läuft. Der ist eben schwul, und das ist sein Freund, der ihn besucht. Das war alles okay.

Ganz prima waren meine Erfahrungen, die ich bei einem sogenannten «Eheseminar» gemacht habe. Zusammen mit den Ehepartnern wurden da Nachsorgeprobleme und auch sexuelle Dinge besprochen. Erst dachten wir ja, das kommt für uns nun wirklich nicht in Frage, denn ich bin ja nicht der Ehepartner. – Aber da hat man zu Klaus gesagt, das heißt jetzt «Partnerseminar», und Ihr Freund muß da mitkommen. Als Klaus mir das am Telefon sagte, mußte ich doch schlucken, das ist ganz klar. Aber dann habe ich mir einen Ruck gegeben und doch mitgemacht.

Es waren ganz tolle Gespräche und ging so weit, daß manche zu

Klaus gemeint haben: Das ist Klasse, was dein Freund gesagt hat, ich wäre froh, wenn meine Alte so wäre! – Das war uns nun wieder peinlich, weil – man kann die Leute ja auch nicht überfordern! Erst müssen sie den Schwulen verkraften, und dann wird der auch noch als Beispiel hingestellt, so in puncto Dauer der Bindung oder Umgang miteinander. Das ist dann leicht zuviel des Guten!

Durch solche Erfahrungen haben wir aber ein richtiges Selbstwertgefühl bekommen und sind viel freier geworden. Und positiv an der ganzen Sache ist auch: Ich hab erkannt, daß wir uns bisher zu sehr isoliert haben. Wir hatten kaum einen Bekanntenkreis und waren uns wohl selbst genug. Deswegen sind wir jetzt bei «40 plus» dabei, einem Gesprächskreis für ältere Homosexuelle. Und das wollen wir auch weitermachen, wenn Klaus wieder richtig auf den Beinen ist.

Die meisten älteren schwulen Paare leben mehr im Verborgenen...

Ich verstehe das. Wenn die so lange zusammen sind, haben sie zwangsläufig mein Alter. Und wir sind ja, wenn man so will, ein reines Naziprodukt. Wir sind in einer Form erzogen worden und in eine Situation hineingewachsen und haben uns da hineingelebt – die ganze Paragraphengeschichte und so –, das kannst du im Alter nicht so ohne weiteres abschütteln.

Wir sind zwar in einigen Punkten recht frei geworden, aber es gibt doch noch vieles, von dem wir uns nicht so recht befreien können. Man kann sicher im Laufe der Jahrzehnte liberaler werden, aber über seinen Schatten springen ist wahnsinnig schwer.

Aber es hat meines Erachtens auch noch einen ganz anderen, ganz einfachen Grund, daß viele ältere Paare nach außen hin nicht so sehr in Erscheinung treten: Diese Leutchen haben sich doch längst gefunden und haben ihr Nest. Und die Triebfeder, aushäusig zu sein und immer neue Kontakte zu suchen, ist erheblich schwächer geworden. Mir scheint das ein ganz wichtiger Punkt zu sein. Es wird nämlich immer wieder gesagt, daß es recht selten wäre, wenn schwule Paare lange, also über viele Jahre, zusammenbleiben. Das stimmt aber so gar nicht, sie treten nur nicht so stark in Erscheinung. Ich kenne eine ganze Reihe von Paaren, die bereits sogar ihr «Silbernes» hatten, wie Klaus und ich.

Du hast also dein Glück gefunden...

Da bin ich mir ganz sicher! Eine Zweierbeziehung ist allemal sinnvoll-
ler, als alleine zu sein. Denn im Leben gibt es nun mal auch viele
Probleme, und die lassen sich zu zweit immer leichter lösen. Aber
was noch wichtiger ist, ich habe in den letzten 30 Jahren so viele
schöne Dinge mit meinem Freund zusammen erlebt, auf die ich
allein mit Sicherheit hätte verzichten müssen. Ich kann es mir überhaupt nicht vorstellen, allein zu leben. Und auch als Klaus so krank
war, habe ich den Gedanken daran immer wieder verdrängt. – Zum
Glück geht es tüchtig bergauf, und ich bin froh darüber.
Ich finde mein Leben o.k.!

13. Kapitel
Auswege – Beziehungen lernen

«Meine Frau und ich führen seit 20 Jahren ein sehr harmonisches Leben.» «Na und?» «Gestern haben wir uns zufällig wiedergetroffen.»

Heteros sollen bloß nicht so tun. Die Schwierigkeiten schwuler Männer mit Partnerschaften fallen nur deshalb auf, weil das alltägliche Ehe-Elend hinter geblümten Schlafzimmergardinen und dampfend beschlagenen Küchenfenstern den Blicken entzogen ist. Anonyme Briefe an «Tante Irene» oder «Dr. Sommer» verraten da sehr viel mehr.

Wie sieht denn die Ehewirklichkeit aus, knapp 2000 Jahre, nachdem Gottes unverheirateter Sohn (er wußte schon, was er tat) auf Erden wandelte?

Jede dritte Ehe wird geschieden, manche bereits nach wenigen Monaten, andere sogar noch nach der Silberhochzeit. Was in den meisten Ehebetten vor sich geht, ist eine Tragödie – zudem eine sehr kurze. Rauf, rein, fertig. Die meisten Ehemänner sind nach spätestens fünf Minuten fertig. Verheiratete Paare hinterlassen manchmal «gar den Eindruck, daß es ihnen eher darum ging, ein bestimmtes Programm zu absolvieren» (Masters/Johnson 1979, S. 70). Dafür klingelt bei Beate Uhse die Kasse, wenn 15 Millionen Eintrittskarten jährlich für ihre Pornokinos verkauft werden.

Die Hauptprobleme unglücklicher Ehen sind nach einer Untersuchung von Dr. Halweg (Max-Planck-Institut): Zuwenig Sex und zuwenig Zuneigung.

Gleichberechtigung findet nicht statt, die Dreckarbeit im Haushalt bleibt an der Frau hängen. «Dafür bin ich nicht der Typ», entschuldigt sich der deutsche Mann. Zu Beginn einer Ehe sind Männer und Frauen zu fast 100 % für Gleichberechtigung, nach sechs Ehejahren sehen das bei den Männern nur noch 17 % so. Vielleicht ist das der Grund, wieso 52 % der Frauen zum gleichen Zeitpunkt erklären, sie würden denselben Mann nicht noch mal heiraten ...

Düster sieht es aus, schaut man sich an, wie Ehepaare miteinander verkehren. Der Kieler Professor Jürgens stellte fest: Nach zwei Ehejahren sprechen beide Partner täglich noch 30 Minuten miteinander, nach vier Jahren eine viertel Stunde, nach sechs nur noch 10 Minuten pro Tag, und nach acht Ehejahren herrscht fast völliges Schweigen. Keiner kümmert sich um die Welt des anderen, beide haben es längst aufgegeben, sich gegenseitig zu verstehen. (Elsner 1985, S. 13)

Viele Heti-Ehen dauern nur deshalb so lange, weil die Frauen zu geduldig und die Männer zu bequem sind. Was ist so großartig an einem Ehepaar, das es 50 Jahre miteinander aushält, obwohl beide total frustriert und unglücklich sind?

«Ich sitze im Glück, tief und sanft, und das Leben umweht mich süß», schrieb Paula Modersohn-Becker als Verlobte. Nachdem der heilige Bund geschlossen war, wehte nur noch der eisige Wind des Jammers. «In meinen ersten Jahren der Ehe habe ich viel geweint ... Es ist meine Erfahrung, daß die Ehe nicht glücklicher macht.» (aus ‹Briefe und Tagebuchblätter›, München 1957, S. 131 und 172)

Um gerecht zu sein: Es gibt auch glückliche Ehen. Einige. Allerdings wird dauernd so getan, als würden Hetero-Beziehungen in lauter Seligkeit schwimmen. Nach außen wird als Realität hingestellt, was in Wahrheit bloß Ideal ist.

Schwule sind ehrlicher. Etwa, was ihre sexuellen Bedürfnisse angeht. Hetero-Männer haben genausoviel Bock auf andere Frauen als die ihnen angetraute, aber das wird vertuscht.

> «Mein außerehelicher Sex ist meiner Frau unbekannt geblieben. Er hat sich nicht auf meine Ehe ausgewirkt. Das einzige Problem liegt darin, daß es zuviel kostet, eine Familie und eine Freundin zu unterhalten.» (aus Hite 1984, Bd. 1, S. 167)

Schwule sind ebenfalls ehrlicher, was Sex im allgemeinen angeht – sie stehen auch zu «ausgefallenen» Wünschen. Sie sind ehrlicher, was das Bedürfnis nach Eigenständigkeit auch innerhalb der Beziehungen angeht. Wo Heteros sich im trauten Familienkreise abschotten, versuchen Schwule, weitere Freundschaften aufzubauen und zu erhalten.

Schwule gehen auseinander, wenn die Liebe nachläßt und die Freude am Zusammensein. Schwule durchbrechen Normen: Geschlechternormen, Beziehungsnormen und auch die Norm «Was ich im Bett mache, geht nur mich was an!».

Das alles macht enge Beziehungen nicht einfacher (Hetis bekommen das inzwischen auch zu spüren, sobald sie offenere, gleichberechtigte Partnerschaften ausprobieren).

> Alles muß total von innen heraus kommen, total aus der
> Beziehung selbst heraus, aus einem echten Sich-Brauchen
> und Sich-Hingeben und Sich-Lieben
> (Philip in «Lovers», S. 81).

Schwule gehen schneller auseinander. Jeder nimmt sein Köfferchen, und die Sache ist besiegelt. Vielleicht, weil man sich nicht mehr liebt. Vielleicht, weil man sich auseinanderentwickelt hat. Vielleicht aber auch, weil beide es nicht geschafft haben.

Doch aus jeder Trennung können wir lernen. Begreifen, was schiefgelaufen ist, wie wir es das nächste Mal besser machen können. Verstehen, was wir selbst falsch gemacht haben, wo unsere eigene Verantwortung für das Scheitern liegt. Durchschauen, wo wir Fehler gemacht haben.

Denn die machen wir immer noch haufenweise. Wir zerstören nur allzuoft unnötig eine Freundschaft, nur weil wir Angst vor Konflikten haben. Wir reagieren mit Neid, wenn unser Freund fremdgeht, mit Haß, wenn ein anderer etwas hat, was wir nicht haben. Schwule sind oft überempfindlich gegen Kritik, arrogant und rachsüchtig. Hohe Ansprüche stellen wir gern an andere, aber nicht an uns selbst. Anderen Respekt zuzugestehen, fällt uns immens schwer, uns gegenseitig zu loben, statt kaputtzumachen, ebenso.

Die kostbare Plattensammlung, das teure Parfüm, die wertvollen Blumen werden mehr geachtet als der Mensch neben einem. Der einzige Mensch, für den sich mancher wirklich interessiert, ist er selbst.

Wir kriechen der Gesellschaft und den Heteros in den Arsch, lassen uns dafür gegenseitig mühelos fallen, schlucken allen Ärger über Diskriminierung und lassen ihn anschließend am Freund aus, anstatt uns gegen die wahre Ursache zu wehren.

Wo Heteros wenigstens ein Fünkchen Loyalität gegenüber ihrem Ehepartner zeigen, verraten Schwule nicht selten ihre besten Freunde.

All dieser Schrott, all dieser Mist ist da, macht unsere Freundschaften kaputt und nimmt uns den Mut. Daß dieses Verhalten nicht von ungefähr kommt, habe ich im letzten Kapitel zu zeigen versucht. Schuld an dieser Lage ist eine Umwelt, die uns nicht sein läßt, wie wir sind.

Keine Entschuldigung. Nur eine Erklärung. Sie besagt: Wir wissen, wieso wir soviel Angst haben, warum wir uns minderwertig fühlen, weshalb wir mit dem Schwulsein nicht klarkommen und woher unser absurdes Verhalten in Freundschaften herrührt.

Aber der Gesellschaft ist das egal. Wer leidet, sind wir! Wollen wir es anders, müssen wir etwas tun. Und zwar da etwas verändern, wo wir den größten Einfluß haben: bei uns selbst.

Die Hauptkunst, um enge Bindungen führen zu können, besteht wohl darin, Konflikte auszuhalten. Überall, wo Menschen sich lieben und geliebt werden wollen, kommt es unweigerlich zu Frust. Mein Partner ist nicht so, wie ich es möchte, er verhält sich nicht so, wie es mir guttun würde. Er tut Dinge, die mir weh tun, er sagt Dinge, die ich nicht hören möchte. Der Frust läßt uns wütend aufeinander werden. Wo Liebe ist, da ist auch Wut – alles andere ist Illusion.

Konflikte aber sind in unserer harmoniewütigen Welt wie übler Mundgeruch: Igittigitt, schnell weg damit! Nein, so was haben wir nicht! Und wenn, dann soll sich das wie im Werbefernsehen mit einem «Wisch-und-Weg» beseitigen lassen.

Aber Konflikte sind Signale, Warnsignale: Halt, irgendwas stimmt hier nicht! Etwas ist schiefgelaufen, ohne daß wir es bemerkt haben, häufig schon vor langer Zeit. Konflikte sind wie Fieber im Körper, sie wollen uns etwas sagen. Konflikte können dazu beitragen, daß wir uns besser kennenlernen, verstehen lernen. Nicht dein Freund ist das Problem, sondern ihr beide habt ein Problem.

Vorrangige Schwierigkeit: Weil wir so verdammt wenig Selbstwertgefühl haben, konzentrieren wir uns allzugern auf die Schwächen des anderen und hacken auf ihnen rum, um uns dadurch ein Gefühl des Besserseins zu sichern.

Dabei ist es vollkommen egal, wer «schuld hat». Das ist sowieso nie nur der eine. Wenn dein Freund die Zahnpastatube immer offen liegenläßt – wer ist dann schuld? Er mit seiner Schlamperei oder du mit deinem Ordnungsfimmel? Wenn du mit einem anderen ins Bett gehst – wer ist dann schuld? Du mit deiner Untreue oder dein Freund mit seiner Eifersucht?

Die Schuldfrage bringt selten weiter. Aber Konflikte bringen uns weiter, solange wir sie sinnvoll angehen. Ein durchstandener Konflikt festigt die Freundschaft weitaus mehr als ein unter den Teppich gekehrter. Sogar die sexuelle Akttraktivität kann dadurch wieder erhöht werden. Oder wieso sonst macht Sex nach einer heftigen Auseinandersetzung und anschließender Versöhnung soviel Spaß?

> ... erlebe ich, daß wir uns durch Beziehungsknatsch wesentlich intensiver kennengelernt haben. Daß wir gerade durch Konflikte wesentlich besser gelernt haben, miteinander umzugehen. Insofern haben die Probleme eine wesentliche Intensivierung unserer Beziehung gebracht. (Ulli, 27)

Allerdings gibt es einige «Streitregeln», die unbedingt zu beachten sind:

Sage genau, was dich stört und wie du es geändert haben möchtest. Sage, warum dich irgendein Verhalten deines Freundes verletzt und ärgert – welche Ängste und Sehnsüchte dadurch berührt werden. Vermenge das Problem nicht mit anderen Problemen. Was hat sein Fremdgehen damit zu tun, daß er morgens immer das Radio anläßt?

Bleibe bei dem, was jetzt ist und verbeiße dich nicht in der Vergangenheit. Du bist jetzt wütend, weil du dich jetzt getroffen fühlst, deine Gefühle sind heute. Und solange du über deine Gefühle sprichst, den Partner mit deinen wirklichen Bedürfnissen und Wünschen konfrontierst, sagst du etwas über dich. Welche Konseqenzen er daraus zieht, hängt wiederum von seinen Gefühlen und Bedürfnissen ab.

Für schwule Paare gilt besonders: Vorsichtig sein miteinander! Wir alle haben so entsetzlich oft Angriffe, Verletzungen, unverständliche Aggression erlebt, daß wir schnell auf Abwehr schalten. Und die bringt uns in Problemsituationen überhaupt nicht weiter.

Einmal bin ich so gefrustet gewesen, da habe ich die Tür
zugeknallt und bin ein Bier trinken gegangen. Den Abstand
brauchte ich. Am nächsten Morgen sind wir ganz vorsichtig
wieder aufeinander zugegangen und haben nicht gleich wieder in der Wunde rumgestochert. Im Laufe der nächsten
Tage hat sich das dann geklärt. Man braucht wirklich oft
einige Zeit, etwas einzustecken und zu verarbeiten. Und
dann fällt es viel leichter, mal einen Fehler einzugestehen.
(Volker, 35)

Lassen wir uns ruhig Zeit. Schnelle Lösungen gibt es sowieso nie. Der
Geist ist willig, doch das Fleisch ist extrem langsam. Vielleicht wirst
du auch schlicht hinnehmen müssen, daß du bestimmte Probleme
nicht ändern kannst.

Wenn ich zwei Freunde, die noch nicht jahrelang zusammen sind,
darüber befrage, wie der andere über dieses und jenes denkt, kommen immer wieder die erstaunlichsten Irrtümer zustande. Wir schließen von uns auf den anderen, wir projizieren Eigenschaften und Wünsche Dritter in unseren Partner – ein heilloses Verwirrspiel, solange
wir nichts klarstellen.

Gespräche knüpfen den Draht zwischen uns enger, lassen den
Freund in unsere ganz persönliche, private Welt hinein, die nur wir
allein kennen. Er lernt unsere schlimmsten Befürchtungen und tief-
sten Sehnsüchte kennen, erfährt uns dort, wo wir verletzbar sind. Und
das ruft Zuneigung hervor.

Gerade weil er gezeigt hat, wie verletzlich er ist, habe ich
mich in ihn verliebt. Er hat mir so sehr vertraut, daß er alles
über sich erzählt hat. Dadurch ist eine unglaubliche Nähe
entstanden. Manchmal hätte ich ihn vor Liebe nur dauernd
drücken können, so sehr habe ich mich über sein Vertrauen
gefreut. (Hans, 29)

Dieses Vertrauen jemandem entgegenzubringen, ist weiß Gott
schwer – gerade für Schwule, die das Versteckspielen zwar nicht er-
funden, aber bis zur Perfektion verbessert haben. Um so wichtiger
sind Gespräche.

Manche meinen, «Beziehungsgespräche» brächten nicht so viel.

Ich finde es schlimm, wenn Leute ständig über ihre Beziehung reden, «Beziehungsgespräche» führen. Das schreckt mich entsetzlich ab. Das ist für mich gleich belastet mit einem Wust von ‹Psycho-Geseiere›, den ich nicht abkann. (Günter, 28)

Gespräche haben nie was verändert. Positive Impulse haben sich aus ihnen heraus nie ergeben. Die drehen sich nachher endlos im Kreis, das war unbefriedigend. (Rolf, 25)

Rolf gibt allerdings wenig später einen Hinweis darauf, wieso die Gespräche nie was verändert haben:

Ich kann nicht sagen, daß alle Gespräche hundertprozentig ehrlich verlaufen sind. Es wird sehr viel mit verdeckten Karten gespielt – auch von meiner Seite aus.

Keine Aussprache kann zum Erfolg führen, solange wir uns etwas vormachen. Gegenseitig oder uns selbst. Ohne größtmögliche Ehrlichkeit führt jedes Gespräch in die Sackgasse. Es wird zum Schlagabtausch mit Siegern nach Punkten, nicht zur gemeinsamen Suche nach Fehlern im System.

Ehrlichkeit ist der einzige Weg zu den wahren Problemen. Wirklich offene Gespräche drehen sich auch nie im Kreis, sondern pirschen sich behutsam an den Nervenstrang heran, der Störimpulse produziert. Es gibt keine überflüssigen Gespräche. Nur Versuche, etwas zu verbergen.

Am Anfang unserer Beziehung – der Anfang ging über mehrere Jahre (*grinst*) – da wollte Werner das Verhältnis «geklärt» haben. Er wollte wissen, ob ich ihn denn liebe oder nicht. Bei den Gesprächen hatte ich das Gefühl, daß er immer über dasselbe redet und ich immer wieder nichts dazu sagen konnte. Und das hat mich genervt. (Hans, 26)

Als ich nachhake, ob er wirklich nichts sagen «konnte», meint Hans:

Werner entspricht sexuell oder körperlich nicht meinem
Ideal. Aber das wollte ich ihm nicht sagen. Vielleicht hätte
ihn das so getroffen, daß er die Beziehung abgebrochen
hätte.

Das war es. Hans hatte Angst, seinen Freund zu verlieren, wenn er
ehrlich gewesen wäre. Deshalb drehten sich die Gespräche im Kreis,
deshalb bohrte, stocherte und fragte Werner immer wieder. Fast wäre
daran, nicht an seiner Offenheit, die Beziehung zerbrochen, weil
Werner die Ungewißheit nicht länger ertragen konnte.

Irgendwann wollte er schon fast Schluß machen, weil er sich
so in der Luft hängend fühlte.

Vielleicht wäre es ganz anders gelaufen, wäre Hans früher ehrlich
gewesen. Es ist immer nur unsere Angst, die uns daran hindert. Dabei
gibt es nichts, was eine Bindung so stärkt wie Offenheit, Vertrauen
und Ehrlichkeit.

Ich war entsetzt, als Martin mir sagte, daß er mit meinem
früheren Freund geschlafen hatte. Da wurde ganz viel wieder aufgewühlt, gerade auch an Schmerzen über die Trennung damals. Auch daß Martin mir das antun konnte. Aber
am nächsten Tag war ich doch froh, daß er so viel Vertrauen
zu mir gehabt hat, das zu erzählen. Wir sind uns dadurch
wieder ein Stück näher gekommen. Es tat weh, aber die
Beziehung zu Martin bedeutet mir zu viel, als daß ich sie
deshalb gefährden würde. Das wäre eher passiert, wenn
Martin nichts gesagt hätte. (Thomas, 31)

Gegenseitige Anteilnahme und Verständnis für die Gefühle des
Freundes sind die wahrscheinlich wichtigsten Stützen schwuler Partnerschaften – zumal wir mit den besonders tief in unsere Gefühlswelt
eindringenden Schwierigkeiten wie außer«ehe»lichem Sex fertig werden müssen. Gemeinsam geht das letztlich immer besser.
   Nur gemeinsam können wir auch mit den immensen Verletzungen
und Ablehnungen fertig werden, die wir von klein auf erleben mußten. Wie früher schon mal gesagt, viele glauben: «Da ist doch gar

nichts gewesen!» Sie haben bereits alles vergessen. Andererseits wundern sie sich über manche Verhaltensweisen, die sie doch angeblich «so gerne ändern» würden.

Dabei kann man sein blaues Wunder erleben. Ich selbst hätte früher nie gedacht, daß meine unglaubliche Trauer über eine zerbrochene Freundschaft viel mit meinen Erfahrungen in der Kindheit zu tun haben könnte.

Da kam viel hoch an Gefühlen des Alleingelassenwerdens, an Sehnsüchten nach einem Vater, der Zeit für mich hat, und einer Mutter, die mich beschützt. Ich spürte wieder die ganze Angst und die ganze Wut, die ich damals erlebt habe und die ich vergessen hatte.

Diese Erfahrung, dieses Wiederspüren von Gefühlen aus meiner Kindheit war der erste Schritt für eine Veränderung heute. Weil da all die Trauer von damals wieder hochkam, weil ich sie nicht mehr länger verdrängen mußte, konnte ich mich hier und heute anders verhalten. Ich mußte den Freund, der mich verlassen hatte, nicht mehr schlechtmachen, konnte wenigstens ein Stück weit akzeptieren, daß er einen anderen liebte. Heute sind wir – wieder – sehr enge Freunde.

Es gibt so vieles aus unserer Kindheit, mit dem wir fertig werden müssen. «Abschließen» statt verdrängen. Gerade weil wir als Schwule in einer schwulenfeindlichen Umwelt aufwachsen. Dabei kann eine Therapie behilflich sein, und in der Tat gelingt es vielen erst dadurch, mehr zu sich selbst zu stehen und die Voraussetzung zu schaffen, Partnerschaften einzugehen. Ich selbst hätte es ohne therapeutische Hilfe sicher kaum geschafft. Aber auch andere Schwule haben mir mehrfach davon berichtet, wie ihnen die Beschäftigung mit ihrer Kindheit geholfen hat, heutige Schwierigkeiten zu verstehen und zu bewältigen.

Damals habe ich im Kreis von guten Freunden so 'ne Art Zusammenbruch gehabt, in dessen Verlauf alle meine Kinderalpträume wieder hochkamen. Diese Freunde haben mir damals sehr geholfen, ich konnte meine ganze Kindheit noch mal raufholen. Ich habe die Beziehung zu meinen Eltern für mich abgeklärt, ich hab alle Träume aufgeschrieben. In den Tagen damals hatte ich solche Angst, daß ich kaum alleine im Zimmer schlafen konnte. Weil alles wieder hochkam.

Ich hatte zwar gewußt, daß ich als Kind Alpträume gehabt hab, das hab ich auch öfters erzählt. Aber was ich so geträumt habe und wie tief das doch alles in mir saß, unverarbeitet in mir saß, das hab ich nicht gewußt. Ich merkte damals, wie wichtig das für mich war, das alles für mich abzuklären. Meine ganzen Schwierigkeiten, die ich heute habe, kann ich nur auf diese Weise bewältigen.

Seit diesem Zeitpunkt ist das Thema Angst für mich ganz anders als früher. (Thomas, 24)

Unsere Gefühle, gerade auch die liebevollen, haben ihren Ursprung eben in den ersten Lebensjahren. Nicht ohne Grund vergleichen manche Leute Partnerschaften mit der Liebe zwischen Mutter und Kind. Wenn wir lieben, kommen all die alten Gefühle, die wir damals erlebten, wieder hoch. Kosenamen, Babysprache zwischen Verliebten – alles Anzeichen dafür.

Traurig sein kann befreien. Wir verabschieden uns damit von längst unsinnig gewordenen Hoffnungen, die uns in die Irre geleitet haben, wir lassen Sehnsüchte sausen, die eingekapselt in unserem Gefühlshaushalt rumorten. Trauer löst nicht die Probleme – aber man kann anschließend leichter damit leben.

Um diese ganzen, gewaltigen Gefühle ertragen zu können, um die Verhärtungen lösen zu können, brauchen wir Freunde. Was der Mensch, gerade ein schwuler Mensch, unbedingt braucht, ist nicht ‹der Freund›, sondern Freunde. Mehrzahl.

Freunde sind da, wenn es dir dreckig geht. Freunde nehmen dich in den Arm, wenn du traurig bist. Freunde können dir die Bestätigung und Sicherheit geben, die du unbedingt brauchst. Was Heteros, die sich in ihrer Kleinfamilie verkriechen, vollkommen vernachlässigen, brauchen Schwule mehr als alles andere. Man kann ohne festen Partner leben, aber nicht ohne enge Freunde. Andererseits verhelfen enge Freunde nicht selten dazu, überhaupt fähig zu einer Beziehung zu werden und einen Partner zu finden.

Einer der schlimmsten Fehler, den viele schwule Paare machen, ist der, ihre Freunde zu vernachlässigen, sobald «der Eine» gefunden ist.

Wenn du allein bist, wäre es allemal ratsamer, dir einen Freundeskreis aufzubauen, als Tag und Nacht auf die Suche nach dem einen Mann zu gehen, den du lieben kannst.

Alleine zu leben ist eigentlich überhaupt erst erträglich, wenn du Freunde hast. Einsamkeit bedeutet nichts anderes, als keine Freunde zu haben. Und machen wir uns nichts vor: Schwule leiden immer noch häufiger unter Einsamkeit als Heteros (auch wenn diese aufholen).

Alleine leben zu können ist jedoch zusätzlich eine wichtige Voraussetzung, um beziehungsfähig zu sein. Wenn ich nicht auf eigenen Füßen stehen kann, also diesen Menschen neben mir zum Überleben brauche, mich an ihn klammere wie ein Ertrinkender, dann ist das Lebensrettung, aber keine Liebe.

Wir alle haben eine Menge zu lernen, um tragfähige Beziehungen zustande zu bringen, in denen wir uns weiterentwickeln und gegenseitig stützen können. Viel zu viele Schwule leben noch allein für sich, ihre Freundschaften scheitern immer wieder. Oder sie wagen es gar nicht erst, eine zu beginnen.

Wir haben es geschafft, daß Schwulsein mehr ins Licht der Öffentlichkeit geraten ist. Die Zahl derjenigen wächst, die ohne Skrupel zu ihrer Homosexualität stehen, in der Familie, in der Schule, am Arbeitsplatz. Rollenbilder von Frau und Mann verändern sich – das macht es Kindern und Jugendlichen leichter, sich selbst anzunehmen. Gerade die Jüngeren haben inzwischen eine reelle Chance, Freundschaften einzugehen, die weniger belastet und von ihrer Umwelt mehr anerkannt sind.

Nutzen wir diese Chance – miteinander!

Zum Schluß

Über zwei Jahre Arbeit liegen hinter mir. Kontakte knüpfen, Gespräche führen, Interviews auf Band aufnehmen und abtippen, Bücher wälzen (und immer wieder entsetzt sein darüber, welcher Schwachsinn über schwule Beziehungen geschrieben wird). Im Sommer 1984 begann ich mit den ersten Interviews. Es waren Freunde und Bekannte, teilweise aus Schwulengruppen. Die kannten andere Freundespaare, von denen viele ebenfalls zu einem Interview bereit waren.

Im November '84 startete ich dann einen Aufruf in mehreren schwulen Magazinen und erhielt eine große Anzahl weiterer Angebote zum Interview. Ich reiste in der Bundesrepublik herum, von der norddeutschen Kleinstadt über die «Weltstadt Berlin» bis nach Bayern und Baden-Württemberg. Am Ende waren es etwa 150 mehrstündige Interviews, welche die Grundlage für dieses Buch gebildet haben.

Ich habe bewußt keine Fragebögen entwickelt und verteilt, wie es so oft bei wissenschaftlichen Untersuchungen gemacht wird. Mich interessierte nicht, wieviel Prozent der Paare dieses oder jenes Verhalten praktizieren. Zahlenkolonnen sagen wenig über das wirkliche Leben und die dahinterstehenden Probleme aus. Zudem können Fragebögen immer nur das herausfinden, was man vorher bereits vermutet hat. Bei den Interviews habe ich im Gegensatz dazu sehr viel Neues erfahren und gelernt.

Und weil ich viele sehr spannend und aufschlußreich fand, habe ich ein Dutzend von ihnen zwischen den Kapiteln abdrucken lassen. Ich denke, sie geben einen guten Eindruck von der Vielfalt schwuler Partnerschaften, von den Unterschieden und den Gemeinsamkeiten.

Denjenigen, die den Mut gehabt haben, hier mit Namen und Bild zu berichten, möchte ich sehr herzlich danken. Aber auch allen anderen, die – zum Teil anonym, ihr Name wurde dann verändert – bei den vielen Interviews offen und ehrlich über ihre Freundschaften berichtet haben. Ohne sie könnte ich noch so viel Psychologie studiert und noch so viel eigene Erfahrungen gesammelt haben – ohne sie hätte es dieses Buch nicht gegeben. Und ich danke meinen früheren und jetzigen Freunden (vor allem Willi und Marian) sowie meiner Freundin Edith, von denen ich sehr viel gelernt habe.

Hamburg, Juli 1986   Thomas Grossmann

Literatur

Albath, H. / Eikmann, J.: Zusammen leben, Reinbek 1982

Bach, G. R. / Deutsch, R. M.: Pairing, Reinbek 1979

Bach, G. R. / Wyden, P.: Streiten verbindet, Frankfurt 1983

Bell, A. P. u. a.: Der Kinsey Instituts Report, Bd. 1 u. 2, München 1981

Bischof, N. / Preuschoft, H.: Geschlechtsunterschiede, München 1980

Bornemann, E.: Lexikon der Sexualität, Herrsching 1984

Branden, N.: Verliebt fürs ganze Leben, Reinbek 1982

Brodermann, S.: Partnerschaftsprobleme bei männlichen Homosexuellen, Diplomarbeit, München 1984

Chesler, P.: Über Männer, Reinbek 1982

Dannecker, M. / Reiche, R.: Der gewöhnliche Homosexuelle, Frankfurt 1974

Deneny, M.: Lovers, Reinbek 1986

Elsner, C.: Allein lebt sich's glücklicher, München 1985

Ford, C. S. / Beach, F. A.: Formen der Sexualität, Reinbek 1968

Friday, N.: Wie meine Mutter, Frankfurt 1982

dies.: Die sexuellen Phantasien der Männer, Reinbek 1983

Harris, T. A.: Ich bin o. k. Du bist o. k., Reinbek 1975

Hite, S.: Hite Report II, Bd. 1 u. 2, München 1982

Horney, K.: Der neurotische Mensch in unserer Zeit, München 1975

Kentler, H.: Die Menschlichkeit der Sexualität, München 1983

Kinsey, A. C. u. a.: Das sexuelle Verhalten des Mannes, Frankfurt 1965

Kloehn, E.: Typisch weiblich? Typisch männlich?, Reinbek 1982

Masters, W. H. / Johnson, V. E.: Homosexualität, Frankfurt / Wien 1979

Miller, A.: Das Drama des begabten Kindes, Frankfurt 1983

dies.: Am Anfang war Erziehung, Frankfurt 1983

dies.: Du sollst nicht merken, Frankfurt 1983

Modersohn-Becker, P.: Briefe und Tagebuchblätter, München 1957

Morgenthaler, F.: Homosexualität, Heterosexualität, Perversion, Frankfurt / Paris 1984

Pilgrim, E.: Die Elternaustreibung, Reinbek 1986

Pingel, R.: Vergleich der Selbstkommunikation und der Interaktion zwischen den Partnern bei fest befreundeten und nicht fest befreundeten homosexuellen Männern, Diplomarbeit, Hamburg 1976

Schellenbaum, P.: Das Nein in der Liebe, Stuttgart 1984

Schmidbauer, W.: Die Angst vor Nähe, Reinbek 1985

Silverstein, C.: Man To Man, New York 1981

Symons, D.: The Revolution of Human Sex, New York 1979

Trautvetter, W.: Vergleich von Interaktionsmustern mit der sozialen Außenwelt bei fest befreundeten und nicht fest befreundeten homosexuellen Männern, Diplomarbeit, Hamburg 1976

Tweedie, J.: Die sogenannte Liebe, Reinbek 1982

Vinnai, G.: Das Elend der Männlichkeit, Reinbek 1977

Whitham, F. L.: Childhood Predictors of Adult Homosexuality, Journal of Sex Education and Therapy 6, 1980 / 2

Willi, J.: Die Zweierbeziehung, Reinbek 1975